Working Class

西方国家
工人阶级意识问题研究

童晋 著

中国社会科学出版社

图书在版编目(CIP)数据

西方国家工人阶级意识问题研究/童晋著.—北京：中国社会科学出版社，2016.8

ISBN 978 - 7 - 5161 - 8631 - 2

Ⅰ.①西… Ⅱ.①童… Ⅲ.①工人阶级—社会意识—研究—西方国家 Ⅳ.①D750.61

中国版本图书馆 CIP 数据核字(2016)第 170131 号

出 版 人	赵剑英
责任编辑	刘志兵
特约编辑	张翠萍等
责任校对	王佳玉
责任印制	李寡寡

出 版	中国社会科学出版社
社 址	北京鼓楼西大街甲 158 号
邮 编	100720
网 址	http://www.csspw.cn
发 行 部	010 - 84083685
门 市 部	010 - 84029450
经 销	新华书店及其他书店

印 刷	北京明恒达印务有限公司
装 订	廊坊市广阳区广增装订厂
版 次	2016 年 8 月第 1 版
印 次	2016 年 8 月第 1 次印刷

开 本	710×1000 1/16
印 张	17.5
插 页	2
字 数	305 千字
定 价	59.00 元

凡购买中国社会科学出版社图书,如有质量问题请与本社营销中心联系调换
电话:010 - 84083683
版权所有　侵权必究

目　录

导　论

一　关于西方国家工人阶级意识问题的研究意义

工人阶级是社会主义革命的主体，而工人阶级意识的形成和发展，直接关系到工人阶级运动和斗争的状况与水平。工人阶级作为社会变革主体力量的发挥，离不开工人阶级主观上阶级意识的成熟。马克思主义经典作家对工人阶级的产生、发展、变化及其历史使命等问题作出了科学的判断和分析，他们认为资本主义生产关系条件下工人阶级必然由"自在阶级"转向"自为阶级"。在这一转变过程中，工人阶级将逐渐意识到自身所处的社会地位，认识到他们与资产阶级之间存在着不可调和的矛盾，进而形成强烈的阶级归属感、利益认同感，彰显出鲜明的阶级意识，并作为"自为的阶级"，有组织地、自觉地追求和实现自身阶级的解放以及全人类的解放的宏伟目标。马克思特别强调工人阶级在科学理论指导下形成阶级意识的重要性，他曾这样讲："工人的一个成功因素就是他们的人数；但是只有当工人通过组织而联合起来并获得知识的指导时，人数才能起举足轻重的作用。"[①] 列宁也明确指出："觉悟工人的最重要任务，是认识本阶级的运动，认识运动的实质、目的和任务，以及运动的条件和实际形式。这是因为工人运动的全部力量就在于它的觉悟性和群众性：资本主义每发展一步，都使无产者即雇佣工人的数量增加，并且团结他们，组织他们，教育他们，从而造成一支必然奔向自己目标的阶级力量。"[②] 可见，工人阶级意识问题，既是科学社会主义的重要理论问题，也是工人阶级斗争和社会主义运动的重要实践问题。研究工人阶级意识有着十分重要的理

---

① 《马克思恩格斯文集》第 3 卷，人民出版社 2009 年版，第 13—14 页。
② 《列宁全集》第 25 卷，人民出版社 1988 年版，第 323 页。

论和现实意义。

具体到西方国家工人阶级意识的研究，其重要性除了具有关于这个题目的一般性研究意义，又有着特殊的价值和意义，主要体现在：第一，研究西方国家工人阶级意识，有助于对西方工人阶级整体变化的认识；第二，有助于对西方国家工人阶级革命性变化的理解；第三，有助于正确把握西方社会主义运动的现状；第四，有助于正确辨析和批判"工人阶级消失"论、"工人阶级主体地位丧失"论。

我们知道，工人阶级意识的形成并非一帆风顺、一朝一夕之事。随着资本主义生产的不断发展，资本主义的生产方式、社会结构以及社会利益分配不断进行调整，今天西方国家工人阶级所处的环境和时代背景已经发生了翻天覆地的变化。客观上，工人阶级受剥削的程度并没有随着资本主义劳动生产率的提高而有丝毫减缓，反而，在科技成果不断转向生产领域的过程中，工人阶级受剥削的程度在不断加重。在工人阶级劳动的实践中，他们为自己生产的时间在不断减少，而为资本家创造剩余价值的时间却在不断增多。但现实却出现一个悖论，工人阶级并未因剥削程度的加深而等比例地催生对资本主义制度的不满，进而形成真正的阶级意识。似乎他们在一定程度上更倾向于对现有制度的认可，满足于经济生活的改善以及体制内局部改良，因此有人说，在某种意义上，他们已成为马尔库塞所描述的"单向度的人"。

那么是马克思主义经典作家的预测错了吗？是资本家对工人的剥削消失了吗？还是工人阶级已经不再是社会变革的主体？我给出的回答是否定的。我想，在提出上述疑问时，是否我们过多地把视线投注于工人阶级尚未形成阶级意识，投注于对马克思主义经典作家关于工人阶级意识预测的追踪，相应地却忽视了对当前资本主义所发生变化的探讨、对工人阶级所发生变化的研究，以及对阻碍工人阶级意识形成的多种因素的深入分析。相信通过对以上内容的剖析和解读，可以坚定马克思主义经典作家的相关判断和论述。工人阶级作为变革资本主义社会的主体力量，其根本性的历史使命从未发生变化，工人阶级由"自在"转向"自为"的历史必然性也从未发生改变。西方国家工人阶级意识的形成，其道路或许是崎岖的，但前途必然是光明的。也正是因为这个原因，对工人阶级意识进行研究就更具有十分重要的意义。通过对工人阶级意识这一侧面的研究，进而探讨影响工人阶级意识的因素，一方面使我们更加坚定马克思主义理论的科学性和正确性，另一方面也使我们加深对资本主义及其各种新变化的认知，进而正确处理在"一球两制"背景下资本主义和社会主义的关系等问题。世界社会主义的实践不是笔直的上升路线，而是沿着"之"字形路径前行。在面对挫折之时，在社会主义运动处于低潮之际，更需要对工人阶级意识的状况给予特别的关注。

二　西方学者关于工人阶级意识研究的两大流派

西方关于工人阶级意识的研究主要形成两大流派，一是新马克思主义，二是新韦伯主义。新马克思主义的出现直接针对资本主义的流弊。第二次世界大战结束后一个较短的时期里，西方国家无论在经济发展还是政治稳定性方面都取得了较为显著的改善，相应地，马克思主义在这一时期则处于低潮。但到 20 世纪 60 年代前后，资本主义发展中潜存的各种矛盾开始凸显，以法国"五月风暴"为代表的欧洲发达资本主义国家的学生和工人运动将这一矛盾推向高潮。在斗争中提出如"我们拒绝一个用无聊致死的危险去换取免于饥饿的世界"；"不要改变雇主，而要改变生活的被雇佣"① 等相对深刻和激进的口号。随着新社会运动的兴起，马克思主义的理论再度受到西方学者的重视，以马克思主义、冲突理论的视角审视当前资本主义社会、解析当前资本主义社会存在的种种问题成为一些学者研究的重点。这一时期的马克思主义理论流派通常被称为新马克思主义。代表人物有：美国威斯康星—麦迪逊大学社会学系教授埃里克·欧林·赖特（Erik Olin Wright），美国社会学家、文化批判主义主要代表人物之一的 C. 莱特·米尔斯（C. W. Mills），英国社会学家、西方社会冲突理论主要代表之一的达仁道夫（Ralf Dahrendorf），美国工人活动家、马克思主义经济学家哈里·布雷弗曼（Harry Braverman），希腊学者、政治活动家尼科斯·普兰查斯（Nicos Poulantzas）等。在此以赖特和普兰查斯为例进一步加以说明。

赖特用阶级意识概念指代个人的特定方面。可见，他主要是从微观层面上来运用这一概念的，认为阶级意识是个人心理活动并进而影响个人行为的一种意识。他所说的阶级意识可以理解为"阶级"的意识，一方面

① 徐重温：《西方马克思主义》，天津人民出版社 1982 年版，第 8 页。

资本家阶级通过私有制获取其特殊的经济和社会地位，因而他们信仰私有制，这种信仰构成"阶级"的意识的一个方面；另一方面这种"阶级"的意识会对各阶级成员的行为产生阶级的导向性。① 在影响阶级意识的诸多因素中，赖特认为，经济因素是最为重要的，是起决定性作用的。换句话说，经济对阶级的决定性作用即使不是全部，也是主要层面。相应地，阶级状况如何会进一步决定政治认同、阶级意识以及付诸行动的动力。

普兰查斯则用"政治的支配性"置换生产关系和剥削关系，将资产阶级与工人阶级之间本质的对抗性矛盾转化为不同政治组织之间在资本主义体制内的竞争。从而将工人阶级意识滞留于体制内的有限改良。

与新马克思主义相对应的另一大流派是新韦伯主义。新韦伯主义特指韦伯主义思想在 20 世纪 70 年代后的一种延续和发展，它不同于马克思主义，与马克思主义的差异十分明显。首先，马克思主义者侧重于从经济层面、从生产关系的本质层面对阶级及阶级意识等问题进行分析，而新韦伯主义者则强调多元化理论，主张市场多元素对阶级及阶级意识的影响；其次，马克思主义者侧重于阐释生产过程中阶级的不平等性，认为资本主义条件下工人阶级与资产阶级最根本的区别在于对生产资料的占有不同，工人阶级不占有任何生产资料，而资产阶级却凭借着对生产资料的所有权通过雇佣劳动剥夺工人创造的剩余价值。而新韦伯主义者则侧重于对消费过程的分析，并以不同的消费过程以及不同的市场机会划分不同的阶级归属。新韦伯主义继承并发展了韦伯主义的思想精髓，其代表人物主要有：英国社会学家安东尼·吉登斯（Anthony Giddens）、大卫·洛克伍德（David Lockwood）、雷·帕尔（Ray Pahl），英国学者弗兰克·帕金（Frank Parkin），英国社会学家、牛津菲尔德学院正式成员约翰·H. 戈德索普（John Goldthorpe）等。

新韦伯主义主要是在分析方法层面上提出了一种思路。吉登斯认为依据发展程度的不同可以将阶级意识划分为三个层次：一是对差异的感知；二是对不同利益的感知，即认识到对立阶级的存在；三是形成革命性的阶级意识。在前两者的主导下所形成的意识是一种冲突意识，但革命阶级意识的形成并不单纯以冲突意识为前提，后者只是前者产生的必要但不是唯

---

① 参见 [美] 埃里克·欧林·赖特《后工业社会中的阶级：阶级分析的比较研究》，辽宁教育出版社 2004 年版，第 390 页。

一的条件，革命阶级意识的形成还需要有明确的政治目标。可见，冲突意识仅是认识到一种利益对立，而革命意识则是指"认为现存的社会经济秩序不合法，要在一个新的基础上重新加以组织"。① 吉登斯认为经济结构在资本主义秩序确立早期与当前成熟的资本主义秩序相比，已经发生了巨大变化，那种革命的阶级意识在秩序确立的初期还尚有形成的土壤，而当成熟的资本主义制度已经确立之后，革命阶级意识的基础就被瓦解了，工人阶级只可能形成冲突意识，而不会再形成改变现存制度的阶级意识，否定工人阶级在当前资本主义环境下形成阶级意识的可能性。

　　洛克伍德认为单纯以对生产资料的占有情况来划分阶级并进而判断不同阶级的阶级意识，所得结论将与实际情况存在较大出入。例如，同属于工人阶级，但其成员所表现出的阶级意识会因职位、收入等因素导致明显不同。他通过对职员的具体分析，认为应该从以下三方面的内容来探讨影响工人阶级意识的多种因素。分别是：职员的社会地位，主要通过收入的多少以及工作的保障性程度等来测量；职员的工作地位，侧重于非物质性方面的因素；职员的身份地位。进而洛克伍德提出了阶级意识的起源问题，认为阶级意识起源于两个既相互联系又相对独立的过程，其一是雇用者与被雇用者之间矛盾的彰显，并在此基础上形成不同利益的划分，即被雇用者与雇用者之间的分化；其二是在被雇用者之间形成共同的利益认知，即被雇用者彼此之间的联合。②

　　帕尔认为，马克思主义者普遍坚持的结构（class structure）—意识（class consciousness）—行动（class action）（简称 SCA）这种社会行动链条式理论中存在不可否认的断层，即在他们之间缺少某些使三者必然联系的环节。③ 换句话说，帕尔认为这种模式存在一种浪漫主义色彩及想象的成分，它看到社会下层由于对现状不满而产生变革的意识，进而付诸行动，但是却没有看到下层内部当中存在的一系列分化甚至分裂的情况。另外也忽视了上层受客观条件影响通过产生统一认识而进行的一系列变革，即自上而下的共同意识指导下的共同行动。所以帕尔认为在结构、意识和行动之间并不存在必然的联系，通常主导人们意识的因素有很多并非仅局

　　① 李强：《社会分层十讲》（第 2 版），社会科学文献出版社 2011 年版，第 104 页。

　　② 同上书，第 127 页。

　　③ 参见［英］戴维·李布赖恩·特纳主编《关于阶级的冲突——晚期工业主义不平等之辩论》，姜辉译，重庆出版社 2005 年版，第 112 页。

限于阶级结构领域，例如性别、宗教信仰、种族、收入等状况都会导致对阶级归属中真正利益认知的淡化。在此问题上，英国学者罗丝玛丽·克朗普顿也不赞成 SCA 这一链条式的关系表述。

比较新马克思主义和新韦伯主义，二者之间存在很多不同之处，其区别主要表现在以下几个方面。首先，新马克思主义仍然注重强调经济因素的决定性作用，而新韦伯主义则强调市场因素对工人阶级意识的影响，即人们在市场上所获得的不同的"生活机会"，其中包含的内容非常丰富，如知识、技能、受教育程度、职业、种族、民族、性别、财富占有量等。其次，在关于阶级意识与阶级行动之间的关系方面，新马克思主义者认为工人阶级意识的生成是工人由"自在"转向"自为"的标志，通过对资本主义社会的本质、对雇佣劳动的认知，逐渐促使工人阶级团结起来进行以推翻资本主义制度为目标的行动，因而二者之间存在密切的、必然的联系。新韦伯主义者则认为对阶级利益的认同以及阶级意识的形成并不必然导致阶级行动的发生。例如贝克尔（Becker）认为将阶级利益与政治行动直接挂钩不免会出现"简单化"的弊端；克拉克和利普塞特在坚持阶级分层受"多维性"因素决定的基础上，进一步提出阶级位置、政治态度和阶级行为之间并不存在直接的关系，而且前者对后者的影响越来越小。

应该说，新马克思主义和新韦伯主义在研究工人阶级意识问题上都提出了自己的观点和论证依据，总的来看，既有其可资借鉴的一面，又存在明显不足之处。新马克思主义继承了传统马克思主义关于社会冲突理论的认知，认可社会两极分化的存在，并认为在不同社会阶级之间存在着不同的价值观念，这一点是值得充分肯定的。但他们同时又指出伴随资本主义社会结构的变化以及调控能力的提高，可以使社会冲突控制在有限的范围之内，使其不致因冲突的激化导致制度性危机的出现。也就是说，客观条件抑制了人们反抗意识的生成，工人阶级在现有条件下很难形成真正的以推翻资本主义制度为目标的阶级意识。工人阶级意识的形成的确遇到了很多阻碍性因素，但因此否定工人阶级意识生成的可能性则属于一种主观臆断了。

新韦伯主义最大的缺陷是泛化了对阶级决定性因素的理解，认为凡是处于不同生活状况与生活水平的群体都可以称为一个阶级。这种多元化的主张一方面有助于我们了解工人阶级内部发生的种种变化，关注影响工人阶级意识发展的各种因素，但同时也偏离了生产关系层面对工人阶级意识的根本决定作用。也正是由于这种偏离，导致新韦伯主义者在工人阶级意识形成问题上得出了主观臆断的结论，即否定资本主义条件下工人阶级意识的形成。

所以，对待新马克思主义和新韦伯主义关于阶级意识问题上的观点应采取批判地吸收的态度。在对工人阶级意识进行分析研究时，既不能否定生产关系对阶级意识的决定性作用，也不能对资本主义发生的新变化以及工人阶级表现出的新特征视而不见。只有在充分把握二者的基础上，才能对工人阶级意识作出相对客观的判断。可见，无论是对于新马克思主义，还是对于新韦伯主义都应该采取批判地继承的观点。不能因新马克思主义对工人阶级意识的否定而忽略了其在新形势下、新环境中发展马克思主义所提出的积极的理论，也不能因为新韦伯主义的多元化主张而否定其在分析研究工人阶级意识弱化方面作出的详细而客观的论述。

三　西方学者关于工人阶级意识的研究方法

西方学者对阶级意识进行研究时，其所采取的方法主要有以下三种：

（1）问卷测量法。问卷测量，即为完成目标任务，预先设计相关调查问卷，通过发放问卷，要求被调查者对所设选项作出相应选择，并对调研结果进行量化统计和分析。研究阶级意识问题的代表人物约翰·C. 莱杰特（John C. Leggett）在进行相关数据收集时就采用了问卷测量的方法。而且他特别注意到，在问卷中要尽量避免具有导向性的内容，例如将被调查对象主观地引向"阶级"的相关内容。因此在问卷中他选择规避敏感词汇的方式以期把握相对真实的客观现状。其所设问题会有较宽泛的回答空间，如：最近一次参加选举你将选票投给了谁？为什么？你最满意的一届总统是谁？为什么？面对底特律不断繁盛的商业，谁是其中的受益者？[1] 针对这些问题，如果被调查对象的回答涉及阶级的相关词汇，又或者将社会视为由具有巨大阶级利益差异的人所组成时，那么就已经在很大程度上折射出工人的阶级意识状况了。

针对这种测量方法学界存在很多争议，其主要原因在于问卷中所设定

---

① John C. Leggett, "Uprootedness and Working - Class Consciousness", *American Journal of Sociology*, Vol. 68, No. 6（May, 1963）, p. 685.

的关于阶级归属的相关选项存在很大差异。如有的问卷将阶级划分为下层阶级、中产阶级和上层阶级；学者理查德·森特斯（Richard Centers）在其调查过程中，将阶级划分为下层阶级、工人阶级、中产阶级和上层阶级；马里·杰克曼（Mary Jackman）和罗伯特·杰克曼（Robert Jackman）更是将阶级细分为贫困阶级、工人阶级、中产阶级、上层中产阶级和上层社会。不同的阶级分类标准往往对民众选择会产生极大的影响，通常当不存在"工人阶级"这一选项时，人们更多地喜欢选择中产阶级而不是下层阶层，但是当有了"工人阶级"一项时则这一选项会受到更多人的青睐。所以说，以这种选项式的方式对工人阶级意识所作测评不免夹杂测评者的主观意愿，不能真实地反映被测评者对自身所属阶级的认知情况，也不能反映其对本阶级利益的认同状况。因而这也成为此种研究方法遭到质疑的原因之一。例如，20 世纪 40 年代中期，福蒂纳（Fortune）曾运用问卷调查法对美国民众进行调查，问卷中尽量凸显严格的结构性划分，导致更多的人在中产阶级与工人阶级中选择了前者，从而得出结论认为，"美国已经是中产阶级占主导的社会"。然而在随后学者展开的一系列调查中则得出了不同的结果，调查问卷清晰地将社会阶级划分为"上层阶级""中产阶级""工人阶级"和"下层阶级"，结果显示，当划分为四种不同阶级时，之前 80% —90% 选择"中产阶级"的人转而选择"工人阶级"，只有 43% 的人认为处在"中产阶级"行列中。① 类似的情况在 20世纪 90 年代的一次调研中也有所反映。1996 年，美国《纽约时报》再次对民众阶级归属感（或者他们常说的阶层归属感）进行了调查。在他们所采取的调查问卷中仍将被选项定位为"上层阶级"（upper class）、"中产阶级"（middle class）、"工人阶级"（working class）和"下层阶级"（lower class）。这次问卷调查的结果显示 55% 的受调查者认同自己"工人阶级"的归属。但在第二次世界大战后经济普遍快速增长，并迎来相对繁荣的时期时，《财富》杂志所做的一次类似调查研究却得到了完全不同的结果。其中绝大部分被调查者认为自己属于中产阶级。究其原因，在问卷的设定方面我们就可以看出其中关键问题之所在。此份问卷中关于阶级归属的选项设计仅有三种，分别是"上层阶级""中产阶级"和"下层阶

---

　　① Richard Centers, *The Psychology of Social Classes*: *A Study of Class Consciousness*, Princeton, New Jersey: Princeton University Press, 1949, pp. 76 – 77.

级"。可见，当缺失"工人阶级"这一选项时，民众更倾向于对"中产阶级"的选择。要知道尽管对"下层阶级"并没有十分清晰的定义，但其中所蕴含的内容还是得到民众较为一致的认可。例如，人们普遍认为"下层阶级"通常具有这样的特征：贫穷、受教育程度低下、缺少精神上的追求以及行动上的积极性等①，因此"下层阶级"这一称谓本身就包含着一种贬义与轻视的态度，所以许多人在选择时会尽量规避将自己纳入这一阶级，在这种情况下，选择"中产阶级"的人数自然会攀升。但无论如何，客观结果已经充分证明，这样的统计数据并不确切，包含着十分浓重的人为因素。布雷弗曼也对这种相对简单的测评方式提出了意见，认为这种研究即使取得某些成果也是极其有限的，是肤浅的、间接的和机械的。相反地，他认为只有亲自到工厂里去工作，与工人们建立起彼此互信的关系，了解他们的想法、做法、熟悉他们所处的社会环境，才能作出可靠推论，得出可行的结论。这就引出了关于工人阶级意识研究的另一种方法，即经验研究法。

（2）经验研究法。许多学者在对工人阶级意识研究过程中会选择一个特定的集体，或者对从事某一特定行业的工人进行跟踪考察，又或者对某一部门的某一群体进行具体研究。通过对工人阶级个体的研究以期折射出工人阶级意识所表现出来的某些共性特征。经验研究的代表学者有以采矿工人为研究对象的丹尼斯（Dennis）、以农业工人为研究对象的纽拜（Newby）、以造船工人为研究对象的布朗（Brown）和布兰能（Brannen）、以费城不同地区的工人作为考察样本的奥斯卡·格兰兹（Oscar Glantz）以及以办公室职员为研究对象的大卫·洛克伍德等。洛克伍德试图通过研究揭示经济地位、工作关系和社会结构变化对阶级意识产生的影响，以及对相应工会组织活动产生的影响。丹尼斯则通过对约克郡某一采矿村落进行研究，发现在共同恶劣的工作环境下，采矿工人会生发一种明显的"我们与他们"的强烈敌对意识，并在其他因素的影响下促使这种意识不断得到强化，形成"传统无产阶级式的"意识②。奥斯卡·格兰兹在《阶级意识与政治团结》（《Class Consciousness and Political Solidarity》）一文

---

① Richard Centers, *The Psychology of Social Classes: A Study of Class Consciousness*, Princeton, New Jersey: Princeton University Press, 1949, p. 95.

② 参见［英］罗丝玛丽·克朗普顿《阶级与分层》，陈光金译，复旦大学出版社 2011 年版，第 72 页。

中，围绕阶级意识与政治选择之间的关系进行探讨，试图回答"阶级意识可以直接产生政治上的一致性吗？"这一问题。这里的政治一致性既包括选举过程中支持某一政党的共同倾向，同时也包括在行动中的一致倾向。作者于1952年至1953年，选择来自费城14个不同地区的400名白人男性作为调研样本，并将其按照一定标准划分为大企业家、小商人、工会组织成员、未参与工会组织的工人等。分别就其在1948年和1952年两次大选中对共和党与民主党候选人的支持情况进行具体研究。调查样本中，大企业家以100%的支持率将选票投给共和党；具有阶级意识的工会组织成员中支持民主党候选人的比例则略逊一筹，两次分别为91%和86%。（这里的"具有阶级意识"指作者所理解的政治取向与忠诚度的统一。Class consciousness，defined as integrated allegiance – and – orientation. ）不过作者也进一步分析，认为单纯比例上的支持率并不足以证明实际政治行动中的全力支持和赞许，这是因为对某一政党的选择会有很多偶然性的不确定因素。而只有当具有阶级意识的大商人明确宣称（或者坚信）他们选择共和党是因为相信："倘若民主党上台会对他们的财富产生不利影响，甚至是严重的敌意"；或者当具有阶级意识的工会成员选择并支持民主党的理由是因为坚信："他们必须依靠和支持劳工型的政党才能维护自身的利益"时，才能为团结一致的政治行动提供更多的保障因素，也才能为最终成果作出适当期待。[1] 但无论如何不得否认的是，在阶级意识与政治选举一致性之间具有一定的相关性，即通过政治选举过程中表现出的一致性来评估阶级意识的强弱。此外，如果将"阶级忠诚度以及目标行动的明确性方面"作为衡量阶级意识的标准，那么也会发现，40%的大商人具有阶级意识，而仅有28%的工会成员具有阶级意识。因而作者得出结论：资产阶级的阶级意识远强于工人阶级的阶级意识。[2] 以上推论都是基于经验研究法的基础上得出的。

（3）突出某一特定因素以探讨工人阶级意识。通过对影响工人阶级意识的某一因素或者某几项因素进行着重分析，来探讨工人阶级意识。例如以阶级结构对工人阶级意识的影响为出发点来考察，认为随着资本主义

---

[1] Oscar Glantz, " Class Consciousness and Political Solidarity", *American Sociological Review*, Vol. 23, No. 4, 1958, p. 382.

[2] Ibid.

生产方式的改变，资本主义国家的阶级结构已经发生了重大变化。工人阶级作为一个阶级本身也发生着变化，曾经共性相对突出的工人阶级，目前已经被各种不同的职业、收入、社会地位等分化为不同的群体，他们有着不同的生活经历、工作条件、生活习惯、思维方式等，导致职业意识等内容代替阶级意识成为影响工人阶级的主要内容。众多分化工人阶级意识的力量风起云涌，远远胜过凝聚工人阶级意识的力量，从而弱化、销蚀了工人的阶级意识。这种研究方法的主要代表人物是洛克伍德。此外，桑巴特、马尔库塞、E. P. 汤普森等学者也分别选择不同的影响因素对工人阶级意识进行多角度的考察。法兰克福学派代表人物，被誉为20世纪60年代西欧学生运动理论精神领袖的马尔库塞运用弗洛伊德的精神分析学说批判资本主义社会是一种病态的社会，所谓病态社会是指"一个社会的基本制度和关系（它的结构）所具有的特点，使得它不能使用现有的物质手段和精神手段使人的存在（人性）充分地发挥出来，这时，这个社会就是有病的。"[①] 相应地，生活在病态社会的公民虽然他们的举止态度是健康的、正常的，但他们在本质上仍然是病态的。可见，"一个人可以和别人一样思想，感觉和行动，但他却可以是反常的"[②]。反常的最鲜明的表现是处于病态的人群却接受这样的状态，并认为这是正常的、恰当的。马尔库塞进而从经济因素、语言因素以及舆论因素等方面阐释其对阶级意识的影响。

　　事实上，关于工人阶级意识的研究方法并不存在严格意义上的划分，三种分析方法之间并非完全的排斥关系，恰恰相反，在对工人阶级意识的研究过程中，需要对三种方式加以综合运用。在此作出这样的区分，只是希望对工人阶级意识的研究方法在总体上有一个较为宏观的把握。对工人阶级意识的研究不仅需要运用操作性较强的问卷测量法、具有相对说服力的经验研究法等方法，同时更需要有严密的理论分析与推理。工人阶级意识首先被注入了阶级的概念，而阶级是以一个整体的面貌出现的，是一个整体性概念，而非特指某个人或某几个人，因此问卷测量法难免在体现工人阶级整体性方面存在欠缺。虽然从操作性上来讲，问卷测量法似乎更容

---

　　① ［美］H. 马尔库塞等：《工业社会和新左派》，任立编译，商务印书馆1982年版，第4页。

　　② 同上书，第2页。

易把握也比较容易进行，但是它更多地反映出工人阶级成员个体的一些个别性认识，甚至仅仅是对某一特定时期、特定时间段、某一特定事件的情绪化反应，因而将其作为判断工人阶级意识发展程度的依据会令人感到有些牵强。加拿大卡里加里大学社会学系教授汤姆·兰格弗德（Tom Langford）也持有类似的看法，他认为以一些非系统性的事件为依据，或者以民意测验作为判断阶级意识的基础，都不足以为工人阶级意识的研究提供切实的推动力。① 当然，作为一种参考性元素有其必要性，这一点同样是不能否定的。而经验研究法之所以较问卷调查更加深入，也更具有说服力，很大程度是由于作者通过与工人密切接触，自身尝试感悟工人的工作状况以及生活状况，通过对各种事件的汇总，从而判断工人阶级意识的发展程度。在这一过程中也会运用问卷调查的方式对其结论加以证实。经验研究法的不足之处，主要在于这种方法过多倾向于对某些具体事件的关注与分析，虽然对工人阶级所发生的细微性变化给予了充分的关注，但是其整体性和宏观性不足，因此很难对工人阶级意识状况有一个相对立体的把握，并作出预测性的分析和判断。第三种分析方法较为突出某一特定因素来探讨工人阶级意识，其在分析各种元素对工人阶级意识的影响方面都走向了深入。就影响工人阶级意识的因素来说，其具有多元性的特征，因此需要对各种因素进行综合性考量。只有对各种因素及其变化有充分的考量，才能对工人阶级意识的变化发展有较为充分的准备，同时积极培养并引导工人阶级意识的形成。

四　西方学者视域下工人阶级意识的四种取向

　　西方学者视域下的工人阶级意识存在着以下四种取向，一是宣扬工人阶级意识矛盾论，强调工人阶级的"合作性"；二是宣扬工人阶级意识工具论，强调工人阶级的"异质性"；三是工人阶级意识同质论；四是工人阶级意识目的论。

　　（1）工人阶级意识矛盾论。即认为工人阶级的阶级意识并非是单纯的激进抗议，受资产阶级的影响，工人阶级在很大程度上认可、赞同资本

---

① Tom Langford, " Strike and Class Consciousness", *Labour / Le Travail*, Fall, 1994, Vol. 34, p. 108.

主义的价值体系，通过不断调整自身以适应资本主义的正常运转。持工人阶级意识矛盾论的代表人物主要有帕金（Parkin）、迈克尔·曼（Michael Mann）及安娜·珀赖特（Anna Pollert）等。帕金认为工人阶级在培养和形成自身价值体系方面具有两个不同层次的参考标准，一是占支配地位的价值体系。在西方资本主义国家，占统治和支配地位的自然是资产阶级意识形态主导下的价值体系；二是对此价值体系进行"延展"或"协商"的价值体系，即通过整合与调试使自身价值认知和主导价值体系相协调。工人阶级的阶级意识在很大程度上会受到资产阶级既有价值体系的影响，为了适应甚至迎合这种占主导地位的价值体系，工人阶级会不断调整自身原有的价值认识。因而工人阶级时而会赞同主导价值体系，时而会要求进行适度的调整，徘徊于二者之间的摇摆不定始终存在着。帕金同时指出，工人阶级的意识形态同样会对资产阶级主流意识形态产生影响，但由于后者具有一定吸纳非激进意义上的、非异端价值的能力，因而工人阶级可以对占主导地位的价值体系加入自己的一些价值判断，彼此之间达成一定的妥协。可见，从本质上看，工人阶级的价值体系对资产阶级价值体系而言内含着一种从属性与调和性。法兰克福学派代表人物马尔库塞也认为，工人阶级已经被资本主义制度所同化，认可资本主义的现行制度，其意识形态已经与资本主义趋同甚至融合，失去了作为变革社会主要力量的历史地位。法国学者安德烈·高兹在其代表作《告别工人阶级》一书中指出，随着科技的发展，资产阶级对生产过程的控制日趋严格，大幅度促进生产力量的积聚，与之相对，工人阶级的自主性却不断受到冲击，甚至在逐渐消失。高兹认为，资本主义制度下，工人阶级的整体地位得到提高，经济状况得到改善，工人的利益与资本的增值程度密切相关，工人阶级与资本家阶级之间的利益纽带也更为紧密，进而销蚀了工人阶级的革命精神，弱化了工人阶级的阶级意识。美国学者斯科特·拉什和约翰·厄里以不同于高兹的分析路径得出工人阶级弱化乃至日渐消失的相同结论。在《组织化资本主义的终结》一书中他们明确提出正是在资本主义由组织化向非组织化过渡、非组织化业已形成的过程中瓦解了工人阶级作为阶级的这一整体，致使工人阶级意识逐渐消失。

安娜·珀赖特（Anna Pollert）通过对20世纪70年代工作在布里斯托尔烟草工厂的女工的阶级意识状况进行研究，发现由于受资产阶级占统治地位的阶级意识影响以及日常生活实践的制约，女工们的阶级意识中存在很多矛盾性因素。据此，安娜·珀赖特认为共识是一种混合物，其中必然含有矛盾成分，含有对资本主义的适应性因素。

可见，强调工人阶级意识矛盾论的学者，倾向于赞同工人阶级在主观上对现有资本主义体制的认可，对占主导地位的资产阶级意识形态的适度接纳。在一定程度上，工人阶级的阶级意识似乎在向资产阶级的阶级意识靠拢，远离了工人阶级使命所要求形成的具有特定意义的阶级意识，因而总的来看，工人阶级意识表现出矛盾的取向。

（2）工人阶级意识工具论。即认为工人阶级是寻求自身经济利益最大化的理性人，因而其行为会深受经济目标的影响，并注重代价与支出的比例，总之，工人阶级更多关注的是经济利益方面的内容。换句话说，工人阶级将阶级意识的培养视为维护和追求经济利益的有效工具，围绕经济层面的相关内容而加以展开。持这种观点的主要有约翰·H. 戈德索普（John Goldthrope）和约翰·威斯特葛德（John Westergaard）。戈德索普认为在集体意识下的工人阶级集体行动已经告别了那种"冬宫风暴"式的暴力革命，而代之以更温和的趋向于经济主题的内容，追求"或多或少理性地增加对自己的金钱回报"①。例如工人赞成并接受工会与政府、企业之间达成的各种关于工资的协商性政策，并将充分就业、完善的社会福利保障作为其共同的阶级目标。在这种目标指引下产生的阶级意识必然表现出一种工具主义的性质。此外他还认为，工人阶级在选择是否支持工会以及选择支持哪一政党这一问题上也表现出鲜明的工具主义特点，而非对集体利益的综合考虑。

约翰·威斯特葛德认为工人阶级处于一种摇摆不定的状态之中。在钟摆的这一侧他们选择合作与顺从，而在钟摆的另一侧他们则会选择反对与抗议，即生发新的阶级意识。至于最终选择倾向于钟摆的哪一侧则取决于工人阶级对客观结果的预期和衡量。

综上所述，工人阶级意识矛盾论与工人阶级意识工具论都看到了工人阶级意识发展过程中受到的多重阻碍因素，并普遍认可资本主义改良条件下工人阶级意识弱化的必然趋势，但其强调的重点却有所不同。持工人阶级意识矛盾论的学者强调工人阶级意识受外界占主导地位资产阶级意识的

---

① 黄颂：《战后西方社会关于阶级和阶级意识的若干观点》，《阜阳师范学院学报》（社会科学版）2002 年第 4 期，第 19 页。

影响，强调影响工人阶级意识的客体性因素；而持工人阶级意识工具论的学者则强调工人阶级自主选择方面的理性行为人选择，因此强调的是影响工人阶级意识的主体性因素。

（3）工人阶级意识同质论。不同于工人阶级意识矛盾论与工人阶级意识工具论对工人阶级意识发展趋势及其本质的判定，工人阶级意识同质论提出了比传统马克思主义理论更为贴切的论断。工人阶级意识同质论与工人阶级意识矛盾论相对应，所谓工人阶级意识同质论是指工人阶级作为一个整体存在的阶级，在资本主义生产关系条件下，必然会形成共同的、根本性的，与资产阶级利益相对抗的，并进而要求消灭资本主义生产资料私人占有以及雇佣劳动的意识。虽然伴随资本主义的日趋成熟，工人阶级意识在其形成过程中遇到了很多阻碍因素，但只要资本主义生产关系依旧存在，雇佣劳动关系依然得以维系，工人阶级终将形成符合其自身利益的真正的阶级意识。从这个角度来分析，卢卡奇、艾伦·伍德等均是工人阶级意识同质论的代表人物。

（4）工人阶级意识目的论。工人阶级意识目的论与工人阶级意识工具论相对应，而与工人阶级意识同质论在本质上有相通之处，通常主张工人阶级意识同质论的学者都赞成工人阶级意识目的论。所谓工人阶级意识目的论是指工人阶级意识必然以推翻资本主义制度、消灭私有制和雇佣劳动为目标。主张工人阶级意识目的论的学者所提出的内容也与传统马克思主义理论保持着较为一致的认知。持工人阶级意识目的论的学者并不否定工人阶级为眼前经济利益而进行斗争的积极意义，也对工人在争取经济利益过程中较为普遍的罢工策略给予充分肯定，但与工人阶级意识工具论学者不同，他们并不认为工人阶级会永远满足于眼前的经济斗争，必然会在工人阶级政党以及科学理论的指引下由经济斗争向政治斗争转变。

可见，工人阶级意识同质论侧重强调工人有无形成一致的、真正意义上、以推翻资本主义为目标的阶级意识的可能性；工人阶级意识目的论侧重强调工人在形成统一阶级意识的基础上是否会进一步以实践行动不断通过经济斗争和政治斗争突破资本主义的桎梏。也正是因为后者倾向于对结果的阐释，因而以"目的论"加以概括还是比较吻合和准确的。

以上四种关于工人阶级意识价值取向的判断，展现了西方学者关于工人阶级意识认知与评判的不同立场和研究侧重，其中工人阶级意识矛盾论与同质论相对，工人阶级意识工具论与目的论相对，我们看到其价值取向不同甚至相反。工人阶级意识同质论与工人阶级意识目的论的观点，受马克思主义影响较大，尝试从经济关系对工人阶级意识的决定作用方面，从工人阶级历史地位和使命方面关注并研究工人阶级意识的本质与作用，这一点是可取并值得借鉴的，但也存在着对工人阶级意识过于简单化、片面化理解的倾向。工人阶级意识矛盾论和工人阶级意识工具论的观点，则受西方改良主义、实用主义和工具主义理论与分析方法影响较大。他们侧重于研究具体现象，对工人阶级意识面对的问题有所揭示，但对工人阶级意识形成中的阻碍性因素估量有余，甚至在一定程度上夸大了这些因素的力量，从而忽视了社会经济关系和总体社会条件对工人阶级意识的决定作用。他们通常否定工人阶级形成真正的、成熟的阶级意识的可能性，把工人阶级意识作为主观的、偶然的、随时可以变化的，因而无法把握工人阶级意识的实质。这四种类型的工人阶级意识研究取向，对于我们研究西方工人阶级意识都有参考价值，用马克思主义唯物史观和阶级理论认真加以研究并评析，从而丰富和深化我们对西方工人阶级意识的本质、目的、问题与趋势的认识。

五　国内学者关于阶级意识的研究状况

国内学者普遍认可西方发达国家工人阶级阶级意识处在不断淡化之中，陶火生和郭健彪在《时代主题视域下的阶级意识：马克思和后马克思思潮》中从和平与发展的时代主题出发，认为第二次世界大战后战争与革命的时代主题逐渐让位于和平与发展，在当代全球化的世界历史进程中，资本主义与社会主义共同经历着新变化，其中，比较显著的变化之一是阶级身份和阶级意识的进一步淡化。万军在《美国无产阶级阶级意识缺失分析》中认为美国工人阶级的阶级意识十分淡薄，也正因此导致美国社会主义运动从19世纪50年代兴起以来，一直处于举步维艰的状况，并日趋被排除在社会主流政治运动之外。姜辉认为工人阶级意识经历了"自在阶级"—"自为阶级"—"全球自在阶级"的过程，目前处于一种"全球自在阶级"阶段。工人阶级在资本全球化的推动下，逐渐发展为客观上存在的全球工人阶级，但在主观阶级意识方面仍处于一种模糊、淡化状况。然而，与其相对立的资产阶级则不仅在客观上发展为全球性的资本家阶级，而且在主观上也已经形成了较为明确的阶级意识，认识到其共同利益之所在，并在一定程度上共同抵制工人阶级意识的生成。

在关于阶级意识的层次方面，李强认为工人阶级意识产生的前提有二：一是工人阶级成为一个紧密团结的阶级；二是工人阶级与资本家阶级的斗争、冲突频发、强度加大。① 杨筱刚认为无产阶级阶级意识的全部内涵应包括两个方面，即意识到不仅仅是把自己"组织成为统治阶级"，而且更重要的是"消灭"自己；意识到不仅仅是实现自身在政治上和经济上的"翻身"，而且更重要的是实现自我超越，将自己改变为新的生产方式所需要的新型劳动者。②

在关于阶级意识与阶级的关系方面，国内学者普遍认为阶级意识的存在与否、阶级意识的强弱并不会影响阶级的客观存在，反对以阶级意识的衰弱和淡化为由否定工人阶级客观存在的观点。侯惠勤在《试论马克思主义理论的"内在紧张"》一文中认为客观上的确存在着无产阶级和本阶级的阶级意识相分离的可能性。马克思主义创始人为解决这一矛盾关系提出的指导思想主要有这样两点内容：一是"教育者要先受教育"，二是"在改造客观世界的同时改造主观世界"。倪力亚在《论当代资本主义社会的阶级结构》一书中也同样认为，即使没有形成共同的阶级意识，也不会影响阶级的客观存在。阶级意识固然重要，但其对工人阶级的影响不应上升为与经济因素平等的地位，否则会犯多元决定论和唯心主义的错误。他还提出"在全面理解社会关系时，必须考虑到属于文化、政治、思想意识上层建筑等方面"。③

当然，学者们也充分注意到西方发达国家工人阶级现状及其构成的变化，并进而追溯西方资本主义国家所表现出来的新特征，特别是那些直接影响工人阶级意识形成的变化因素。曾经作为西方发达国家资产阶级与工人阶级缓冲地带的"中产阶级"，如今在经济危机冲击下已经发生了重大变化。姜辉在《论当代资本主义的阶级问题》一文中认为西方国家的工人阶级包括中上层雇佣劳动阶级和下层雇佣劳动阶级。中上层雇佣劳动阶级，或所谓的"中产阶级"大部分逐渐失去了曾拥有的相对"稳定"和

---

① 参见李强《社会分层十讲》，社会科学文献出版社 2008 年版，第 29 页。
② 参见杨筱刚《无产阶级的"阶级意识"与社会主义的观念更新》，《探索》2003 年第 4 期，第 118 页。
③ 倪力亚：《论当代资本主义社会的阶级结构》，中国人民大学出版社 1989 年版，第 47、50 页。

"富庶"的生活状态,"中产阶级"的光环逐渐暗淡,又逐渐地"再无产阶级化"。① 并如前文所提,将工人阶级阶级意识的演变分为三个阶段,即工人阶级形成的早期,由于缺少阶级意识,处在"自在阶级"状态;19 世纪中后期到 20 世纪上半期,工人阶级在科学理论的指导下,在工人阶级政党的领导下,形成强烈的阶级意识,处于"自为阶级"状态。第二次世界大战以后随着资本主义的发展和统治方式的调整,工人阶级又逐渐丧失了阶级意识,即陷入新的"自在阶级"阶段。② 李青宜在《当代资本主义的新变化与马克思的"两个必然"思想》一文中,认为随着新科技革命的发展,资本主义国家产业结构、就业结构等均发生了一系列的变化,相应地,阶级结构与阶级关系也发生了改变,受资本主义国家福利政策、人民资本主义手段的影响,资产阶级与工人阶级的矛盾趋于缓和,阶级意识在"一体化"与"趋同化"方面都有明显的加强。③ 程又中简要地将工人阶级意识在 21 世纪面临的挑战概括为这样两方面的内容:一是资本社会化,使更多的工人阶级成员在表面上成为财产的拥有者,似乎与资产阶级一道成为追求资本收益的利益共同体,从而淡化和削弱了工人阶级本身的同质性,模糊了资产阶级意识与工人阶级意识之间的根本对立性。二是建立在经济霸权基础之上的文化霸权不断向其他国家扩张,试图以资本主义的价值观念和意识形态统领世界,这必然对工人阶级意识造成巨大冲击。④

但国内对工人阶级意识进行研究的学者,普遍认可工人阶级形成阶级意识的必然性。当然在这个过程中离不开工人阶级政党以及工会组织的重要参与及其积极影响。例如谢成宇、孙来斌就认为,工人阶级作为变革社会的主体力量并没有发生变化,但是工人阶级意识处于一种淡化和弱化的现状也是不争的事实,因而如何增强工人的阶级意识是摆在工人阶级政党

---

① 参见姜辉《论当代资本主义的阶级问题》,《中国社会科学》2011 年第 4 期,第 44、46 页。

② 同上书,第 54 页。

③ 参见李青宜《当代资本主义的新变化与马克思的"两个必然"思想》,《当代世界与社会主义》(双月刊) 2006 年第 2 期,第 38 页。

④ 参见程又中《世界社会主义面临的挑战——21 世纪初年的思考》,《社会主义研究》2003 年第 6 期,第 9 页。

及其相关组织面前的一个迫切需要解决的难题。①

可以看出，国内学者对西方国家工人阶级意识的研究主要着眼于西方国家工人阶级意识的状况，工人阶级意识的内容，阶级与阶级意识的关系，以及当前西方国家工人阶级在客观构成方面发生的种种变化，等等。总之，国内学者普遍认可西方国家工人阶级意识淡化的现实，受主客观多重因素的制约，工人阶级意识的培养和成熟尚需一个较为漫长的时间，但其必然性不容置疑。

相关领域的国内外学者关于工人阶级意识研究的文献，为进一步研究这个重要的理论与实践问题提供了较为丰富的思想理论基础和认识启示。我们从中可以提炼出关于工人阶级意识的界定、性质、特征、内容，以及工人阶级意识的变化，影响工人阶级意识形成的各种因素，分析研究工人阶级意识的方法等许多有价值的参考观点和见解。但也要看到，这些研究更多地散见于对阶级结构以及阶级分层的研究之中，学者们多是在对工人阶级发生新变化的基础上，对工人阶级的阶级意识进行有限的涉猎，缺少对西方工人阶级意识的集中关注和专门具体的研究。

本书基于这些研究文献，运用马克思主义唯物史观、阶级理论和阶级分析方法，根据西方社会阶级结构变化和工人阶级变化的客观实际情况，尝试对西方工人阶级意识进行全面、系统、综合的研究，力图有所突破，有所推进，有所贡献。本书的深入推进之处和创新之点主要在于以下几个方面。

第一，以西方工人阶级意识为专门研究对象，形成系统性研究之作。对阶级意识和工人阶级意识进行较为系统而全面研究的著作，在国内外文献中并不多见。因此，从这一角度来说，本书坚持理论与实践、历史与现实相结合对西方工人阶级意识形成的背景、必然性、重要性和主客观条件，工人阶级意识的内涵、特征、历史演变、发展阶段，当代西方工人阶级意识的状况、影响因素和发展前景等，都作了较为全面、深入、扎实的研究，形成综合性、系统性的成果，在一定程度上填补了这一领域研究的空白。

第二，对西方工人阶级意识诸方面问题的研究，多有开拓和创新。比

---

① 参见谢成宇、孙来斌《革命主题与阶级意识：〈共产党宣言〉的有关思想及其当代意义》，《江汉论坛》2011 年第 2 期，第 61 页。

如，对阶级意识和工人阶级意识的内涵作了明确界定；梳理了西方国家工人阶级意识的历史演变，划分了发展阶段，阐释了各阶段的主要特点；明确论述了包括阶级归属感、利益认同感、阶级状况认同、斗争目标以及国际主义精神等工人阶级意识的具体内容；清楚地阐释了工人阶级意识的整体性、历史性、传承性、革命性、彻底性等基本特征；全面深入地分析了影响工人阶级意识的重要关系：工人阶级自在性与自为性的关系，社会经济的客观决定性、劳资态势的变化、组织化集中程度、政党工会组织、新社会运动等主要因素与工人阶级意识的关系等。这些问题，都是研究工人阶级意识的重要的基本问题，本书在这些问题的研究上都力图有所突破，提出自己的观点和见解，以推动工人阶级意识研究向深度和广度拓展。

第三，着眼现实，突出研究当代西方工人阶级意识的现状和面临的问题。本书重点分析了 20 世纪 70 年代中期至 20 世纪末，西方国家工人阶级意识处于低迷的原因，特别分析了新自由主义对工人阶级意识的极大冲击；并进而分析了当前经济危机发生之后，工人阶级意识表现出的新特征，昭示工人阶级意识出现新的复苏和觉醒的迹象；对阶级意识的未来前景进行展望，工人阶级意识在其形成和发展的过程中必然会受到多重挑战，例如福利主义、大众消费主义、新自由主义、后现代主义等挑战。书中还分析了工人阶级意识发展对西方社会主义运动发展的重要性等主要现实问题，旨在帮助人们全面深入地了解当前西方资本主义社会的阶级结构和阶级矛盾态势、工人阶级状况、工人运动形式和发展趋势等，因而本书的研究具有重要的现实价值。

第一章　西方国家工人阶级意识的
内涵及其形成

　　本书的研究对象是西方国家工人阶级的阶级意识，因而首先需要对工人阶级意识的内涵及其形成条件作一个相对简要的概述。为了能够较为系统地把握工人阶级意识的相关内容，对工人阶级意识有一个整体性的了解，就需要对工人阶级意识形成的必然性因素、工人阶级意识形成的理论条件、实践条件、工人阶级意识的具体内容等作一个较为全面的介绍，除此之外，书中还尝试着对工人阶级意识的基本特征作了几点概括。

第一节　工人阶级意识的内涵界定

　　关于工人阶级意识的内涵学术界有过许多探讨，当然也存在不同的观点和争论。毕竟，对工人阶级意识问题的研究无论如何也绕不开阶级意识的内涵。在此大致将其归纳为以下两种。

　　第一，侧重强调阶级意识的整体性，从促使阶级意识形成的因素等方面入手来界定阶级意识的内涵。例如卢卡奇认为阶级意识是一种整体意识，它不同于某一阶级的个别成员的个别意愿和感悟。就工人阶级意识来讲，它应该是作为工人阶级的整体对自身所处社会关系的深刻认知，对自身所处历史地位和历史使命的准确把握与认同。[①] 葛兰西从夺取意识形态领导权的重要意义方面强调阶级意识的内容及其重要性，认为对发达资本主义国家来讲，无产阶级不能寄希望于以"阵地战"的方式一举取得革命的成功，而必须以"运动战"的形式首先突破资产阶级为其统治搭建

---

　　① 　参见王立端《论卢卡奇、葛兰西和汤普森的积极意识理论》，《淮北煤师院学报》（哲学社会科学版）2001 年第 10 期，第 40 页。

的意识形态围墙，才有可能取得最后的胜利。而打响"运动战"的前提是工人阶级在意识形态方面有着清晰的认识，形成工人阶级意识并对资产阶级的意识形态有充分的了解，在此基础上对资产阶级的意识形态进行积极而有效的批判。汤普森所理解的阶级意识就是"各个不同群体的劳动人民之间的利益认同以及与其他阶级利益的对立的意识"①。安东尼·吉登斯认为阶级意识是指阶级成员之间具有能动的自我群体认同以及排他的倾向，具有明确的边界，需严格区分"我们"和"你们"②。詹明信认为阶级意识的核心在于"从属性，是等而下之的感受"③，换句话说是统治阶级的思想对被统治阶级在语言及价值方面的认可，并提出了"认知图绘"的概念用来表达一种对现状及未来更为清晰的新的阶级意识。

美国马克思主义学者伯尔特·奥尔曼（Bertell Ollman）也比较注重从整体性和较为宏观的角度来理解阶级意识。通过对阶级、阶级利益的分析进而引申出阶级意识的内容，他认为如同阶级与阶级利益都可以从主观与客观两个角度进行分析一样，阶级意识也是由主观与客观两方面的内容所构成。例如，就阶级利益而言，工人自己所认可的自身阶级利益状况可以视为主观方面的内容，而客观条件的变化促使他们所认识到自身利益的存在则可以视为客观方面的内容。同样地，阶级意识的客观性方面是指在阶级客观存在的基础上所形成的利益要求，即在特定的阶级关系条件下，在特定的社会地位、历史使命下工人阶级应具备的意识形态；而阶级意识的主观性内容则是指工人对自身的准确定位，包括对"他们是谁？""必须做些什么？"的判断，以及所形成的与他们所处经济状况和阶级地位相适应的意识。但对阶级意识的具体内容，伯尔特·奥尔曼进行了三方面的概述，一是同本阶级成员的联合，二是对敌对阶级的仇视，三是对民主与平等的向往，并试图为这一目标的实现而行动。④ 阶级意识作为一种整体性意识不同于个别成员的意识，它与后者之间的差别体现在三个方面。首

---

① ［英］E. P. 汤普森：《英国工人阶级的形成》，钱乘旦译，译林出版社 2001 年版，第211 页。

② 参见沈瑞英《"自在"或"自为"：中产阶级与阶级意识》，《上海大学学报》（社会科学版）2010 年第 1 期，第 20 页。

③ 参见 ［美］弗里德里克·詹姆逊《论现实存在的马克思主义》，王则译，《马克思主义与现实》1997 年第 1 期。

④ Bertell Ollman, "How to Study Class Consciousness, and Why We Should", *Crit Sociol*, Jan. 1, 1987, pp. 66 – 67.

先，阶级意识是一种集体意识，它是阶级成员在相互沟通与交流中逐渐形成和发展起来的，同时是与财产占有阶级相对立的；其次，阶级意识与阶级地位和客观阶级利益直接相关，而非由阶级成员的主观认识所决定，它的存在与发展有其客观的必然性；再次，阶级意识的形成是一种从内部自生出来的内容，即工人阶级内心是怎样认识这一问题的，而非外在的一种灌输。① 当然客观条件的重要性并不与工人阶级的主观认识形成根本上的矛盾和冲突，或者在许多时候工人阶级的主观认识与其客观所处的地位并不吻合，但并不会影响工人阶级意识的最终发展，改变的只是具体的轨迹。

　　第二，从阶级意识完整的形成过程，即对阶级意识在行程中经历的不同阶段进行分层分析，进而阐释工人阶级意识所包含的内容。这种分析方法相对来说更为细化，认为完整的阶级意识是通过各层次的不断深入、各阶段的不断推进（当然有时会出现叠加现象）而最终实现的，并侧重分析各阶段的特点和变化。

　　例如，一些学者将工人阶级意识包含的内容划分为阶段性的四个部分，约翰·C. 莱杰特就认为阶级意识的形成主要包括这样四个阶段：一是有关阶级的表达（class verbalization）；二是对现状的质疑（skepticism）；三是高度的战斗精神（militance）；四是对阶级平等的要求（egalitarianism）②。他还在较为早期的论文中具体阐述了这四个阶段的具体内容。其中“阶级表达”是指“工人阶级成员，主要针对成员个体来讲，逐渐表现出对阶级地位问题进行讨论的倾向，他们偶尔会使用阶级的相关符号或术语意指特定的事物”；“对现状的质疑发生在工人阶级成员个体主观上认为社会财富的分配应该首先使数量庞大的中产阶级受益”；“高度的战斗精神是指倾向于通过积极的行动以改善某一阶级的利益”；“对阶级平等的要求代指对财富重新分配的要求，进而实现社会中的每一个个体都能够享有平等的财富，并且财富的占有完全建立在个人充分发展的能

---

　　①　Bertell Ollman, "How to Study Class Consciousness, and Why We Should", *Crit Sociol*, Jan. 1, 1987, pp. 66 – 67.

　　②　John C. Leggett, "Economic Insecurity and Working – Class Consciousness", *American Sociological Review*, Vol. 29, No. 2, 1964, p. 228.

力基础之上"。① 弗雷德里克 H. 巴特尔（Frederick H. Buttel）和威廉 L. 弗林（Willam L. Flinn）沿袭了莱杰特对阶级意识内容的理解，将其内容概括为阶级认同（class identification）；阶级行动（class action）；激进平均要求（militant egalitarianism）；制度变革（capitalist change orientation）② 依次递进的四项内容。而且他们还认为现实中处于阶级意识某一阶段的工人，并不排除在其头脑中形成下一阶段即更高阶段阶级意识的内容，也即前文提及的叠加现象。同样地，莫里斯（Morris）和墨菲（Murphy）以及麦克尔·曼（Michael Mann）也是采取这样的分析方法，虽然他们对阶级意识发展不同阶段的概述有些许差别，但是其表述的内涵具有高度的一致性。莫里斯和墨菲将阶级意识内容概括为地位认知（status awareness），阶级认知（class awareness），阶级归属（class affiliation），阶级意识和阶级行动（class action）。拉扎斯菲尔德（Lazarsfeld）选择奥地利具有代表性的工人进行阶级意识方面的研究，同样认为阶级意识包括四方面的内容，首先表现在情感方面的不认同，对现状的不满意（symbolic or emo- tional）；其次表现为对阶级敌人的不信任（distrust of class enemies）；再次，认可本阶级成员具有相似的生活方式（all – embracing life-style）；最后，政治斗争性（political militancy）。麦克尔·曼将成熟的阶级意识概括为"阶级身份，阶级对立，阶级整体和阶级抉择"③。应该说，在此类划分中，迈克尔·曼的划分标准得到了较为普遍的认可。他进而分析指出，在这四项内容中，前两者通常在生活中容易被察觉到，而后两者却较少出现。也正是因为这个原因，所以在工人阶级的认识领域中很少出现所谓普世的内容，也就是全体成员共同认可的内容，而更多的是趋向于具体的、务实性内容。米尔斯则认为阶级意识首先包括处于同一阶级的成员对本阶级利益的认知；其次，在对其他阶级正确划分的基础上进一步理解其存在的不合理性，并在主观上对其产生反对意识；再次，对于如何改变现存的不合理性达成共识，认识到预期目标的实现离不开全体阶级成员对政治手

①　John C. Leggett, "Uprootedness and Working – Class Consciousness", *American Journal of Sociology*, Vol. 68, No. 6 (May, 1963), p. 685.

②　Frederick H. Buttel and William L. Flinn, "Source of Working Class Consciousness", *Sociological Focus*, Vol. 12, No. 1, 1979, p. 37.

③　参见［英］斐欧娜·戴维恩《美国和英国的社会阶级》，姜辉、于海青、肖木等译，重庆出版集团·重庆出版社 2010 年版，第 93 页。

段的集体运用，也唯有如此才能维护本阶级成员的共同利益；最后，要求本阶级成员关注理论转化为实践的机遇和条件，并随时做好行动的准备。①

还有一些学者将工人阶级意识的内容概括为三个方面，如洛普瑞特（Lopreato）和赫兹里格（Hazelrigg）认为阶级意识包括阶级认知（class awareness），阶级归属（class placement）以及阶级团结（class solidarity）。美国学者丹尼斯·吉尔伯特和约瑟夫·A. 卡尔也将阶级意识分为三个层次的内容：一是"由生产关系规定的对某个全体成员资格的知觉"；二是"对于这一共同身份产生共同利益和共同命运的感觉"；三是"为谋求阶级利益而采取集体行动的倾向"②。奥斯卡·格兰兹认为"判断阶级意识形成与否的标准主要集中在这样三个方面，一是个体已经意识到自身的政治—经济利益，并能正确反映自身所处政治经济状况；二是明确表示接纳自身所处阶级的价值观念和价值追求，认识到与其处于相同地位的其他成员的共同阶级属性；三是反对敌对阶级的价值追求，对敌对阶级有清晰的认知。"③

维尔纳·S. 兰德克尔（Werner S. Landecker）将阶级意识概括为这样三部分内容：一是阶级地位意识（class status consciousness）；二是阶级结构意识（class structure consciousness）；三是阶级利益意识（class interest consciousness）。"阶级地位意识是指一个人已经认识到他所处的阶级以及同一阶级内部成员彼此之间的关系。例如他们会首选本阶级内部的成员做朋友以及休闲娱乐时的玩伴；会显示出对本阶级的忠诚；他们认可本阶级作为整体的存在，甚至可以超越国家界限成为一种世界范围内的国际性的客观存在。"阶级结构意识也包含着相对丰富的内容，不同学者会从不同的角度进行阐释，例如贝蕾尔森（Berelson）认为阶级结构意识是指"阶级成员意识到存在着阻挡其从某一阶级跨向更高阶级的障碍性因素"；马丁（Martin）认为可以将其理解为意识到不同阶级之间界限的真实存在；马尼斯（Manis）和梅尔茨（Meltzer）认为这是已经意识到不同阶级

① 参见［美］米尔斯《白领——美国的中产阶级》，浙江人民出版社 1986 年版，第363—364 页。
② ［美］丹尼斯·吉尔伯特、约瑟夫·A. 卡尔：《美国阶级结构》，中国社会科学出版社1992 年版，第289、341 页。
③ Oscar Glantz, "Class Consciousness and Political Solidarity", *American Sociological Review*, Vol. 23, No. 4, 1958, p. 376.

彼此之间在力量和特权方面的差异；森特斯（Centers）认为这是认识到处于不同阶级各自的特征①。阶级利益意识则包含着一系列关乎信任方面的内容，其中包括"对个人所属阶级的利益认同，认同不同阶级间利益的差别，而且认为阶级冲突是利益冲突的必然结果。"② 其他很多学者也对阶级利益认识进行了各自的阐释，例如，英克尔斯（Inkeles）将其理解为认识到本阶级利益与其他阶级利益的对立性；贝蕾尔森理解为渴望通过政治运动致力于实现本阶级的利益；马尼斯和梅尔茨将其理解为认识到不同阶级彼此间的敌对关系；森特斯认为阶级利益意识是指不同阶级成员形成了对本阶级社会、经济、政治状况等方面的特有认识。③

普拉温·J. 帕特尔（Pravin J. Patel）吸纳众多学者对阶级意识的研究，将阶级意识的内容归纳为这样三个方面，首先是隶属于某一阶级的成员彼此间的团结与合作（class – solidarity），具体地可以理解为所有的工人阶级成员坚信他们从属于同一个阶级，并认可与之相对的资产阶级是他们共同的敌人；其次是主张变革经济的激进策略（economic radicalism），具体地说，工人对变革当前各类经济的条文持一种相对激进的态度，对现存经济制度表示明确的不信任；第三是阶级战斗性（class militancy），主要表现为对资产阶级持敌对态度，同时认为工人阶级自身所主张的政治要求可以更好地实现公平。④ 为了更好地反映工人阶级意识的真实状况，帕特尔将工人阶级意识所包含的三项内容进行细化，分别列出不同的条目希望受访者作出判断。调查问卷中每一项目后面都有一个数值参数，以"阶级团结"方面的测评为例，其中包括这样两项内容：雇主与雇员的关系仿若父母与子女的关系（同意 = 0，不同意 = 1）；体力劳动者与白领工人同属一个阶级（同意 = 1，不同意 = 0）。其中"0"表明阶级意识相对弱化，"1"则表示阶级意识相对凸显。帕特尔对分别列出的总计22项内容进行汇总整合，认为"得分在0至11之间则表明阶级意识处于一个相

① Werner S. Landecker, "Class Crystallization and Class Consciousness", *American Sociological Review*, Vol. 28, No. 2（Apr., 1963）, p. 221.

② Ibid.

③ Ibid.

④ Pravin J. Patel, "Trade Union Participation and Development of Class – Consciousness", *Economic and Political Weekly*, Vol. 29, No. 36（Sep. 3, 1994）, p. 2370.

对低的水平；得分在 12 至 22 之间，则认为阶级意识处于一个较高的水平"。① 可见，对阶级意识进行分层、分阶段研究的学者普遍将阶级行动的倾向引入完整阶级意识的内容，认为阶级意识的发展最终将促使阶级成员为达到最终目标，为实现更为公平的阶级关系以及更为公平的社会制度而采取一致行动。雷蒙·阿隆（Raymond Aron）所理解的阶级意识也属于这一范畴。他将阶级意识理解为两种经验，认为无产阶级的阶级意识有狭义和广义之分，确切地说，狭义的无产阶级意识局限于经济生活领域的经验层面，一方面包括工人在实际工作中所积累的经验，另一方面包括对其与雇主关系的认知经验；广义的无产阶级意识则源自政治层面的经验与积累，一方面包括无产阶级对其作为统一的阶级本身的认知程度，另一方面包括对本阶级与其他阶级甚至整个社会关系的认知情况。② 当然也有少数学者将阶级意识的最高阶段视为阶级团结，例如洛普瑞特与赫兹里格就是其中的代表。

综合众多学者对阶级意识的研究，特别是他们对阶级意识内容的分析，可以为我们在定义阶级意识的内涵时提供经验、汲取其精华之处，同时也可避免其中的不足。侧重强调阶级意识整体性的学者，往往对阶级意识形成过程中所包含的具体内容没有进行较为详细的阐释；而侧重阶级意识完整形成过程的学者则在生产关系对阶级意识的根本性决定作用突出不足。如何将阶级意识的内涵阐述得更为全面，并不失对阶级意识重要内容的彰显，这就需要将这两类关于界定阶级意识内涵的方法加以综合运用。当然，对工人阶级意识的定义离不开马克思主义理论的正确指导。马克思、恩格斯、列宁等，运用历史唯物主义和辩证唯物主义的方法，着重强调生产关系的决定性作用，对工人阶级的产生、变化、现状及未来进行分析，认为工人阶级必然从"自在阶级"转向"自为阶级"，也就是说工人阶级必然经过阶级意识的萌生以完成这一跨越。马克思认为由于工人阶级的异化达到如此惊人的程度，以至于这个阶级除了承担社会带来的负担与压迫外，无权享受任何社会福利，工人阶级与资产阶级的冲突与对立将越发激烈，在这一过程中必然产生工人阶级要求"实行根本变革的意识，

①　Pravin J. Patel, "Trade Union Participation and Development of Class – Consciousness", *Economic and Political Weekly*, Vol. 29, No. 36（Sep. 3, 1994）, p. 2370.

②　参见［法］雷蒙·阿隆《阶级斗争——工业社会新讲》，周以光译，译林出版社 2003 年版，第 165 页。

即共产主义意识"。列宁在对阶级作出一个明确的定义之后，对工人阶级意识也进行了相关概括，在列宁那里将工人阶级意识称为工人的阶级自觉，笔者认为二者有着同一性。列宁认为工人的阶级自觉分为三个层面，首先工人阶级应该认识到工人改变自身状况、并最终实现自身以及全人类解放的唯一手段是同"大工厂所造成的资本家，厂主阶级进行斗争"；其次，工人阶级应该认识到"本国所有工人的利益是相同的，一致的"，彼此之间有着共同的利益契合点；最后，工人阶级应该认识到为实现自己的目的，必须争得对国家事务的影响。[①]

在对阶级意识内容的相关文献有所了解和把握的基础上，本书尝试对阶级意识作一个粗浅的定义。笔者认为可以将阶级意识定义为如下内容：阶级意识是指在一定历史条件下，由社会生产关系所决定，并受政治因素、文化因素、社会因素等多种因素影响和制约的在某一客观存在的阶级中所形成的对本阶级历史地位、阶级利益、阶级任务与目标、阶级行动等方面的共同认识。而工人阶级意识特指作为大工业伴生物并与资本家阶级具有根本利益冲突的工人阶级在资本主义雇佣关系条件下必然形成的对本阶级成员构成整体所处历史地位、共同阶级利益、阶级任务与目标、采取何种阶级行动等方面的共同认识。工人阶级意识是在接受科学社会主义理论基础之上形成的，以改造资本主义制度为目标的，实现人类解放的意识。这种对工人阶级意识的界定方式，一方面凸显资本主义生产关系对工人阶级意识的决定作用，抓住了问题的主要矛盾，另一方面也注意到政治、文化、社会等多种因素对工人阶级意识的影响。与此同时，对工人阶级意识应包括的具体内容也都一一列出，使工人阶级意识的内涵更为充分和饱满。

第二节　西方国家工人阶级意识的形成

在资本主义制度下，工人阶级意识的形成有其历史必然性因素。历史的长河已经充分见证了这样一个客观现实，只有在资本主义制度下，在资本主义特有的生产方式条件下，才会使社会两大阶级——资产阶级和工人阶级的关系演变得更为彻底、更为赤裸裸，更为简单化和两极化，二者之

---

① 参见《列宁全集》第2卷，人民出版社1984年版，第85页。

间的矛盾也会日趋激烈和尖锐。资本主义造就了摒弃自身劳动而独享社会财富的资本家阶级，同时也培养了承担一切社会重负却无缘充分享受社会生产成果的工人阶级。这样，就在客观上为工人阶级意识的形成提供了可能性。为争取自身利益，工人阶级与资产阶级之间进行着不间断的斗争，在斗争中，工人积累了较为丰富的经验，并意识到组建工人阶级政党的重要性。在工人阶级政党的积极引导下，工人阶级逐渐加深了对资本主义制度的认识、对自身受剥削根源的认知，以及对历史使命的认同，为工人阶级形成更为鲜明的阶级意识创造了条件。概括地说，西方国家工人阶级意识形成的背景集中反映在以下五个方面。

一　资本主义生产方式的必然结果

在资本主义条件下，资本家阶级运用其占有生产资料的优势在市场上购买到一种特殊的商品即劳动力。而正如我们所知，劳动力蕴含于工人之中，蕴含于工人的抽象劳动和具体劳动当中，因此这就在客观上无可辩驳地将工人置于与一般商品平行的地位。工人阶级不占有任何生产资料，为了生存、为了后代的存续，他们必须出卖自身的劳动力给这个资本家或者那个资本家，以平衡最基本的生活支出。这样，资本家与工人之间就形成了雇佣劳动关系，资本家以劳动力的价值购买工人的劳动，这一部分支出必然要求工人在劳动过程中予以补偿，但仅仅补偿资本家购买工人劳动力时所支付的货币量并不能够达到资本家组织生产的真正目的，不能满足资本家聚集资本的愿望。因此，在工人生产出自身的劳动力价值后，劳动不会就此停歇，而会继续进行，此时工人所创造的价值即剩余价值将被资本家收入囊中。正是由于资产阶级对生产资料的占有，使得他们在劳资关系中占有明显的优先权和决定权，而工人阶级则处于相对被动的地位，这既体现在工人阶级出卖劳动力伊始，也体现在劳动力出卖的全过程中，自然也体现在劳动报酬的分配方面。

当工人的脚步刚刚迈向市场时，他们就面临着是否能够成功出卖劳动力的问题，因为其结果完全取决于市场对劳动力的需求，也就是说"取决于工商业繁荣期和萧条期的更替，取决于没有节制的竞争的波动"①。当工人"幸运"地出卖劳动力，开始具体劳动时，也就对自己的劳动失

---

① 《马克思恩格斯文集》第 1 卷，人民出版社 2009 年版，第 676 页。

去了事实上的支配权。工人的劳动在资本主义生产过程中完全转化为机器生产的一部分，成为创造资本的一个不可或缺的环节。工人为资本家生产财富，却为自己生产着贫困。无论工人每天工作10小时、12小时、15小时甚至更多的时间，还是工人为资本家创造的财富几倍于资本家购买劳动力时支付的金额，工人的平均工资都始终维持在最低或较低生活限度之内，因而资本家财富的几何级倍数增长与工人的贫困是资本主义发展的必然。相应地，资本家阶级与工人阶级之间的两极分化也必然越发明显。正如马克思和恩格斯所言，资本主义时代的一个显著特点即"它使阶级对立简单化了。整个社会日益分裂为两大敌对的阵营，分裂为两大相互直接对立的阶级：资产阶级和无产阶级。"① 资本主义的生产方式决定了资本主义社会两大阶级的矛盾和对抗，生产资料的资本主义私人占有决定着上层建筑的系列内容，其中包括政治、法律、社会意识形态等。可以推断，资本主义条件下会形成并不断强化与之相适应的社会意识，处在资本主义生产关系下的工人阶级终究要形成改变现有经济基础的阶级意识。

资本主义制度下工人阶级的劳动条件从宏观上逐渐走向趋同，特别是在资本主义生产关系发展的早期阶段，作为机器大生产的产物，他们从事着机械化的简单操作，其劳动过程的枯燥程度几乎达到了可以承受的极限，对劳动的厌恶也极其深刻；其次，生产中的协作性促使他们逐渐认识到团结的力量。技术革命带来的工人分工日益细化，每个工人在生产过程中只负责其中一个很小的环节，任何产品的生产都需要广泛协助才能顺利完成，忽视其中的任何一个环节都可能导致整个流程的停滞。工人在相互协作中逐渐认识到团结的力量和协作的必要性，以及他们共同从属于资本主义生产链条的命运。然而即便如此苛刻的工作环境，也不能确保工人阶级所有成员顺利获得。因为随着科技的进步，资本主义进入了发展的快车道，机器及其他生产工具、管理方式不断更新，逐渐减少了对工人数量的需求，导致很大一部分工人处于失业或半失业状态，断绝了工人维持生存的路径。在捍卫生存权利的面前，工人必然团结起来奋起反抗，最终引发革命的发生。因为"生产力的发展……如果实际上使整个国家在较少的时间内完成自己的全部生产，它就会引起革命，因为它会断绝大多数人口

① 《马克思恩格斯文集》第2卷，人民出版社2009年版，第32页。

的活路。"① 工人联合起来进行斗争的决心以及革命的意识都会十分强烈，毕竟较之获得更为优越的生活条件来讲，捍卫生存的权利将更具有号召力、也更具彻底性和坚定性。因而可以断言资本主义生产方式必然导致工人阶级意识的萌生。占据"全体社会成员中的大多数"的工人阶级，必然会产生"必须彻底革命的意识，即共产主义意识"②。

当然，资本主义在其发展过程中也在不断进行调整，力图适应生产力的发展，缓和劳资之间的矛盾，增强资本主义的自我调适能力，从而为生产力释放更多的空间。但资本主义的生产方式并没有因此而发生根本性的扭转，劳资之间的关系也未发生真正的改变。

二 工人阶级异化状态的必然结果

资本主义制度下工人阶级和资本家阶级均处于异化状况，但是这种异化状态是不对称的。资产阶级由于占有生产资料，主导着生产的整个过程，并占据着生产成果，他们无论在日常的生活中，还是在其他方面与工人阶级相比都有着明显的优势，有着更为光鲜的一面，因而他们在其中获得了自我满足和认可，获得的是肯定的认识。工人阶级则恰恰相反，他们处于被剥削的一端，不占有任何生产资料，除了出卖自己的劳动力以外不具有其他可以维持自我生存的资本和空间，他们不得不忍受枯燥、乏味、高强度的劳动，接受微薄的工资收入，因而他们在生产与生活过程中获得的是否定的认识，是对现实社会的不满，潜藏着对现存制度谋求改变的欲望和意识。工人阶级这种在异化中"感到自己是被消灭的，并在其中看到自己的无力和非人的生存的现实"③ 必然唤起工人阶级的反抗意识，因而工人阶级的异化状态决定了他们具有产生阶级意识的必然性。无产阶级在被异化的状况下必然产生对现状的不满和愤慨，之所以无产阶级会"产生这种愤慨，这是这个阶级由于它的人的本性同作为对这种本性的露骨的、断然的、全面的否定的生活状况发生矛盾而必然产生的愤慨。"④

我们之所以说工人阶级在资本主义制度下完全处于异化之中，其理由主要有以下三点。首先从最基本的、决定社会关系的生产资料的角度来

---

① 《马克思恩格斯文集》第 7 卷，人民出版社 2009 年版，第 293 页。
② 《马克思恩格斯文集》第 1 卷，人民出版社 2009 年版，第 542 页。
③ 同上书，第 261 页。
④ 同上。

看，工人阶级为了赚取保障生活的为数有限的货币只有通过出卖劳动力，从事他们从中只能得到痛苦和不满，而获取不到丝毫满足感（即使在某一时刻体会到那种满足感，也只能是暂时的、有限的，从工人阶级整体来讲是微不足道的）的工作；其次，工人所生产的产品、创造的价值，饱含了工人劳动价值的商品并不归工人阶级所有，其所有权"自然"转移到资本家手中，然而资本家本身作为商品的所有者却不为商品价值增长附加任何劳动。工人付出最为艰辛的劳动，收获的却只有贫困与不幸，面对的只有冷漠与疾苦；再次，工人通过生产劳动，将价值转移到产品当中，实现了商品价值的增加，然而工人阶级劳动生产的商品反过来却成为工人难以驾驭的"魔咒"。工人为了生存、为了有能力购买满足基本生活需要的生活必需品，不得不加大劳动强度以创造更多的价值和商品，但当工人这样做时，也为自己锻造了使资产阶级套牢自身的工作锁链。工人阶级努力所换得的是资本家与工人之间难以填补的鸿沟。总之，在资本主义制度下，异化现象普遍存在于劳资关系的各个方面，渗透于各个领域，特别是对工人阶级来讲，他们已经"完全丧失了一切合乎人性的东西"，因此他们"不仅在理论上意识到了这种损失，而且还直接被无法再回避的、无法再掩饰的、绝对不可抗拒的贫困——必然性的这种实际表现——所逼迫"，进而认识到他们"能够而且必须自己解放自己"①。然而，这种异化的现状为工人阶级意识的形成提供了可能，并不意味着随着异化程度的加深工人阶级就会自然生发出成熟的阶级意识，毕竟"异化劳动把人类的生产活动降格为一种适应性行为，而不是一种积极主动地征服自然的行为。"② 异化的过程在一定程度上伴随着顺从、服从的过程，因此认清资本主义异化的生产方式，进而克服这种异化现象会经历一个相对复杂和长期的过程。

三 工人阶级客观经济条件恶化的必然结果

工人阶级客观经济条件的恶化集中体现在两个方面。首先表现在客观经济条件日益下降甚至恶化的工人人数不断增多。这是因为资本主义生产

---

① 《马克思恩格斯文集》第 1 卷，人民出版社 2009 年版，第 262 页。
② ［英］安东尼·吉登斯：《资本主义与现代社会理论》，郭忠华、潘华凌译，上海译文出版社 2013 年版，第 18 页。

资料的占有方式，以及资本的规模化效益，会使资本更多地集中到大资本家手中，那些小生产者终究会因无力与大资本家对抗而被纳入无产阶级行列。因而资本主义社会阶级关系的简单化和两极化将更为凸显。一方面失去生产资料的人数增多，被贫困所迫不得不出卖劳动力的人数增加；另一方面也扩大了无产阶级的队伍，增加了无产阶级的力量。为工人阶级与资产阶级之间的斗争做好了相对充分的人数与规模上的准备。

其次，工人阶级客观经济条件的恶化表现在其程度不断加深。这可以通过以下四点来进行阐释：第一，工人阶级与资产阶级在财富占有方面的差距日益扩大。工人阶级的实际收入与其所创造的价值相比呈阶梯形下降，工人阶级的相对贫困不断加重；第二，工人阶级彼此间的竞争日趋激烈。在资本家阶级应对工人阶级反抗的种种措施中，在工人当中制造彼此强烈的竞争，这对于工人阶级的团结来讲是最具杀伤力的武器。通过工人之间的竞争，资本家阶级借机收获"渔翁之利"。激烈的竞争，使工人为获得某一职位不惜接受工资的削减，不惜一个人承担起两个人甚至更多人的工作，这无疑为资本家对工人加大剥削强度提供了便利。但是工人阶级通过竞争争取的工作机遇给他们带来的并不是理想中生活条件的改善，而是生活得更为艰辛，带来的是更为严重的相对贫困。因而工人阶级必然在自身贫困过程中逐渐意识到这种恶性竞争只会使工人阶级自身的利益受到损害，而使资本家阶级受益；第三，失业现象更为普遍，工人就业形势趋于严峻。伴随科技革命的发展，生产工具进一步改善，进而生产过程不断引入新技术，逐步减少对工人数量的需求，带来失业人数的上升。工人为了获得工作机会，不得不接受报酬低廉的工作，忍受生活水平骤降的现实。资本主义条件下，工人阶级分工越发细化，工人的技艺就会变得越发有限。当他们因为某种原因脱离原有工作环境时，很难在其他行业找到适合自己技艺与能力的工作，所以他们再就业的范围十分狭窄，受制于资本家的能动性操纵越来越明显。可以断言，工人阶级为捍卫生存而进行斗争的意识将变得更加强烈，最终付诸实践；第四，经济危机对工人阶级的冲击越发严重。资本主义条件下生产发展越是迅速、生产的产品数量越是增多，购买力的有限性与商品无限供给之间的矛盾就越发尖锐，工人阶级在危机下遭遇的冲击就更趋强大。危机中，资本家会无情地将危机转嫁给工人，一方面是大批工厂倒闭、工人失业、工人生活陷入贫困，另一方面是大批商品被销毁。为使资本不停歇的运转，资本家通过大规模地破坏生产力，以期为新一轮的资本积累创造条件。然而这不过是为新的、更加严重的经济危机做好了准备。无产阶级绝"不是白白地经受那种严酷的但能使人百炼成钢的劳动训练的"①，工人阶级的"目标和它的历史使命已经在它自己的生活状况和现代资产阶级社会的整个组织中明显地、无可更改地预示出来了"②。工人阶级必将更加清晰地认清自己的历史地位及其使命，并最终践行于实际。

四 工人阶级政党的积极引导

组建代表工人阶级利益的新的无产阶级政党，通过制定政策以适应并锻造工人阶级解放的条件，这是工人阶级政党十分重要的意义所在。众所周知，任何一个占据社会统治地位的阶级都不仅是经济领域的统治者，同样地，也必然是意识形态领域的主导者。统治阶级总是会在意识形态领域捍卫其主导性，促使它的统治获得民众的普遍认可。马克思和恩格斯在《德意志意识形态》中对这一问题有着翔实的论述，"统治阶级的思想是每一个时代都占统治地位的思想。这就是说，一个阶级是社会上占统治地位的物质力量，同时也是社会上占统治地位的精神力量。支配着物质生产资料的阶级，同时也支配着精神生产资料，因此，那些没有精神生产资料的人的思想，一般地是隶属于这个阶级的。占统治地位的思想不过是占统治地位的物质关系在观念上的表现，不过是以思想的形式表现出来的占统治地位的物质关系。"③ 在资本主义制度下，资产阶级会运用各种手段，其中包括组建各种组织、党派、形成各种派别等为资本家阶级的统治扫清思想层面的"障碍"，寻找话语权方面的庇护。但这种"障碍"是工人阶级认清自身历史地位、历史使命，并最终团结起来为实现其共同利益成为自为阶级的纽带。因而工人阶级政党在培养工人阶级意识的过程中，特别是在克服陈旧、腐朽思想方面需要充分发挥积极作用，不仅要"破旧"，更要"立新"，促使工人阶级明确自身所处的历史地位、历史使命，了解其目标的一致性、利益的共同性，培养其意识到团结的必要性以及革命的勇敢性。其次，透过新型的代表工人阶级利益的政党组织成员也可以看到

---

① 《马克思恩格斯文集》第 1 卷，人民出版社 2009 年版，第 262 页。
② 同上书，第 262 页。
③ 《马克思恩格斯文集》第 2 卷，人民出版社 2009 年版，第 550—551 页。

其在唤醒工人阶级意识方面的积极意义。无产阶级政党及其成员共产党人在实践方面"是各国工人政党中最坚决的、始终起推动作用的部分；在理论方面，他们胜过其余无产阶级群众的地方在于他们了解无产阶级运动的条件、进程和一般结果"①。再次，无产阶级政党能够在宏观上把握运动的方向，指引工人阶级意识沿着健康、前进的方向发展。在争取运动眼前利益的同时联系运动的未来和长远利益；在争取局部利益的同时，也时刻不忘工人阶级的整体利益。

五　工人阶级自身特征的客观决定

资本主义生产资料的私人占有锻造了工人阶级自身的特征，这不同于以往存在的被剥削被压迫者，那些被剥削被压迫者包括奴隶、平民、农奴、帮工在内，他们对自由民、贵族、地主、行会师傅等都有或多或少、或全部或部分的人身依赖关系。但是资本主义条件下则不同，工人阶级和资产阶级之间是完全赤裸裸的金钱关系，除此之外再无任何瓜葛。工人阶级不能渴望依附于资本家，作为连接二者的纽带——雇佣劳动，也只有在工人阶级尚且能够为资本家创造剩余价值的条件下才可能搭建，否则工人就会被资本家无情抛弃。因而工人阶级较以往所存在的被剥削阶级而言具有更为鲜明的独立性。他们并不依附于任何人，他们只有依靠自身的力量才能最终实现解放。在经历了求得生存的艰难性与被动性之后，工人阶级逐渐认可他们处于共同的阶级地位，他们是作为一个独立的阶级与资本家阶级相抗衡的。对所属阶级的认可以及对共同阶级地位的认同成为激发工人阶级意识进一步发展的启动力量，为工人阶级意识的形成奠定了坚实的基础。其次，工人阶级在资本主义机器大生产过程中被置于与机器平齐的地位，生产过程中经过严格的组织与培训，新型机器特别是精密仪器的运用要求工人必须注意力高度集中，不可有丝毫差错，因而在长期的机械的生产过程中锻造了工人的组织性和纪律性。规模化大生产也使工人逐渐认识到彼此相互配合与协作生产之重要，这为工人阶级未来走向联合，培养工人阶级的联合意识乃至国际主义精神都具有潜在的推动力。最后，资本主义条件无意但却又客观上造就了工人阶级的彻底的革命性。资本主义制度下，随着工业进步，工人所创造的剩余价值不断提升，但工人阶级的整

---

① 《马克思恩格斯文集》第 2 卷，人民出版社 2009 年版，第 44 页。

体生活状况并没有得到根本的改善。资本主义生产关系将生产资料的私人占有发展到极致，同时也将剥削关系发展到极致。正是由于资本家阶级与无产阶级之间的根本对立，决定了工人阶级最终打破现有生产关系、摧毁现行剥削制度、消灭阶级、消灭剥削、实现生产资料公有制的必然性。这种彻底的革命性与工人阶级意识将共同生长，当工人阶级在阶级意识指引下最终付诸行动的时刻，彻底的革命性将起到更为突出的作用。与前资本主义社会不同阶级之间的关系相比，资产阶级和无产阶级之间是通过经济利益，通过金钱利益搭建起彼此间的桥梁。前资本主义时代尚且存在人身依附等关系，而资本主义时代则摆脱了这种人身依附，因而阶级意识有条件以一种清晰的方式表现出来。工人阶级的阶级地位，及工人阶级在资本主义生产方式条件下处于以出卖劳动力为生的被剥削地位决定了工人阶级改变现状的唯一出路是消灭阶级、消灭雇佣劳动关系、消灭生产资料的私人占有，进而消灭其自身，解放全人类，最终实现自身的解放。因而工人阶级意识必然有彻底性、真实性的特征，这也成为工人阶级意识必然形成的因素之一。

再来看工人阶级的对立阶级——资产阶级，他们在同封建制度进行斗争的时候，认识到封建主义生产方式的弊端和局限，在改变旧的生产方式过程中曾经发挥过积极促进的作用，在意识形态领域也对封建制度有着较为科学和正确的判断。但当资本主义生产方式得以确立之后，资产阶级获得统治地位之时，它的矛盾性就日益清晰地彰显出来。一方面为了维护自身的统治地位，资本家必然站在剥削者的角度观察社会问题；另一方面，当资产阶级刚刚站稳脚跟，瓦解其统治力量的资产阶级掘墓人无产阶级已经稳健地站在其对立面，成为一支不可忽视的力量试图挑战资产阶级的统治。再者，当资本主义运行方式出现危机与矛盾，而根本解决矛盾的路径却潜藏于资本主义体制之外时，资产阶级意识就会主观地、也是客观地对事实加以模糊和扭曲，以维持资本主义生产方式的延续，试图将它的存在视为合理的、永恒的。可见"使资产阶级的阶级意识成为'虚假'意识的界限是客观存在的，它就是阶级地位本身"[①]。虽然资产阶级意识有一定程度的进步和发展，但它却难以避免"悲剧性"的灾难，当它发展到

---

① ［匈］卢卡奇：《历史与阶级意识》，杜章智、任立燕、宏远译，商务印书馆2009年版，第110页。

顶峰时却陷入了不可解决的矛盾之中。① 所以说工人阶级自身的特征也决定了其能够形成不同于资产阶级"虚假"意识的真正的阶级意识。

上文对西方国家工人阶级意识的形成条件和背景，也就是工人阶级意识形成的必然性进行了初步的分析，然而成就必然性离不开理论及实践条件的成熟与发展，因此对工人阶级意识形成的理论条件与实践条件进行分析，促使工人阶级意识从可能变为现实，是研究中需要给予关注的重要内容。

第三节　西方国家工人阶级意识形成的条件

工人阶级意识的形成离不开成熟的理论条件，离不开科学社会主义理论的丰富与完善，更离不开科学社会主义理论在工人阶级中的广泛传播和普遍认可。与此同时工人阶级意识的形成也需要有充分的实践条件做准备，在实践中不断积累经验，加深对各种斗争形式的认识，最终形成以科学社会主义理论为核心内容的工人阶级意识。

一　西方国家工人阶级意识形成的理论条件

（一）科学理论的指导

1. 科学理论促进和指导工人阶级意识的形成

西方国家工人阶级意识的形成需要正确理论的指导。马克思主义诞生以前，工人已经进行了持续百余年的斗争。长期斗争过程中一系列指导工人运动的理论应运而生，例如，以道德上的公平代替现实生活中的不公。这种理论看到了现实存在的不公平现象，但认为对现实不公平现象的改变可以寄希望于道德上的说教，这样便从根本上扭曲了工人阶级的革命性，从对现实矛盾的认识转向了一种抽象的、乌托邦式的幻想。在这一理论指导下不可能形成工人阶级的阶级意识，反而会导致工人对现状的无助和麻木。此外，那种以反对分配方式为目标、忽视反对生产方式的理论，以及将阶级对立等同于贫富对立的论说，都在一定程度上掩盖了资本主义社会存在的根本矛盾，进而抹杀了生产关系这一对工人阶级意识起决定性作用

---

① 参见［匈］卢卡奇《历史与阶级意识》，杜章智、任立燕、宏远译，商务印书馆2009年版，第121页。

的基础内容。当我们看到这些工人运动的相关理论尚且存在许多弊端的时候，也应该承认其在工人运动发展过程中所发挥的有限作用。虽然这些理论没有指明工人阶级受剥削的根源，也没有找到摆脱剥削的真正途径，但在当时情况下，这些理论还是有着较为普遍的积极意义，使工人逐渐认识到社会存在的各种不合理现象，并逐渐萌生改变这些不合理因素的愿望。

　　真正工人阶级意识的形成必须有科学理论的正确指导，也就是说，科学理论为工人阶级意识的形成提供了可能。工人阶级意识需要以马克思主义为指导，这是因为马克思主义理论以辩证唯物主义和历史唯物主义的方法，揭示了人类社会发展的一般规律，发现了剩余价值的秘密，找到了工人受资本家剥削的根源在于工人不占有任何生产资料，在于资本家对工人创造剩余价值的无偿占有。资本家不仅对工人进行物质上的剥削和统治，还进行着精神上的麻痹与控制，使工人认可资产阶级的主流意识形态。马克思主义理论在总结工人无数次斗争与失败经验教训的基础上提出工人阶级推翻资本主义制度，实现生产资料公有制的可行性和正确路径。工人阶级要想摆脱剥削实现自身解放只能依靠自己的力量，不能渴望资本家的施舍与怜悯。工人在反抗剥削过程中取得的任何一丝成绩，包括生活状况的任何一点改善、政治地位的任何一点提高都是他们自身斗争的结果。可见，马克思主义理论揭示了工人阶级意识形成的根源和必然，同时也指明了工人阶级意识的最终目标，及其形成过程的复杂和曲折，为工人阶级意识的培养和形成提供了科学依据。正如威廉·福斯特在其代表作《三个国际的历史》中所说，"一八四八年之前，在资本主义的分析、组织形式、斗争的方法和最终目的这些问题上，支配着社会主义运动的是一种极为混乱的现象。它是原始主义、乌托邦主义、冒险主义和机会主义的复合体"。在这个过程中资产阶级也在竭尽所能培育着适合自身统治的思想和认知，然而马克思主义理论的丰富和发展"已经不可抗拒地战胜了资本主义培育的无尽量的混乱和幻想，这些混乱和幻想已经使工人阶级在其向解放迈进的道路上遭到了祸害。"① 指导工人阶级完成自身历史使命的科学理论是在实践中，在革命与斗争的过程中日渐得到认可和接受的，工人阶级对不同理论进行分辨和选择的过程自然是阶级意识培育过程中非常重

---

　　① ［美］威廉·福斯特：《三个国际的历史——一八四八年至一九五五年的国际社会主义和共产主义运动》，李潞等译，生活·读书·新知三联书店1961年版，第17—18页。

要的环节。

缺少科学的理论，或者在错误理论的导向下只会使工人运动受到更多的挫折，但是恰恰是在挫折中的探索、在不同理论焦灼的争论中，才更加凸显出真理的信服力和科学性，也才能真正为工人阶级所接受，使其成为工人阶级斗争的武器，进而融进阶级意识的内容之中，成为其中的一部分。"意识改革不是靠教条，而是靠分析连自己都不清楚的神秘的意识，不管这种意识是以宗教的形式还是以政治的形式出现。"[①] 随着资本主义在经济上占据统治地位，其在上层建筑、在意识形态领域以更为抽象的自由、民主、平等与博爱，用以装饰其具有鲜明阶级性的内容为普遍的、全人类的利益，寄希望于抑制工人阶级意识的生成。因而拨开笼罩在工人阶级意识形成过程中的迷雾，需要有科学的理论作为指导。

在工人阶级发展史上导致工人阶级分裂的元素不胜枚举，或许这种元素来自资本家阶级的有意为之，又或者源自工人阶级自身认知的弱化与模糊，但与此同时，为弥合工人阶级的分化，以实现工人阶级运动的统一、实现工人阶级的普遍联合，无数理论家、革命家都进行了不懈的探索。工人阶级在思想理论上第一次较大规模的分化或者可以追溯到社会民主主义与马克思主义的分化。为了弥合这种隔阂，马克思主义者通过理论的彻底性以及具体的实践作出了努力，不仅如此，"整体社会主义"理论的倡导者也看到了这种分裂，并试图实现二者的统一。但由于并没有充分认识到二者之间本质上的差别，认为在社会主义工人国际与第三国际之间可以实现相互借鉴并最终以一个统一整体得以呈现。可见，在探索工人阶级联合统一过程中需要对各种理论、各种流派之间予以准确而科学的判断，缺少理论的支撑、缺少较为彻底的理论，则很难真正发掘工人阶级的共通之处。然而，只有找到工人阶级的共同点，并将其以生动的形式加以阐释，同时将理论与现实状况予以紧密结合，剖析其中深层次的原因，才可能使工人阶级形成共通的阶级意识。就"整体社会主义"而言，对其所作出的努力应该给予充分肯定，但其不足之处也不能忽视。特别是对资产阶级国家的本质缺乏正确的认识，此外它还认为西欧的工人阶级只需要静静等待"社会力量因素"的发展就可以实现对政权的掌控。这些内容对工人阶级意识都起着负面的、削弱的作用。不难看出，理论的彻底性对唤醒工

[①] 《马克思恩格斯文集》，人民出版社 2009 年版，第 9—10 页。

人阶级意识有着特殊的意义。科学的理论为工人阶级分辨各种主义与思潮提供了必要的武器，也自然构成工人阶级意识形成的基础条件。

2. 工人阶级意识的形成伴随着同各种错误思想的交锋

工人阶级意识的形成离不开马克思主义理论的指导，同时，也伴随着同各种错误思想的交锋和斗争。虽然马克思主义理论从根本上揭示了资本主义社会的基本矛盾，以及解决这一矛盾的根本方式，但由于其本身具有理论上的深刻性特征，使得工人阶级对马克思主义理论的把握需要一个过程，即从现象层面开始，进而认识到事物的本质。在这一过程中，工人阶级很容易受到诸如改良主义、修正主义等错误思想的影响，进而偏离了阶级意识形成的轨道，或者满足于现有经济领域取得的有限成果，或者局限于体制内的有限改良。总之，放弃了阶级意识本身所包含的核心内容。

之所以工人阶级意识会如此容易受到这些错误思想的影响，一个很重要的原因是这些思想更容易满足工人阶级眼前的、暂时的要求，更符合工人阶级对现象的感性认知。因而这就需要将马克思主义理论更好地与现实结合起来，对资本主义社会表现出的新现象、出现的新问题作出科学的解释，从而使工人阶级不仅在感性认识上而且在理性认知上坚持科学社会主义理论的正确性。

应该说各种错误思想，包括各种表面上代表工人阶级利益，本质上违背工人阶级利益，以及那些仅代表工人阶级眼前、局部利益而忽视工人阶级长远、整体利益的思想都会在工人阶级当中找到自己的拥护者和追随者。思想的分化在工人阶级队伍中会直接造成工人队伍本身的分裂，阻碍工人的内部团结，进而抑制工人阶级意识的形成。对错误思想采取掩盖、遮蔽的态度是不可行的，毕竟思想的影响是深远的，它最终会导致行动上的偏差与错误。因此工人阶级意识的培养必然需要同各种有悖于工人阶级整体利益、长远利益的思想进行深刻而有效的斗争，从而为阶级意识的形成扫清理论上的障碍。就马克思主义与各种思潮进行的持久而富有成效的斗争，列宁在《马克思主义和修正主义》一文中曾经有过详细的概述："马克思主义在它存在的头半个世纪中（从 19 世纪 40 年代起）一直在同那些与它根本敌对的理论进行斗争。在 40 年代前 5 年，马克思和恩格斯清算了站在哲学唯心主义立场上的激进青年黑格尔派。40 年代末，在经济学说方面进行了反对普鲁东主义的斗争。50 年代完成了这个斗争，批判了在狂风暴雨的 1848 年显露过头角的党派和学说。60 年代，斗争从一般的理论方面转移到更接近于直接工人运动的方面：从国际中清除巴枯宁主义。70 年代初在德国名噪一时的是普鲁东主义者米尔柏格，70 年代末则是实证论者杜林。但是他们两人对无产阶级的影响都已经微不足道了。马克思主义已经绝对地战胜了工人运动中的其他一切思想体系。"①

（二）工人阶级意识形成的路径

关于阶级意识形成的路径存在两种截然不同的观点：一是认为工人阶级意识可以通过工人自身的实践斗争自发形成；二是认为工人阶级在自发的过程中只能形成工联主义，必须通过工人阶级先锋队政党对其进行思想意识方面的灌输。唯有如此，工人才能形成真正的阶级意识。对这一问题答案的最终判断和选择，直接决定了政党在工人阶级意识培养中的作用。

1. 自发形成理论

自发形成理论认为工人阶级意识无须通过外界灌输，工人阶级在彼此相互联系及斗争中会自发产生并不断巩固加强其阶级意识。客观地说，工人阶级在生产关系中所处被动、受剥削的地位决定了工人生活状况的窘迫与悲惨。工人在生存权都面临被剥夺的情况下必然会产生对现实社会的不满。起初工人只是看到手持皮鞭的监工以及不断翻新的机器淹没了他们工作的希望与生存的可能，所以他们直接的斗争对象是监工，所采取的措施是对监工的抗议、对机器的破坏。渐渐地，随着工人斗争的深入与激烈，随着工厂主对工人更加严酷的管理以及新机器的引进，工人逐渐认识到那些监工其实也是工人阶级的一部分，他们不过是被厂主雇用来对其进行管理的人员，而那些机器也不过是资本家借以剥削工人所创剩余价值的工具。工人在斗争中不断总结经验，通过罢工、游行示威乃至更为激烈的斗争逐渐认识到正是由于资本家阶级占据生产资料，所以他们才可以不劳而获，通过购买工人的劳动力为其创造更多的财富。改变这种现状的唯一方式是消灭雇佣劳动关系，消灭现有的生产资料分配方式。持此种观点的人认为工人阶级意识自发形成的关键在于工人在日常生活以及斗争实践中，会不断积累经验，逐步加深对现状以及社会弊病的把握，从而形成对自身历史地位、历史使命、斗争目标以及行动方略的正确认识，进而形成成熟的阶级意识，并付诸行动。自发形成理论主张者看到了工人阶级自身斗争及经验积累的重要性，这是值得充分肯定的。毕竟工人的每一次斗争都为

① 《列宁专题文集·论马克思主义》，人民出版社 2009 年版，第 149 页。

工人阶级的团结提供了可能，为其加深对社会矛盾本源的认识提供了可资借鉴的素材。正如马克思和恩格斯在《共产党宣言》中提及的，工人们"斗争的真正成果并不是直接得到的成功，而是工人的越来越扩大的联合"①。恩格斯的《英国工人阶级状况》在同样的意义上理解罢工对工人阶级的重要作用，对于工人来说，罢工是一所军事院校，"他们在这里为投入已经不可避免的伟大斗争做好准备；罢工是各个劳动部门关于自己参加伟大的工人运动的宣言"②。

　　然而通过对工人阶级形成以及工人运动的考察，工人阶级意识会受到多种因素的影响，从而很难在自身的发展与斗争过程中顺利形成正确的阶级意识，特别是对工人阶级来说，在与其对立阶级——资产阶级相比而言处于弱势地位，他们不占有生产资料，不占有强大的国家机器，同样也不占有强大的舆论引导力。多重因素的干扰导致阶级意识的形成重重受阻。在成熟的阶级意识尚未在工人头脑中形成之时，工人很容易满足于、局限于眼前所取得的部分经济利益，例如保障就业、增加工资、提高社会福利等。也就是说，工人阶级在斗争中针对的是问题产生的结果，而不是问题的原因，他们只是在"延缓下降的趋势，而不改变它的方向；他们服用止痛剂，而不祛除病根"③，他们的斗争是在捍卫雇佣关系而不是消灭雇佣关系。

　　正如埃米尔·涂尔干所说，人们"一旦不再习惯受人控制，就会觉得控制本身是令人无法容忍的事情"，"一旦获得了更大程度的自主权，就非得去享用这种权利不可"。④ 同样地，当一个人已经获得了相应的财富，即便很有限，但是也很难轻易让其为不确定的未来放弃已经紧紧握在手中的真实。因而当工人阶级成员为了阶级的整体利益而斗争时，很可能需要工人成员个体牺牲自身局部利益，在这种情况下工人阶级成员会作出怎样的抉择，反映着工人阶级意识总体水平和工人阶级的行动能力。但客观上，资本主义的生产方式以及社会化、城镇化的生活方式都在使人的个体性不断凸显，集体性不断淡化，因而工人难以自发地形成与自身利益要

---

① 《马克思恩格斯文集》第2卷，人民出版社2009年版，第40页。
② 《马克思恩格斯文集》第1卷，人民出版社2009年版，第459页。
③ 《马克思恩格斯文集》第3卷，人民出版社2009年版，第77页。
④ ［法］埃米尔·涂尔干：《社会分工论》，渠东译，生活·读书·新知三联书店2013年版，第256—257页。

求相吻合的阶级意识。面对资产阶级在生产关系以及上层建筑方面所占据的绝对优势，他们主动发起对工人阶级集体意识、阶级意识形成的阻击战，而对工人阶级意识来讲，作为一种共同的意识，"要想留住自己的力量，就必须遏制住反对它的力量"①。就工人阶级意识的形成来说，它所面对的对手具有强大实力，为此工人阶级必须形成合力予以自觉的抵抗。因为这对工人阶级意识的培养来讲至关重要，当共同意识的"社会控制力量日渐削弱以后，侵犯它的行为却与日俱增，它根本奈何不得。这样一来，如果某些行为反反复复地不断出现，势必会触犯和削弱集体情感"②。

可见，通过工人自发的行为更多的是产生工联主义意识，工联主义意识是指工人阶级意识到自身受剥削和压迫的现状，自发组建工会以维护自身利益，力求在一定程度上改善经济状况，迫使政府颁布有利于在制度范围内维护工人权利的相关法律，等等。③ 为了使工人阶级摆脱工联主义的束缚，形成真正的阶级意识、共产主义意识则需要通过具备阶级意识的工人阶级成员或者是其他阶级中对这一问题已经有了充分认识的成员将这种思想和意识灌输给工人阶级大多数。也只有当工人阶级真正具备阶级意识的时候，他们在人数上居多的优越性才能够真正得到发扬。不可否认，工人丰富的经验会使彻底的理论对工人阶级更有说服力，也为在条件成熟的情况下接受外界灌输的阶级意识提供可能。

2. 灌输理论

工人阶级由于受主、客观条件制约，其自身局限性决定了工人阶级不能自发形成科学的阶级意识，而只能促使工联主义意识的形成，这主要由以下因素所决定。首先，工人阶级在运动中必然受到资产阶级思想的影响。主要原因在于资本主义制度下，特别是在发达资本主义国家，资产阶级不仅在经济层面占据支配地位，在思想领域同样起主导作用。工人阶级的思想必然受资本主义主流意识形态的影响，也受制于资产阶级思想体系的深刻侵蚀。由于"资产阶级思想体系的渊源比社会主义思想体系久远

---

① ［法］埃米尔·涂尔干：《社会分工论》，渠东译，生活·读书·新知三联书店 2013 年版，第 256 页。

② 同上。

③ 参见《列宁选集》第 1 卷，人民出版社 1995 年版，第 317 页。列宁对工联主义有较为明确的阐释："工人本来也不可能有社会民主主义意识。这种意识只能从外面灌输进去，各国的历史都证明：工人阶级单靠自己本身的力量，只能形成工联主义的意识，即确信必须结成工会，必须同厂主斗争，必须向政府争取颁布对工人是必要的某些法律，如此等等。"

得多，它经过了更加全面的加工，它拥有的传播工具也多得不能相比"①，这些优势决定了社会主义思想在与资产阶级思想角逐的过程中，如果不是将社会主义思想积极主动的从外界灌输给工人，那么工人所接受的思想别无选择是资产阶级思想体系所蕴含的内容。正如列宁所说："社会主义意识是一种从外面灌输到无产阶级的阶级斗争中去的东西，而不是一种从这个斗争中自发地产生出来的东西。"②

同样地，葛兰西之所以特别强调唤醒工人阶级意识需要有或者首先应该形成工人阶级的知识分子，也出于他所认可的灌输理论。即认为工人阶级的知识分子在唤醒工人阶级意识的过程中将起到中介作用。知识分子的重要任务在于激发出"内在与工人阶级活动中的潜在志气和潜力"③ 并将其连贯起来，使其（指知识分子）所从属阶级的其他成员认识到自身在经济、政治领域中应发挥的作用，享受的权利和履行的义务。此外，葛兰西还认为知识分子将其所认可的理论及其代表的意识形态灌输给工人的同时，他们也从工人实践中汲取更多的现实经验，二者是互相联系、相互促进的。

其次，工人阶级在资本主义制度下，为了生存疲于奔命，他们没有时间也没有精力投入到更为深刻的理论探讨与总结当中，"当工人阶级还是工人阶级的时候，就不能领导科学，不能靠本身的力量创造科学社会主义：它既没有时间，也没有经费来做这件事情"④。科学社会主义理论的最终形成并不是在作为工人阶级的整体、工人阶级的每一个成员构成的集体当中共同形成的，而是在一部分对工人阶级本质以及工人运动有着全面把握与研究的部分先进分子中间首先产生，进而将这种先进思想传播给更多的工人阶级成员，乃至工人阶级整体。先进的理论对工人阶级的行为具有强大的指引作用，同时还需要通过宣传与教育使工人培养一种接受科学社会主义的理论感，"如果工人没有理论感"，科学社会主义就很难"深入他们的血肉"⑤。在以科学社会主义理论为指引的工人阶级意识培养过

---

① 《列宁选集》第1卷，人民出版社1995年版，第328页。
② 同上书，第326页。
③ ［英］戴维·麦克伦莱：《马克思以后的马克思主义》，中国社会科学出版社1986年版，第246—247页。
④ 《斯大林全集》第1卷，人民出版社1953年版，第101页。
⑤ 《马克思恩格斯全集》第18卷，人民出版社1965年版，第565—566页。

程中，始终伴随着用先进思想对工人头脑的武装。一方面体现在对工人进行科学社会主义理论的宣传，使工人阶级认识到资本主义社会的本质，认识到自身受剥削的根源，并进而使其认识到所肩负的解放自身乃至解放全人类的历史使命；另一方面还体现在理论指导实践的全过程，在工人阶级得以培养成熟的阶级意识，以自为阶级的姿态向资本主义制度给予行动上的冲击时，同样需要先进理论对工人阶级行动策略进行整体号召以及宏观上的把握。

我们虽然强调工人阶级意识在形成路径中的灌输理论，但这并不排斥工人自发运动中在理论以及斗争经验方面的提升。工人阶级的自发运动与自为运动之间，运动中所形成的自发理论与自为的理论之间并不存在难以跨越的质的障碍，前者可以不断向后者"转换"①。只是这一"转换"的过程是复杂的，有时甚至是双向的。

二　西方国家工人阶级意识形成的实践条件

（一）罢工对工人阶级意识的影响

罢工作为工人阶级为维护自身利益而经常采取的一种联合行动在促进工人阶级意识形成方面发挥着特殊的作用。最为突出的一点在于通过罢工有助于工人阶级团结意识的培养，使工人阶级感悟到团结的力量。特别是在罢工取得胜利的情况下，"它会向工人阶级证明工人联合的力量，同时会促使其他工人去利用自己同志的胜利。"② 例如，在要求提高工资、改善工作环境的斗争中，单个工人的力量是微不足道的，个别工人的力量只会使资本家阶级不费吹灰之力将其镇压下去，而工人则面临被解雇的窘境，规模庞大的产业后备军时刻等待着机遇、准备填补出现的职位空缺。逐渐地，工人在斗争中认识到改善现有经济条件只有通过工人阶级整体的力量，通过动员工人的绝大多数乃至全体工人才能迫使资本家对工人提出的要求作出让步。但在斗争中，每当工人举行集体罢工，集体离开工厂抗议厂主对工人阶级的严重剥削时，资本家阶级总是有办法从其他地区，乃至国外引入大批工人以维持工厂的正常开工，破坏工人的罢工，导致工人

---

①　参见［意］安东尼·葛兰西《狱中札记》，曹雷雨、姜丽、张跣译，中国社会科学出版社 2000 年版，第 161 页。

②　《列宁专题文集——论无产阶级政党》，人民出版社 2009 年版，第 20 页。

不得不重返工厂。随之要面对的是工资更大幅度地被削减与条件更为苛刻的监督机制。然而，伴随斗争实践不断走向深入，工人阶级的思想意识也逐渐提升。工人在实践中不断总结经验，并意识到他们的联合不仅要超越所在工厂、所处行业乃至所属地区，甚至要超越国界，实现国家之间工人的广泛联合。可见，即使罢工招致失败，它也会促使工人一起"讨论失败的原因，并寻找更好的斗争方式"①。罢工的过程既丰富了工人阶级的经验又促使工人阶级意识的成长，无论罢工成功抑或失败对工人来讲都可以从中汲取养分。对此，考茨基也持相似的观点和立场，他认为即使罢工斗争失败也不乏其意义的彰显，因为"无产阶级从自己的失败中吸取了新的力量。不论斗争的结局如何，斗争本身就使工人在精神方面有所提高……甚至在斗争中……境况恶化的时候，斗争本身始终有促进无产阶级在精神方面和社会方面得到新生的作用"②。罢工对工人阶级的影响或许更多地体现在促使工人阶级感性认知能力不断得到提升，罢工时刻对工人阶级来讲可以用"感情激昂的时刻"来形容，"参与罢工的过程有助于工人成员世界观的转变"。以英国发生的多次罢工为例，许多参加1984—1985年煤矿工人罢工的成员说，"他们从未有过这样的经历，这次罢工给他们留下深刻的印象，将永远不会忘记"。那些参与到20世纪70年代罢工的工人阶级成员也有着同样的感触，"认为罢工对他们的政治观点和行为模式都产生了影响，同时认为罢工可以被视为一种革命的经历"③。可见，参与罢工的过程对工人的影响是显而易见的，工人阶级在这个过程中所发生的改变，包括政治观念、价值观念等的变化，是在劳资关系"和谐期"难以获得的。兰格弗德在研究罢工对工人阶级意识的影响时曾列举了这样一个案例，雇员萨莉1981年起就职于加拿大邮政部门，随着1987年邮政部门的雇员在加拿大邮政工人联盟的组织下掀起波及全国范围的大罢工，促使萨莉的认识发生了很大变化。萨莉说，在罢工中她体会到一种归属感，领悟到团结的精神和力量。她说："从前我对工人队伍中的其他成员总是以百般挑剔的眼光来看，但现在我的想法变了，或许过去我只看到了外在的内容，而今共同的经历使我看到他们的内心，我愿意以

---

① 《列宁专题文集——论无产阶级政党》，人民出版社2009年版，第20页。
② ［奥］卡尔·考茨基：《考茨基文选》，王学东译，人民出版社2008年版，第28页。
③ Tom Langford，" Strike and Class Consciousness"，*Labour / Le Travail*，Fall，1994，Vol. 34，p. 110.

兄弟姐妹与之相称。"① 萨莉及其全家过去都是保守党的支持者，但是在经历了罢工，以及在罢工过程中所呈现的鲜明的利益对抗和群体归属，萨莉认识到当劳资双方发生相对激烈的矛盾与冲突时，政府无疑会站在雇主一方，并为维护雇主阶级的利益而采取一系列行动和举措。

罢工对工人阶级意识的影响，除了体现在观念的变化、联合意识的增强以及斗争经验的积累外，还体现在对一些问题的澄清。通过罢工可以揭穿资产阶级的虚假面纱，消除工人在认识方面的困惑，避免为资产阶级的虚妄论调所蛊惑。例如，1959 年 7 月发生在美国的钢铁业工人大罢工，人数达五十万之多，罢工中工人提出了增加工资的合理要求，结果却遭到资方的无理拒绝。不仅如此，资方还扬言道，正是因为工资的增加才导致目前通货膨胀的出现。为此，联合钢铁工人工会对这种无稽之谈予以坚决的反驳，指出，通货膨胀的原因是垄断资本从中作祟，已经有数据表明，在 1946 年以来十余年的时间里，工人工资虽然增长了 11 倍，但钢铁的价格却上涨了 20 多倍。因而可以得出结论，是资本追求利益最大化的驱动，导致通货膨胀的发生。再比如，1987 年 9 月 30 日加拿大邮政工人联盟（The Canadian Union of Postal）举行的罢工，其目的在于阻止邮政系统对拥有 4200 名工人的职能部门进行大规模的私有化，同时要求限制邮政公司解雇长期聘用制员工的权利，因为该公司试图通过改革以廉价的临时雇员代替稳定就业雇员，从而缩减开支。举行罢工之前，工会组织通过对劳资利害关系的分析，使工人认识到私有化等举措对工人利益的损害，从而联合全体工人的力量维护工人利益。因而这次罢工得到了工人普遍的认可，在最初的一段时间里就给邮政业带来了巨大的经济损失，在罢工过程中工人阶级既展示了自身的力量，同时也使工人看到他们与资方进行斗争的前提是以联合的力量呈现，此次罢工直至 10 月 17 日才正式结束。② 可见，罢工对于工人来说既是实践的过程也是理论积累的过程，通过一系列的罢工为工人阶级意识的逐步形成做好铺垫。

观察历次发生的罢工可以发现，许多时候罢工并非局限于某个单一行业或区域。一个行业工人的罢工往往会引发其他行业工人的罢工，同样

---

① Tom Langford, "Strike and Class Consciousness", *Labour / Le Travail*, Fall, 1994, Vol. 34, p. 110.

② Tom Langford, "Strike and Class Consciousness", *Labour / Le Travail*, Fall, 1994, Vol. 34, p. 109.

地，一个地区工人的罢工也会引发其他地区同行业工人的罢工。例如，因不满经济危机发生后所遭遇的薪金骤减，德国汉莎航空公司4000名机师在机师工会的组织下于2010年2月举行了集体罢工，随之引发了包括英国、法国在内的西欧许多国家航空从业人员的规模罢工。之所以会形成连锁反应，是因为同处于航空领域的从业人员遇到了相似的问题。通过这种罢工的传递性，可以向工人输送这样一个信息，即他们彼此之间的利益是相通的，在经济危机袭来之时，他们共同成为资本转嫁危机的对象。这也从另一个角度使工人感受到彼此之间利益的共同点，为形成共同的阶级意识创造了条件。

关于罢工对工人阶级意识的影响，列宁曾经做过相对详细的阐释。具体地说，罢工对工人阶级意识的影响可以从两个层面进行概括。第一个层面是对罢工参与者的影响，罢工的过程会使工人认识到他们与雇主之间的利益冲突，彼此间的利益需求是矛盾和对抗的；此外工人在罢工过程中会把个人的利益放在一边，更多地是以集体利益为出发点来分析问题。第二个层面则更进一步，是从罢工对工人阶级整体的影响这一角度来进行考察的。罢工过程有助于工人加深对资本主义条件下阶级普遍性特征的认识。首先，罢工中工人得以形成一种阶级的视角，认识到资产阶级无疑是工人阶级的敌人；其次，随着罢工在全国各地的普遍发生，工人阶级不仅对资产阶级的本质有了一定的认识，而且对资产阶级政府以及相关法律同样有了深刻认识，意识到后者不过是资产阶级利益的捍卫者和诠释者；再次，罢工使工人再度确认，工人阶级只有联合起来才能同资产阶级相抗衡，而联合斗争也恰恰是工人进步的前提条件之一；最后，罢工中，社会主义思潮以极具说服力的方式传递给工人，这种思潮的核心内容即工人阶级通过斗争摆脱资产阶级的统治，进而实现自身的真正解放。

罢工斗争中工人阶级取得局部的、暂时的成功会使一部分工人认为联合罢工是工人阶级抗衡资本主义的最好方式，只要有效发挥罢工的力量就可以迫使资本家阶级满足工人提出的各种要求，实现劳资的和平相处。但是他们忽略了一点，资本家阶级的让步是有限的，是以不影响资本再积累为前提，倘若超出这一限度，资产阶级政府，作为资本家阶级的利益代言人、保护者就会不惜动用警察等武装力量镇压工人阶级的反抗。所以，罢工仅仅是工人斗争的一种形式，绝不是唯一的形式。武装起来的工人阶级与资本主义相抗衡的斗争实践同样启发着工人阶级意识的发展与成熟，甚至在一定意义上讲，对工人阶级意识的形成是一种飞跃。

（二）革命实践对工人阶级意识的影响

革命的发生意味着工人阶级与资本家阶级之间的矛盾达到了相对激化、尖锐的程度，随着工人与资本家之间矛盾日趋尖锐化，工人阶级的阶级意识会越发凸显，越发明朗化。以巴黎公社为例，当工人阶级开始对政治权利提出要求时，资产阶级政府会不惜一切代价，与其他国家的资产阶级力量站在同一行列共同向本国工人阶级发起最残酷的迫害。在这一过程中，资产阶级为了镇压共同的敌人——工人阶级，是可以联合在一起的，他们在此时组成了暂时的同盟与工人阶级相抗衡。在这种情况下，工人阶级只有联合更为广泛的力量才能得以应对资产阶级的挑战。可见，革命的过程同样有助于培养工人阶级团结，促进联合意识的生成，使其认识到作为一个阶级整体力量的无限性。在尖锐的斗争中，工人逐渐感悟到他们与资产阶级之间存在着不可调和的矛盾，斗争指向将更为明显和清晰。可见，"革命之所以必需，不仅是因为没有任何其他的办法能够推翻统治阶级，而且还因为推翻统治阶级的那个阶级，只有在革命中才能抛掉自己身上的一切陈旧肮脏的东西，才能胜任重建社会的工作。"①

此外，革命实践还有助于使工人阶级在政党选择方面向更加积极的方向转变，进而在联合中孕育国际主义精神。以十月革命为例，十月革命爆发后对美国工人阶级产生了极大的影响，美国社会党成员于 1919 年猛增至 108504 人，较 1918 年增加了 3 万余人。为声援俄国十月革命，美国工人还举行了大规模的集会，呼吁在美国工人阶级与俄国工人阶级之间建立起彼此的联系，并试图通过实践证明"无产阶级团结一致的时刻即将到来"②。可见，在革命的环境下工人阶级彼此之间更易结成广泛的联盟，为国际主义精神的培养提供养料。

革命实践对工人阶级意识的影响还体现在有效提高工人阶级的政治觉悟上。这是因为当斗争上升为较为激烈的革命形式时，工人阶级对劳资关系的认识已经超出了模糊的层面，他们已经清晰地认识到资本家对工人剥削的事实。他们需要做的是分析资本家通过怎样的方式实现这种剥削，进

① 《马克思恩格斯文集》第 1 卷，人民出版社 2009 年版，第 543 页。

② 沈莉华：《试析十月革命对美国工人运动的影响》，《西伯利亚研究》第 32 卷第 6 期，2005 年 12 月，第 63 页。

而把握资本主义剥削的多样性和隐蔽性，并将自己的生活状况、劳动条件与资产阶级的利益作对比，从而加深对资本主义制度和资本主义本质的认识。而在这一认识过程中"必然使工人接触到国家大事"和"政治问题"①，包括国家是怎样组织起来的，法律条款是怎样获得通过的，它所代表的究竟是谁的利益，等等。对于这些问题的思考有助于加快工人阶级意识走向成熟的步伐。

（三）议会斗争对工人阶级意识的影响

相比暴力革命，议会斗争较为缓和。西方国家普遍为议会斗争提供了较为丰富的土壤和存在空间。自从工业革命在欧洲国家发生以来，伴随阶级意识的萌醒，那里的工人为争取普选权进行着不懈的斗争。普选权作为资产阶级掩盖其阶级统治的方式在资本主义相对发达的国家得到了较早的认可与普及。这样就为西方国家的工人阶级提供了一种新的、相对温和的斗争方式。工人阶级通过代表自身利益的政党在议会中获得相应席位，进而使工人阶级的利益和要求能够在议会中得到讨论与支持。这里我们以日本共产党为例加以具体说明。纵观西方发达资本主义国家共产党在议会中的表现，日本共产党毫无疑问是活跃的代表之一。目前人数已达到40万的日本共产党积极维护工人阶级的利益，充分利用国会关于"一致表决通过"的原则，使那些不利于工人阶级的国会活动难以得到顺利开展。当然，与自民党相比，日本共产党仍然处于弱势地位，扮演着在野党的角色，但即便如此，日本共产党也紧紧抓住每一次机会，发挥反对党的作用，最大限度地维护工人阶级的利益，同时使更多的普通民众了解日本共产党的主张和策略。但是许多其他国家的共产党就没有日本共产党这样幸运了，共产党的力量在不断趋于边缘化，甚至在一些国家由于共产党的得票数太少以致在议会中的声音微乎其微。无论议会斗争的结果是成功还是失败，也无论工人阶级政党在议会中的作用是明显还是微弱，都会对工人阶级意识的形成产生直接的影响。首先，如果议会斗争成果较为明显，那么就会吸引更多的人围绕在工人阶级政党周围，日本共产党能够始终保持较为稳定的成员数量就是一个很好的说明。通过成功的议会斗争实践可以使工人阶级更加倾向于走向联合，倾向于成立维护自身利益的政党组织，并深刻认识到政党在捍卫工人阶级利益方面的作用。而这些对于成熟的工

① 《列宁专题文集·论无产阶级政党》，人民出版社2009年版，第19页。

人阶级意识来讲都是不可或缺的内容。其次，如果议会斗争成效微弱，工人阶级政党的声音难以在议会中得到体现，也同样会从另一个角度影响工人阶级的阶级意识。因为在这种情况下，议会斗争的局限性就表现得更为突出，其民主性与合理性也会遭到工人阶级的质疑。

通过议会斗争一方面可以夯实工人联合斗争的基础，使工人阶级认可集体行动的重要性，同时也认识到政党在培养工人阶级意识方面的积极作用。另一方面也彰显出了议会斗争的局限性。很多时候，当工人阶级力量的积聚使资产阶级及其政府感到恐惧的时候，他们就会千方百计地采取措施使工人阶级组织非法化。事实上，议会中代表工人阶级利益的政党很难真正获得多数席位，他们往往处于议会中的少数派，对国家政策的影响、特别是在有利于工人阶级利益政策的通过与执行方面，其影响力更是难以与主流政党相抗衡。议会斗争使工人阶级逐渐意识到通过合法的斗争废除雇佣劳动、废除生产资料私有制是需要有充分而特殊的主客观环境做准备的，相较而言，革命的方式在很多时候是不应被放弃的。

第四节　西方国家工人阶级意识的具体内容

国外许多学者已经对阶级意识问题进行了研究，但是其中多数学者的研究均可列入非马克思主义的研究。美国知名马克思主义学者和辩证学家伯尔特·奥尔曼在《如何研究阶级意识，我们为什么要研究阶级意识》一文中也曾表述了这样的观点，他认为诸多学者或者是对马克思主义进行重新解释，或者是对其进行解构，所依据的调研数据多是官方所提供的相关内容，文学作品，又或者是某一特定事件，或某一个人的证言证词。[1]因此其中缺少相应的连贯性、系统性以及整体的逻辑性，这样就为进行关于阶级意识的深入研究增加了难度。因为呈现在人们面前的更多的是一种碎片化的集合体，虽然不能否认许多学者对这一问题所进行的不懈探讨和努力，但是他们彼此的关联性、认识的统一性是相对有限的，虽然相关成果并不匮乏，但多是限于自身的研究特点和领域，选择某一视角进行孤立研究，这样就使阶级意识这一问题在纷繁复杂的研究中变得越发模糊。工

---

① Bertell Ollman, "How to Study Class Consciousness, and Why We Should", *Crit Sociol*, Jan, 1, 1987, p. 58.

人阶级意识作为阶级意识的一个重要内容也面临着同样的问题。因而什么是工人阶级意识，它应包括哪些基本内容是首先需要给予清晰阐释的。

工人阶级意识看似抽象和概括，然而却包含着丰富而饱满的具体内容。在具体分析西方国家工人阶级意识，特别是判断工人阶级意识的状况时，单纯地依靠概括性的内容并不能够还原阶级意识的真实情形，需要将其细化和具体化。书中尝试将工人阶级的具体内容归纳为以下六个方面：认同阶级的客观存在；阶级归属感和利益认同感；对剥削现状及根源的认知；清晰的斗争目标；国际主义精神。

一　认同阶级的客观存在

工人阶级意识的首要内容是工人阶级本身承认阶级的存在，在西方主要资本主义国家，由于资产阶级一方在经济领域及意识形态等领域占据主导地位，因而在客观上会极力抹杀阶级的内容，使人们产生工人阶级已经消失，工人阶级已经丧失作为变革历史的主体力量地位的意识，等等，从而满足于在现有阶级制度内进行改良主义运动，远离阶级斗争，甚至远离对阶级问题的探讨。正如米歇尔·茨威格（Michael Zweig）通过对美国社会阶级结构的分析后不禁得出这样的结论：工人阶级堪称是美国隐藏最深的秘密。一系列矮化、贬损工人阶级的宣传，使工人阶级成员认为唯一可做的事情是不断努力工作以改变现状，摆脱工人阶级队伍。可见，主观上正视阶级的存在，认可工人阶级本身的客观实在是工人阶级意识形成的前提，也是阶级意识产生的基础内容。倘若对阶级问题采取回避与排斥的态度，并将其视为一种"污名"，那么必然不会形成建筑于其上的阶级归属感和利益认同感，自然也就无所谓变革现状的根本要求。重提阶级，恢复"阶级问题"的本真面貌是工人阶级认识自身统一性，克服差异性，进而实现联合行动的前提条件。那种尽全力摆脱阶级的划分以及阶级的现实意义，只会使工人阶级内部的差异在主客观条件共同作用下不断凸显，受教育程度的不同、工作性质的不同、收入的不同、工作稳定性的不同、本地工人与移民工人的不同、工会成员与非工会成员的不同，一系列的差异会在工人阶级内部被主观放大，进而代替因抽离阶级划分形成的理论与实践真空。将"资产阶级"与"工人阶级"的划分代之以"富人"与"穷人"的划分会导致许多不确定及隐患因素的出现，会抹杀阶级分析的根基以及认清资本主义本质的根基。例如，"富人"优越的生活条件、生活模式以及舒适的工作环境是工人阶级以及所说的"中产阶级"成员十分向往和极力追求的。"富人"与"穷人"最直观的差异在于掌握金钱的数量不同，因此对工人来讲需要做的是赚取更多的收入并不断向这个目标努力。这样，原本属于不同阶级之间的斗争内容转而成为一种后者不断追随前者以实现理想生活的内容。从而弱化阶级划分的实际内容，掩盖促成阶级意识形成的客观环境，阻碍工人阶级意识的生成。实际上，放弃从阶级的视角分析观察问题是劳资双方斗争中工人向后退却的表现之一。不难看出："工人阶级生活状况的下降与阶级逐渐从人们的视野中淡出、从辩论与交流中淡化是一致的，是同时发生的。"① 淡化阶级划分的意义、抹杀阶级分析方法对资产阶级来讲更接近于一种策略上的考虑，是削弱劳资冲突激进化的一种手段，不得不承认，这种手段的运用确实获得了预期成果。正是由于西方工人阶级在一定程度上疏远了阶级的相关内容，进而彼此间缺少一种具有核心内容的凝聚力，因而尚不存在一种突破工人阶级内部现存各种差异以实现工人阶级整体联合的条件。

纵览资产阶级主导意识形态领域的方略与内容，不难看出，他们常以向上流动性来曲解、淡化阶级划分的现实意义，从而使工人阶级将目光锁定在向"中产阶级"过渡这一领域，认为其所追求的内容无非是通过不断努力工作，以期增加收入、享受更加便捷与舒适的生活。但阶级的划分单纯以收入的差异、生活方式的差异来进行是远远不够的。试图"将工人阶级今天的生活状况同第二次世界大战结束后一段时间中产阶级状况相对比，并以此得出结论说工人阶级中产阶级化是没有现实意义的"②，借此否认工人阶级在数量上的日渐衰微也是不科学的。这样的对比仅仅表明工人的生活状况纵向上有所提升，但日益扩大的横向差异并没有得到任何彰显，而且也忽视了工人阶级的斗争与生活状况改善的必然联系，将工人阶级状况的改善以及所谓的"中产阶级化"视为资本主义社会发展的合理进程以及自发的结果，从而使工人阶级逐渐远离对现有制度的怀疑和不确定。然而，资本主义本身的制度结构及特征决定了只要资本主义存在，就不可能有工人阶级的缺席。工人阶级从事岗位的变更，例如从蓝领工人

---

① Michael Zweig, *The Working Class Majority: American's Best Kept Secret*, Cornell University Press, 2000, p. 74.

② Ibid., p. 41.

向白领工人转变，这并不能说明工人地位或者阶级属性发生改变，其中影响因素更多地应归咎于产业结构的调整、生活方式的变化，因从蓝领向白领的转变，而将白领工人纳入"中产阶级"的判断是存有误区的。这种划分的方式更多的作用是对工人阶级意识的误导，促使工人主观上告别阶级。可见，承认阶级的存在，并运用阶级方法进行分析和判断是阶级意识中基础性、前提性的内容。

二　阶级归属感

阶级归属感同样隶属于工人阶级意识内容中基础层面的内容。这里的"阶级归属感"是从工人阶级的主观感受来讲的，可以用"阶级认同"来代替，它不同于一种客观的"阶级归属"。事实上很多时候客观的"阶级归属"与主观的"阶级认同"并不一致。原本属于工人阶级的成员却将自己归入"中产阶级"行列，这种现象也是比较普遍的。理查德·森特斯在其代表作《社会阶级的心理状况》一书中对社会各阶级成员认同感进行了较为详细的调研和分析。在谈及关于中等阶级与工人阶级时，他提出，占相当比例的中等阶级成员之所以将自身划入中等阶级队伍，是因为他们认为其所从事的工作是非体力劳动，而工人阶级的一个重要特征即以从事体力劳动为主。中间阶级成员中持这种观点的人要高于工人阶级，其比例分别为26%和13%。森特斯认为，成为白领又或者成为领取年薪的脑力劳动者并不足以将其列入中等阶级队伍，最多只能说他们不再是传统意义上的工人阶级，正如前文所说，传统意义上的工人划界标准是领取日工资的体力劳动者。而这种将工人阶级成员进行细化的直接后果是在工人内部制造了许多差异，扩大彼此的不同，削弱其中一致的内容，分化工人整体。结果，无形之中产生了白领工人与体力劳动者的分化，领取年薪、月薪的工人与领取日工资、小时工资工人的分化，进而导致白领工人及领取年薪、月薪的工人逐渐远离工人阶级的定位，将自身纳入中等阶级之中。有数据显示，61%的白领工人认同自身处于中等阶级，还另有2%的人认为其属于上层阶级。[①] 之所以会出现这种阶级归属的错置，其原因很可能是因为工人的工资收入有所提升，工作环境有所改善，福利待遇更趋

---

① Richard Centers, *The Psychology of Social Classes：A Study of Class Consciousness*, Princeton, New Jersey：Princeton University Press, 1949, pp. 101 - 102.

完善，生活方式更为休闲，等等。这种判断依据明显地将阶级的划分转向了阶层的分化，从而影响了阶级归属感的生成。如果工人阶级没有准确的阶级定位，没有看到自己同一"阵营"里的"亲密战友"，那么也就无从谈及阶级意识的培养与成熟。所以说，有阶级觉悟的工人必然是"认清了自己的阶级地位的工人"①。索利斯（Thouless）在关于工人对自身阶级地位、阶级状况准确认知的重要性方面有着较为深刻的理解，他认为集体意识的缺失导致集体统一行动的开展受到阻碍。社会群体的内部凝聚力以及该群体作为一个整体与其他社会团体进行竞争的能力，在很大程度上依赖于该集团成员在多大程度上能够认清自身的现状及其组织内成员的状况。应该说，在抑制联合行动的诸多要素，如群体意识、种族意识、民族意识中，群体意识应该是起决定作用的。例如，若寄希望于英国蓝眼睛人群联合起来共同反抗棕色眼睛的人群，那么首先需要赋予前者一个易于区别于其他团体的名称，并使他们认可自己处于这一团体成员的定位，进而认同团体的共同利益。正如马克思认为工人阶级进行革命需要有"阶级意识"的准备，即该阶级成员认可其共同构成一个有别于其他阶级的阶级。可见，"阶级意识"的培养需要凸显本阶级成员与其他成员的差异，需要"立异"。与之相对地，资产阶级政府为抑制这种阶级意识的形成则采取一种更为广泛的团体或组织稀释无产阶级组织在主观上的认同感和客观上的具体行动，即需要"求同"。这仿佛欧洲各成员国为避免彼此间的恶性竞争甚至军事冲突，从而选择"欧洲人"这样的称谓弱化彼此的差异，寻求各方的共同点。②

　　影响工人阶级作出准确阶级归属判断的元素繁复多样，就此问题纽约大学社会学家安妮特·拉鲁（Annette Lareau）和道尔顿·康利（Dalton Conley）进行了专门研究。他们在研究中发现工资收入、所从事工作种类、受教育程度、配偶经济状况等一系列因素都会成为判明阶级归属的参照坐标。一项源自美国社会调查机构（General Social Survey，GSS）于2000年至2004年的调查数据表明，收入高低与阶级定位有着直接的关系，当年收入在10万美元以上时，中产阶级和工人阶级的比例分别为

---

　　①　《马克思恩格斯文集》第4卷，人民出版社2009年版，第411页。

　　②　Richard Centers，*The Psychology of Social Classes*：*A Study of Class Consciousness*，Princeton，New Jersey：Princeton University Press，1949，p. 75.

75% 和 13%；收入在 75000—99999 美元，该比例为 67% 和 30%；收入在 50000—74999 美元，该比例为 57% 和 45%；收入在 30000—49999 美元间，该比例为 30% 和 65%；收入在20000—29999 美元，该比例为 23% 和 71%；收入低于 20000 美元时，该比例为 19% 和 78%（其中含有 12% 下层阶级成员）。可见收入越高，人们越倾向于将自己纳入中产阶级队伍，相应地，收入越低则越将自己纳入工人阶级或者下层阶级行列。[1] 但值得注意的是，除了年收入在 10 万美元以上的成员中有近 15% 的人将其纳入上层阶级中外，在其余收入层次中，也有 2% 左右的人认为自己属于上层阶级，列属于中产阶级的人数虽然随着收入的减少而下降，但毕竟还占据相当一部分比例，因此不难看出，在人们作出主观阶级归属判断时，其考虑的因素不仅仅是经济收入。

通过对阶级归属感的分析，可以看出其中反映了受访者对阶级归属认知的三个缺陷：一是多变性，即易受到影响；二是强调显像特质，而忽视本质特性；三是模糊性。模糊性也是多变性与忽视本质特性的直接结果。多变性的特点体现在许多方面，例如一个从事海运工作的人，当他出于投资目的购买了一套房产时，他认为自己已经是中产阶级了。但是考虑到自身所从事的工作，则认为自己仍然是工人阶级，即依据所从事工作来判定，更倾向于工人阶级的定位。一个工厂的工头同样存在认同分裂的情况。尽管他本身所受教育程度有限，但他认为自己的工资比普通工人高，或者又在郊区拥有自己的房子，那么他们就会更倾向于将自己归入中产阶级队伍。一个小城镇的教师，尽管他的工资低于当地平均水平，但凭借自己较高的学历背景，同样认同其位列中产阶级。一些从事营销的人员会根据其顾客群体的特征来决定自身的阶级归属，从事西装销售的人员愿意将其纳入中产阶级行列，而从事汽车配件或者农具销售的人员则更多地将自己纳入工人阶级队伍。[2] 但究其实质又有什么质的区别吗？可见关于"中产阶级"，或许更为准确的说法是"中产阶层"，它在本质上隶属于工人阶级，不同之处仅仅在于量上的差异，即显像特质的多元化，通常反映在相对宽泛的领域，诸如生活状况、工作环境、受尊重程度等可能较典型的

---

[1]　Annette Lareau and Dalton Conley, eds., *Social Class：How Does It Work?*, Russel, Sage Foundation, Reprint edition, 2010, p. 33.

[2]　Ibid., p. 31.

体力劳动者有较为显著的改善和提升。"中产阶级"概念本身具有十分强大的迷惑性和不确定性，其中包含庞大而繁杂的内容，而在对自身阶级定位进行判明时，似乎只要满足其中一点就可以纳入"中产阶级"这一队伍。显然这样的判断是不够准确和科学的，通常也是错误的。不难看出，在阶级归属方面，"中产阶级"对工人阶级来讲是最具迷惑性的用语。导致二者分界线模糊的原因既有历史因素也有人为因素。就历史因素而言，20世纪中叶的一段时间里，一部分工人的生活的确得到了较为明显的改进，"中产阶级"被认为是一种具有不同于工人阶级特质的内容。而人为因素的影响则集中体现在媒体具有导向的极力宣传，使工人阶级在斗争中失声。回顾20世纪70年代初期，当时的电视节目中尚且允许播放关涉商业利益间的种种权力斗争，但从90年代后期开始，美国公共广播公司出台新的法规明确规定，任何由工会组织发起的关涉工人阶级利益的内容都需要作特别处理，不允许公开播放，试图将工人阶级的要求以及工人与资本家之间的斗争最大化地压缩在狭小且可控的范围内。

当然也应该看到，工人阶级同质化趋势的凸显不断为阶级归属感的增强创造条件，中产阶级成员在逐渐向工人阶级队伍靠拢。例如专业技术人员、医疗专业人士、律师、教授、计算机程序设计师、管理层人员等，一些曾经归入中产阶级队伍的成员部分地已逐渐转为依赖性不断增强的被雇用者。以年轻的专业技术人员为例，他们的从业路线以及事业晋升路径是相对清晰的，首先是担任助理职务，经历几年较为严格的磨炼之后，会逐渐步入正轨，成为一名终身教授。但是近几年情况发生了变化，数以万计的专业人士已经无法走通这样一条路径，因而人们对助理职务的认识已经不同于以往。[1] 他们在很大程度上已经被纳入工人阶级雇员的地位，而不再是理想中的中产阶级成员。部分管理层人员工人阶级化的趋向较为明显地体现在其失业率的攀升上。《纽约时报》在1996年进行的一项为期一周的失业率调研中，制造业工人的失业数与20世纪80年代持平，并没有发生明显的改变，反而是管理层中被解雇的人员不断增加。[2] 从种族差异的角度考察也可以反映出工人阶级同质化的倾向，虽然种族间的差距仍旧

①　Michael Zweig, *The Working Class Majority*: *American's Best Kept Secret*, Cornell University Press, 2000, p. 24.

②　Ibid., p. 26.

存在，这一点是不可否认的，但是在一些领域却也出现了松动的迹象。尽管白人相对于黑人雇员来讲具有较好的工作岗位以及较高的薪酬待遇，但在一定程度上趋同现象也并不鲜见。例如，依据茨威格对 20 世纪 90 年代情况的相关考察，守门人以及清洁人员首先以西班牙裔为主，其次是黑人男性雇员，而白人男性雇员的人数总和也可以达到第六位。[①] 许多担任助理护士以及护工的人多是黑人女性雇员，但白人也占有一定的比例。可见，在资本主义发展的过程中，无论是白人雇员还是黑人雇员，他们在工人阶级领域都占有非常庞大的比例，在这一层面上，他们的权利感同样缺失。因而，这也就为工人阶级归属感的形成创造了可能性。

伴随经济结构的调整以及一系列因素的变更，处在阶级判明模糊地带的两大主要群体，即"地位不一致者"和位列"中产阶级"与工人阶级中间地带的群体也在发生变化。"地位不一致"是指影响阶级归属的各项元素处于非协调、非一致的单向曲线上，例如受教育背景较好的人却从事着收入低微的工作，家庭背景相对富庶的一方与相对贫乏一方的结合，等等。在这种矛盾元素共存的情况下判明阶级归属往往就会产生些许质疑或不确定性。但是这种情况与 50 多年前相比已经发生了较大的变化，这种现象已经不再像从前那样普遍，就现状而言，受教育程度和收入的关联度越来越大；工厂生产方式的变更也使那些较低职位的工作很难赚取相对高额的工资；在婚姻关系建立方面通常也会选择受教育程度、家庭背景等相近的另一半。[②] 可见，这种分化的趋势已经开始越发凸显，同时分化的裂痕也很难得到弥合，只是在这个过程中越来越多的人将切实成为工人阶级，而不再是理想中的"中产阶级"成员。

随着资本主义制度的成熟以及资产阶级统治策略的转变，工人阶级内部的分化表现得较为突出，但是社会两极化的现象并没有发生根本改变，资本主义社会简单化为资产阶级和工人阶级的趋势也依然在进行着。就两大阶级而言，生产过程对他们的意义是截然不同的。资产阶级在生产中追求高额利润，实现自身所占生产资料的增值，而工人阶级在生产中则只能获得最基本的生活资料、维持最基础的生活标准。生活资料的有限性与资

---

① Michael Zweig, *The Working Class Majority*: *American's Best Kept Secret*, Cornell University Press, 2000, p. 33.

② Annette Lareau and Dalton Conley, eds., *Social Class*: *How Does It Work?*, Russel Sage Foundation, Reprint edition, 2010, p. 38.

本积累的无限性，劳动力出卖者在生产过程中的被动性与资本家阶级在雇佣劳动者中的主动性形成了鲜明对比和反差，造成工人阶级与资本家阶级之间"你们"和"我们"敌对式的划分。这种客观上的阶级差异会为工人阶级"阶级归属感"的形成提供条件和可能。其次，对现实生活状态以及生活水平的维持方面，也会使工人阶级意识到自身的阶级归属。对工人来讲，他们必须找到工作才能确保正常的生活支出，积累对他们来讲并无长久和实质性的意义，因为他们有限的积累只够维持短暂的开支，倘若失去工作，贫困对他们来说则是漫长的，直到再度找到工作才能有所缓解。2008年经济危机以来，工人的工资收入锐减，裁员现象也更趋普遍，导致欧洲国家20%的家庭经济遇到困难，甚至无力支付日常消费品的开支。而资产阶级在此次危机中不仅没有受到真正的冲击，反而通过加大对工人的剥削成功转嫁危机。以美国为例，一些在经济危机中接受政府援助的公司不仅没有削减高管的收入，反而不断为其加薪，仅2012年一年的时间，财政部就批准了三家公司的加薪请求，总计超过600万美元。最后，资本主义社会的阶级结构更趋稳定，成员划分更为固定。在产业革命最初时期，工人往往还有希望通过努力使自身走向资产者的地位，但随着科技革命的发展、大工业的推进，资本日益集中在少部分最具实力的资本家手中时，这种阶级地位的转变已经几乎不存在了。尚且存在的转变也多是单向的，即小资产者向工人阶级的转化。因而"谁要是生为工人，那他除了一辈子当无产者，就再没有别的前途了"。① 长期而稳定的阶级划分必然促使工人阶级成员阶级归属感的生成，在这里只是时间上的问题。

三 利益认同感

前文已经提到，阶级归属感可以说是工人阶级意识形成的起点，但距离成熟的工人阶级意识还存在很大距离，其中还要经历很多中间环节。利益认同感就是与阶级归属感紧密相连的另一个通往成熟阶级意识的必经环节。利益认同感是指人们在认识到自己属于某一阶级的基础上，又明确地了解到自身和集体中的其他成员有着共同的利益指向。因此利益认同感较阶级归属感相比又上了一个层面。具体来说，利益认同感可以分为两个不同的层次，一是对短期任务和目标的积极认同；二是将其进一步与长远目

---

① 《马克思恩格斯文集》第1卷，人民出版社2009年版，第403页。

标相结合，直接指向资本主义的制度层面。① 二者在工人阶级意识形成过程中分别扮演着不同的角色，不能因为后者之彻底而否认前者的现实意义，同时也不能因为前者所取得的有限成就而否认后者存在之必要。在工人阶级为近期目标提出明确的利益要求时，对工人阶级成员的联合会起到积极的推动作用。例如在劳资冲突中，为迫使资方对工人阶级提出的要求作出让步，工人会通过罢工、示威、游行等方式组织起更多的工人参与其中，既可以在冲突中使工人认识到联合之重要，同时也能进一步强化工人彼此间的利益认同。此外，也只有将工人阶级的短期目标与长远利益相结合，才有可能在真正意义上动摇资本主义制度的统治。

就资本主义社会本身而言，之所以会产生工人阶级对共同利益的追求，是因为现实中他们更多地处于共同的利益受损状态，集中表现在经济利益的无保障以及政治权利的狭窄和有限。总之资本主义制度下的工人阶级是经济利益与政治利益双向缺失的结合体。经济方面，工人为资产阶级创造着日益增多的财富和日趋奢华的生活条件，同时为自己创造着维持最低生存所需的生活资料。政治方面，以资本主义法律为例，它真正维护的是资方的利益，他们有权通过法律要求工人遵守工厂的各项规定，限制甚至禁止工人集会、罢工等权利，并有权对违反规定的工人给予严厉惩罚。可见，"资本在工厂法典中""通过私人立法独断地确立了对工人的专制"②。也正是因为工人共同的无权地位决定了工人对共同利益的向往和追求，形成利益认同感，进而构成阶级意识的重要内容。

在对阶级意识内容进行研究的过程中，我们发现，很多学者都对利益认同感给予了特别的关注，认为这是阶级意识中所不可或缺的内容。正如列宁在《社会主义民主党纲领草案及其说明》一文中所言，工人阶级自觉性的一个表现就在于工人应该认识到"本国所有工人的利益是相同的、一致的，他们全体组成了一个与社会上其他任何阶级不同的、独立的阶级"③。英国著名学者汤普森更是将利益认同感提升至非常高的位置，认为工人阶级意识形成与否就在于工人阶级的利益认同感是否生成。所说的工人阶级意识就是"各个不同群体的劳动人民之间的利益认同以及它与

---

① Andreas Bieler, Ingemar Lindberg and Devan Pillay, eds. , *Labour and the Challenges of Globalization: What Prospects for Transnational Solidarity?* London: Pluto Press, 2008, p. 272.

② 《马克思恩格斯文集》第 5 卷，人民出版社 2009 年版，第 488 页。

③ 《列宁全集》第 2 卷，人民出版社 1984 年版，第 85 页。

其他阶级利益对立的意识"①。英国学者斐欧娜·戴维恩同样将阶级意识理解为判断一个阶级的成员是否具有该阶级相关组织所动员起来的那种共同利益感。② 杰弗里·埃文斯（Geoffrey Evans）在研究东欧国家的阶级状况时也谈及阶级意识问题，强调共同的阶级利益的形成对阶级意识的重要性，认为形成共同的阶级利益需要具备两个条件，一是人们对所处阶级地位有统一的认识，认可自己所划归阶级的成员身份；二是认识到正是由于所处的阶级地位不同，进而导致收益的巨大差距以及为之付出的不同代价，所有这些造就了阶级之间的不平等。③ 在研究中将阶级意识等同于对阶级地位的认同，即将自身划归为哪一个阶级的主观选择。

通过对上述提及的一些学者对利益认同感的分析不难看出，他们更多地将利益认同感等同于阶级意识，这样的判断还是有欠稳妥的。对于工人阶级来讲，阶级意识并不仅仅局限于一种思想上、主观上的认知，更重要的是它最终将指向实际行动。所以我认为，在对工人阶级利益认同感考察的过程中，将其视为工人阶级意识内容中一个重要的、不可或缺的部分更为合理和客观。

四　对剥削现状及根源的认知

作为工人阶级意识的题中应有之义，工人阶级对剥削现状及其根源的认知在工人阶级意识的内容中起着承上启下，甚至转折性、跨越性的作用。如果工人阶级认识到资本主义生产关系中剥削的存在，并且进而认识到剥削发生的根本原因，那么就为资本主义固有矛盾的解决，为变革资本主义生产方式做好了理论上的准备。同样地，也只有在工人阶级对剥削现状及根源有了充分认识的基础上，才会使工人阶级的阶级归属感和利益认同感得到加深和巩固。在对剥削现状的认知方面，工人阶级应该了解到在资本主义生产方式下，虽然从表面上看，工人为资本家工作并获得相应的工资报酬，貌似"做一天公平的工作，得一天公平的工资"，资本家与工

---

① ［英］E. P. 汤普森：《英国工人阶级的形成》（上），钱乘旦译，译林出版社 2001 年版，第 211 页。

② 参见［英］斐欧娜·戴维恩《美国和英国的社会阶级》，姜辉、于海青、肖木、李平译，重庆出版集团·重庆出版社 2010 年版，第 77 页。

③ 参见［英］戴维·李布赖恩·特纳主编《关于阶级的冲突——晚期工业主义不平等之辩论》，姜辉译，重庆出版社 2005 年版，第 284 页。

人之间并不存在剥削，而是一种等价交换。但现象背后所掩盖的事实却是工人阶级通过自己的劳动不仅养活了自己，而且养活了资本家，只将自己创造价值的很小一部分用来养活自己，而绝大部分则被资本家无偿取得。工人在必要劳动时间内创造了资本家购买工人劳动时所支付的劳动力价格，而一旦工人劳动的所有权转移到资本家阶级一方时，工人对自己的劳动就丧失了支配权。为此，他们在生产过程中不得不按照资本家强行规定的合约进行超强度劳作，为资本家生产尽可能多的剩余价值，确保资本在运转中实现增值。由于资本的特性即资本一旦退出生产环节、停止运转就会失去其本真的存在价值，只有在不断吸收活劳动价值的条件下才能为自身的存在注入活力，因而，资本对活劳动的吮吸是周而复始、永无止境的。工人通过劳动成为"生产全部价值的唯一的阶级"①，然而工人也正是在劳动中成为被资本家剥削最为严重的阶级。究其根源就在于以生产资料私有制为前提的雇佣劳动制度的存在。所以我们有理由相信，当工人阶级真正认识到剥削现状的存在时，他们就会去探讨和发现剥削的根源在何处，即使由于主、客观条件的制约，工人阶级不能自发地形成对资本主义生产关系的正确认识，也会在主观上积极接受工人阶级政党的相关主张和理论指导。总之，认识到受剥削的原因在于劳动与生产资料的分离，这是一种"了不起的觉悟，这种觉悟是以资本为基础的生产方式的产物，而且也正是为这种生产方式送葬的丧钟"②。

五　清晰的斗争目标

　　明确的斗争目标对工人阶级意识的形成有着至关重要的意义。作为社会发展的进步力量，工人阶级需要科学的革命理论作支撑，需要将理论的指导与实践相结合，在这个过程中应包括两种紧密相连的内容，即斗争的长远目标和当前的主要任务，二者缺一不可。回顾历史，之所以19世纪30—50年代的国际组织能够联合起不同国家的工人参与斗争、进行抗议，不能不注意到他们有着共同的目标，或者可以说有着暂时的、一致的、共同认可的斗争对象。"所有这些国际组织最重要的活动是它们对废除英帝

---

① 《马克思恩格斯全集》第22卷，人民出版社1965年版，第242页。
② 《马克思恩格斯全集》第30卷，人民出版社1975年版，第455—456页。

国、美国以及全世界黑人奴隶制度运动的积极支持"①。

组织起来的工人阶级能否充分发挥联合力量，并将这种联合维持下去以致不断壮大，直接取决于工人阶级在斗争中是否具有明确的目标。正如丹尼尔·辛格（Daniel Singer）所说，"工人阶级是否依然是变革社会的主体，其问题关键不在于工人阶级规模的大小。就数字层面来看，工人阶级的数量远没有减小，问题的关键在于如何将阶级联合起来，面对工人阶级所表现出来的分化和多样化特点，当前最为重要的是为其提供一种共同的目标。"② 斗争目标的确立为工人阶级的联合行动以及工人阶级力量的彰显提供了动力支持。工人阶级内部分化现象的出现，以及消极参与罢工、斗争的频发，其中一个很重要的原因就是斗争目标的缺失，对"敌人"缺乏清晰的认识。从浅显的层面来看，工人阶级的斗争多集中于维护现有就业、提高工资以及福利待遇等，与资本的自由流动和四处安家相比处在被动的受其调度的地位。可见，工人阶级的斗争目标仅仅局限于经济利益领域是远远不够的，资本可以选择对经济利益要求较低的地区以及工人组织相对欠缺的地区安家落户，以躲避有组织的工人群体。因此，工人在斗争中除了明确反对低工资和失业外，还必须直接抗议资本的自由转移，抗议对低收入国家（发展中国家）工人的剥削和压迫。这是因为如果在经济繁荣时期工人不要求改善工资收入状况，那么在经济滞胀以及停滞时期他们就更不可能获得与劳动力价值等值的工资额度。但是，倘若仅局限于经济层面的斗争则会陷入改良主义的旋涡而难以自拔，则不能从根本上消灭资本家对工人剥削的根源——雇佣劳动制度。毕竟，造成贫富差距的根本在于劳资关系的不平等，解决的办法绝不是单纯的增加工资实现经济利益上的相对满足。

六 国际主义精神

工人阶级意识中国际主义精神是其不可或缺的内容之一。作为无产阶级，其本身"只有在世界历史意义上才能存在"，即"只有作为'世界历

---

① ［美］威廉·福斯特：《三个国际的历史》，李潞等译，生活·读书·新知三联书店 1961 年版，第 40 页。

② Rosemary Hennessy, "The Challenge: From Anti-Capitalism to Class Consciousness", *Socialism Review*, 2001, 28.3/4, ProQuest Research Library, p. 87.

史性的'存在才有可能实现一样"。① 也正是由于承载工人阶级意识的主体——工人阶级的这一特征决定了工人阶级意识必然要包括国际联合的内容。以往经验表明"忽视在各国工人间应当存在的兄弟团结,忽视那应该鼓励他们在解放斗争中坚定地并肩作战的兄弟团结,就会使他们受到惩罚,——使他们分散的努力遭到共同的失败"②。资本主义条件下,工人阶级在人数上增多的趋势日益明显,但人数上的优势需要在各国工人团结的基础上得以彰显。工人阶级本身既有形成国际主义精神的必要性,同时也有其可能性。这是因为世界范围内的无产阶级有着潜在的共同利益和历史使命,即推翻资产阶级的统治,消灭剩余价值被无偿占有的资本主义制度,以生产资料的公有制代替生产资料的资本主义私有制。虽然工人彼此之间会存在竞争,无论是本国工人之间、本国工人与移民工人之间,还是发达国家工人与发展中国家工人之间都存在激烈的竞争,有时甚至是一种敌视的竞争,但是这种由于被迫卷入世界市场而引发的客观事实并不影响工人在根本利益上的一致,甚至随着世界市场的深入,随着全球化的推进,世界上任何一个国家、任何一个角落的工人都会逐渐认识到彼此的一致性和联合的重要性,其斗争目标也将更为清晰地呈现在他们面前。应该说团结的意识工人自古有之,工会的组建特别是总工会的建立,其目的就在于克服不同地区工人所面临的分散,实现联合与团结的目标。例如早在1818 年,英国就已经发生试图将全国性劳工力量凝聚于总工会之下的尝试。霍布斯鲍姆认为对于 19 世纪 30 年代前后的工人阶级来讲,团结,那种"无与伦比的集体性"是他们"唯一但具有决定意义的资本"③。与工人阶级不同,资本家阶级由于他们的核心目标是实现资本的无限增值,实现利益最大化,因而他们彼此间存在的竞争鸿沟是难以跨越的,"每个国家的资本家阶级都有他们自己的特殊利益",而且"他们认为这些利益高于一切",他们将"无法越出民族的范围"④。所以说国际主义精神是资产阶级所不具备的工人阶级特有的斗争武器。

工人阶级作为一个阶级本身就有逐渐在国际范围内趋同的走向,特别

---

① 《马克思恩格斯文集》第 1 卷,人民出版社 2009 年版,第 539 页。
② 《马克思恩格斯文集》第 3 卷,人民出版社 2009 年版,第 14 页。
③ [英]艾瑞克·霍布斯鲍姆:《革命的年代》,王章辉等译,钱进校,江苏人民出版社 1999 年版,第 282 页
④ 《马克思恩格斯全集》第 2 卷,人民出版社 1957 年版,第 665 页。

是随着资本全球化的扩张，资本家阶级的联合已经跨出国家地理上的界限，成为一种全球范围内的联合。他们共同的对手是工人阶级，他们共同的剥削对象也是工人阶级。在一些经济发展相对迅速、经济条件相对优越的国家，其世界公民也相对多些（即入境人数多于出境人数）。这种情况下外来移民必然对本国工人斗争产生一定冲击，"这些达到较高水平的工人，在自己所进行的阶级斗争中，将会由于要求较低和反抗能力较弱的工人的竞争而受到妨碍"①。这种现象在今天仍然存在，毋宁说是更加明显了，由于各国发展水平差距较大，一些发达国家的移民人口比例不断增加，进而为这些国家提供了更多的廉价劳动力，或称为产业后备军，无形之中就会对本国工人造成冲击。由于移民对工资待遇等的要求远低于本国工人，因而资本家雇用移民的成本更低。这必然一方面造成本国工人与移民工人之间的敌视；另一方面造成本国工人生活水平下滑，社会地位下降。如何破解这一困境，离不开国际主义精神的培育。

马克思在其所处时代，依据当时生产工人与非生产工人所从事工作的不同特征作出这样的分析，即"成为生产工人不是一种幸福，而是一种不幸"②。哈里·布雷弗曼通过对 20 世纪生产工人与非生产工人变化的研究，依据时代的变迁和具体情况的变化，丰富和发展了马克思的分析与判断。认为"虽然非生产性职业在过去曾经是逃避成为生产工人的'不幸'的一种手段，现在这类职业在被雇用的劳动大军中，已经失去其绝大部分吸引力，而完全成为另一种剥削形式"③。"现在应该说，成为一名雇用工人是一种不幸。"④ 生产工人与非生产工人的关系与地位发生了巨大的变化，现代的非生产工人已经在组织模式和工作方式中更接近于生产工人，这也从一个侧面反映出工人阶级整体在日益趋同，同质化倾向越发明显。资本在迅速积累的同时，客观上无力回避工人阶级成员日益趋同的倾向，与此同时，为了避免这种趋同所导致的工人阶级的联合，资产阶级一方会极力对工人阶级的生产活动进行分化与细化，因为只有双管齐下才能保证资本积累的顺利进行，同时抑制工人因趋同而逐渐生成的阶级要求和阶级

---

① ［奥］卡尔·考茨基：《考茨基文选》，王学东编，人民出版社 2008 年版，第 50 页。

② 《马克思恩格斯文集》第 5 卷，人民出版社 2009 年版，第 582 页。

③ ［美］哈里·布雷弗曼：《劳动与垄断资本——二十世纪中劳动的退化》，方生、朱基俊、吴忆萱等译，张伯健校，商务印书馆 1979 年版，第 373 页。

④ 同上。

意识。鉴于此，对于工人阶级来讲，具备国际主义精神就更有其深意和必要。工人阶级应具有国际主义精神，这一方面是工人认清资本与工人关系的必经环节，同时也是工人抵制资本、工人阶级与资本家阶级抗衡的需要。一体化的生产方式使资本家在客观上实现了联合，为此，工人阶级也应该在国际主义精神的认识条件下实现联合，认识到联合的必要性。

可见工人阶级在同资本家阶级进行斗争、以维护本阶级利益的过程中，要高度警惕资本家阶级通过各种策略对工人进行分化和瓦解。通过资本在全球范围内的运转实现剩余价值的最大化，其核心在于向低成本高收益的地方集中、在于向工人阶级组织相对分散的地方汇聚，以此削弱工人的力量。只有把工人培养成一种国际主义精神才能说明工人阶级意识在逐步走向成熟。

探讨工人阶级意识的具体内容一方面使研究对象变得更加清晰，更有针对性，另一方面也是明晰马克思主义者与非马克思主义者在认知方面的差异，或许在关于工人阶级意识的研究方面，为了更好地弥合二者之间的鸿沟，关键点恰恰在于如何理解阶级意识的内容。这是因为马克思主义者多是将工人阶级意识视为一种理所当然的存在物，因此在探讨阶级意识问题方面更多地侧重于回答这样的问题，例如："工人阶级为什么尚未形成成熟的阶级意识？""什么因素导致工人阶级意识的生成？""工人阶级何时才会形成阶级意识？"而非典型的马克思主义学者则侧重于研究："工人阶级的意识究竟是什么？""阶级意识对工人阶级来说是否有其必要性？""工人阶级必然会形成阶级意识吗？"[①] 可见两种类型的学者在研究这一问题时所预设的前提条件是不同的，但无论哪一方面的侧重都无力回避阶级意识的具体内容，因此这是一个需要得到普遍解决的首要问题。

第五节　西方国家工人阶级意识的基本特征

一　工人阶级意识的整体性

整体性可以说是工人阶级意识中最为基本的特征，造就其整体性的因素是多重的。第一，工人阶级意识包含了工人阶级所处阶级状况、历史地

---

① Bertell Ollman, "How to Study Class Consciousness, and Why We Should", *Crit Sociol*, Jan. 1, 1987, p. 70.

位及革命对象等内容在其头脑中的反映，由于工人阶级并不是指代某个人或者某几个人，而是以整体的形象出现，工人阶级也只有以整体面貌出现才能认清自身价值及其使命所在。正如马克思和恩格斯在《神圣家族》中所讲，"无产阶级并不是白白地经受那种严酷的但能使人百炼成钢的劳动训练的。问题不在于某个无产者或者甚至整个无产阶级暂时提出什么样的目标，问题在于无产阶级究竟是什么，无产阶级由于其身为无产阶级而不得不在历史上有什么作为"①。而就工人阶级意识来讲，其形成主体只能是工人阶级本身，这里的工人阶级仍是作为总体的概念出现，而非单指构成工人阶级的某个成员或者某几个成员。因而工人阶级意识首先应该是对工人阶级整体的主观认识的客观呈现，即工人阶级意识必然体现在工人阶级本身是一个整体这一基点上，这也就决定了其整体性的特点。工人阶级意识必然是在作为整体的工人阶级的基础上形成和发展起来的。阶级意识"既不是组成阶级的单个个人所思所想、所感觉的东西的总和，也不是他们的平均值"②，而是一种整体意识，其重要性集中体现在在客观条件成熟的情况下，"作为总体的阶级在历史上的重要行动归根到底就是由这一意识，而不是由个别人的思想所决定的，而且只有把握这种意识才能加以辨认"③。可见，在对客观历史发展产生影响的过程中，阶级意识是以一种最终的合力来呈现的，不是某个单独的意识期盼，而是共同作用的结果。

第二，工人阶级意识的整体性也反映在资本社会本身以一种前资本主义社会所没有的总体性、关联性得以呈现。"任何一种前资本主义社会——在经济上——都没有像资本主义社会那样构成一种有关联的统一；在前资本主义社会中，比在资本主义社会中，各部分的独立性大得多，他们在经济上的相互依靠要小得多，要简单得多。"④ 自给自足的生活使他们更多的是以家庭为单位来进行生产和生活，相互之间的合作与交流都相对匮乏，但是资本主义社会完全打破了这种模式，工人阶级的生产和生活倘若离开社会大生产已经完全不能正常维持下去，资本主义的生产关系已

---

① 《马克思恩格斯文集》第 1 卷，人民出版社 2009 年版，第 262 页。
② ［匈］卢卡奇：《历史与阶级意识》，商务印书馆 1999 年版，2009 年 11 月第 5 次印刷，第 107 页。
③ 同上。
④ 同上书，第 112 页。

经使人和人之间的关系发生了根本的变化，每一个单个的人都必须将自身容纳到社会大生产的过程中，寻找自身在整体范畴中的定位。因而作为反映这种社会生产生活状态的方法及所形成的阶级意识也应有整体性的特征和要求。

第三，工人阶级意识的整体性还体现在阶级意识不仅包括对本阶级状况的认识，还包括对其对立阶级即资产阶级的认识，以及对中间阶级如小资产阶级、小手工业者的认识。而且应以发展的眼光看待工人阶级自身，看到自身实现历史使命的潜在动力和能力，同样也要看到资本家阶级必然走向灭亡的历史命运，看到中间阶级会逐渐分化而划入工人阶级和资产阶级的队伍当中的发展趋势。工人阶级意识需把握的内容"不是个人和个人的关系，而是工人和资本家，农民和地主的关系。抹杀这些社会关系，那就是消灭整个社会"①。总之，工人阶级的阶级意识表现在工人阶级能够用辩证唯物主义和历史唯物主义的观点分析、判断社会各阶级之间所蕴含的密切关系。中间阶级由于其成员自身缺乏稳定性因而很难形成本阶级的阶级意识。资产阶级却由于其以代表全社会利益的虚假面貌出现，因而它所呈现的代表资产阶级的阶级意识必然是虚假的意识。资产阶级面对最为关注的利润问题，会展开带有根本利益冲突的竞争，彼此间不可能跨越民族的界限以实现最大范围的、真正的联合，当然这种情况在面对工人阶级的反抗时是一种例外。从这一角度来讲，整体性无疑是工人阶级意识区别于其他阶级意识的重要特征之一。

第四，对资本主义进行批判时，成熟的工人阶级意识要求工人对资本主义的批判是整体性的。这种批判不是限于某个局部，而是将资本主义视为一个整体，对其进行总的批判。对资本主义进行总批判的前提，是对资本主义本身有总体上的科学认识。其中很重要的一项内容是对资本主义生产关系有一个整体性的认知，清晰划分"生产关系"与"生产中的关系"之间的本质区分。生产关系是以对生产资料的占有为基础的，而生产中的关系则是特指在具体的生产操作中所表现出的监督、被监督、组织、策划以及管理等各种形式方面的内容。在资本主义所有权和控制权日益分离，同时工人阶级劳动的社会必要劳动时间和剩余劳动时间以更隐蔽的形式被遮掩起来，加之工人对所生产商品的整体性认识相对匮乏的情况下，工人

---

① 《马克思恩格斯全集》第 4 卷，人民出版社 1958 年版，第 135 页。

阶级如何超越现象层面所表现出来的"生产中的关系"，而认识到"生产关系"的实质，离不开一种整体性的判断。这里同样体现了工人阶级意识的整体性。此外，阶级意识的整体性特征反映了成熟的阶级意识在形成过程中必须克服一系列障碍因素，集中体现在生产过程中对工人劳动的分化、对工人生产过程的分化，进而对工人阶级意识的分化。"生产的劳动过程较之过去已愈益变成一种集体的过程。制成最后成品的是生产工人的集体，每一个工人不能再看作是个体意义上的生产工人；生产劳动的定义只适用于作为一个整体的工人集体。"在生产劳动过程中，"各个工人失去了使他或她成为生产工人的那些作为一件完成品生产者的特征，只是就整体来说才保留这些特征"①。

第五，工人阶级行动方面也渗透着作为一个整体的重要性。工人在行动中应注重联合与团结，其中既包括工人阶级自身作为整体的联合与团结，也暗含着团结一切可以团结的力量，汇集更为广阔的力量，与资本家阶级的联合相抗衡。所以工人阶级意识的整体性特征体现在对工人阶级意识含义的理解方面，也体现在工人阶级意识对实践的引领方面。

总之，工人阶级意识的整体性是一个内涵丰富的集合体。作为整体的而非单个人简单集合起来的工人阶级通过自身的历史地位以及社会实践等产生对现实社会总体的、本质的认识，并进而将自身利益状况与社会总体联系起来进行思考，最终为改变现状、实现对资本主义的根本替代创造条件。

二　工人阶级意识的历史性

工人阶级意识的历史性，总的来讲是指工人阶级意识的发展需要经历一个历史过程，而且在不同历史时期工人阶级意识会扮演不同的角色。阶级意识是一个持续的过程，它的提升更是主客观共同作用的结果，而它的集中爆发会在某一个点上得到充分彰显。往往越是接近工人阶级目标之时，他们"关于自己的历史使命的意识，即它的阶级意识的作用也就越重要；阶级意识也就必然越强烈地、越直接地决定着它的每一次行动。"②

① ［美］哈里·布雷弗曼：《劳动与垄断资本——二十世纪中劳动的退化》，方生、朱基俊、吴忆萱等译，张伯健校，商务印书馆1979年版，第372页。
② ［匈］卢卡奇：《历史与阶级意识》，商务印书馆1999年版，第131页。

具体地说，工人阶级意识的历史性主要表现在两个方面：一是工人阶级意识所反映的内容是具体的、历史的；二是工人阶级形成的对改变现状手段的认知也是具体的、历史的。

成熟的工人阶级意识不仅对本阶级的状况有着较为清晰的认识，同时还要对其所处时代其他各阶级的生活状况、思想状况、政治行为等有所分辨和判断。因为工人阶级意识的发展状况不仅受本阶级客观条件的制约，同时还取决于资本家阶级的发展规模以及资本的集中程度。"人数众多、强大、集中而有觉悟的无产阶级的生存条件的演变，是与人数众多、富裕、集中而强有力的资产阶级的生存条件的发展同时进行的。"① 所以忽视对工人阶级所处历史阶段和时期进行具体的分阶段的考察就不能解释工人阶级的真实状况，也不能挖掘工人受剥削的根源，更无从谈及对现状的改变。此外，依据不同地区资本家阶级与工人阶级双方关系激化程度、矛盾尖锐性的不同，工人阶级意识也会有相对明显的差异。我们强调的工人阶级意识，不是泛指历史上任何被剥削、被压迫阶级的意识，也不是资本主义制度下各阶级普遍存在的意识，而是特指在资本主义大生产条件下，以雇佣劳动为基础，通过出卖劳动力为生的工人阶级对本阶级所处阶级地位、历史使命等的认识。因而对工人阶级意识的考察应放在具体环境中，以客观历史为背景，根据不同地点、不同时期阶级意识表现的差异进行较为细致的考察。其次，从工人阶级改变现状可供选择的手段方面来看，工人阶级所采取的措施受制于同资本家阶级的力量对比情况、取决于工人彼此间的团结程度，以及受剥削的严重程度，等等，此外还包括工人掌握的各种捍卫自身权利的武器情况。而这些条件都有具体的、历史的特征，正如"财产，资本，金钱、雇佣劳动以及诸如此类的东西"对工人阶级来说远不是幻影，"而是工人自我异化的十分实际、十分具体的产物，因此，也必须用实际的和具体的方式来消灭他们"②。

三　工人阶级意识的传承性

阶级意识是意识形态方面的内容，属上层建筑的范畴，经济基础对其有决定性的作用。经济基础受生产力与生产关系之间时而相互协调、相互

---

① 《马克思恩格斯文集》第 2 卷，人民出版社 2009 年版，第 356 页。
② 《马克思恩格斯文集》第 1 卷，人民出版社 2009 年版，第 273 页。

促进，时而相互矛盾、相互抗衡这一复杂关系的制约，需要不断通过调整生产关系以使其适应生产力发展的要求。上层建筑对经济基础具有反作用，一定条件下制约经济基础的发展，例如资本家阶级会利用各种手段调整生产关系与生产力之间的矛盾，暂缓二者矛盾的激化，从而延缓对现有生产关系的根本突破。但这只能是暂时的、有限的、局部的，毕竟生产力的发展是不可逆的。与此同时，生产力的发展还具有延续性与继承性的特征。任何新社会的生产力水平都是在旧有基础上进行再创造、再发展的，而不是凭空产生、更不会出现深度断层。所以我们有理由相信，经济基础所具有的延续性特征决定了包括意识形态在内的上层建筑也有其发展的连续性和继承性。

此外，就阶级意识的形成及其发展的总方向来说也是不可逆的。工人阶级意识形成过程中会遇到混淆、歪曲、阻碍阶级意识的各种因素，工人阶级必然要经历各种试错的过程才可能取得一定进展，因而发展中暂时的停滞甚至倒退都是难免的，但是工人阶级正是通过对现实经验的积累和总结，不断丰富自身的认识，避免同样的错误再次发生的。这种经验总结会以工人的斗争实践、彼此间的口语相传、理论家的提炼和概括等各种方式保持并传承下去。

最后，从文化的传承性对工人阶级意识形成的影响方面也可以看出阶级意识的连续性特征。阶级意识的发展伴随着传统文化的演进，例如汤普森就认为"阶级觉悟是把阶级经历用文化的方式加以处理，它体现在传统习惯、价值体系、思想观念和组织形式中"①。可见无论是传统习惯还是传统价值乃至思想观念等都是以客观积淀的文化为基础的，正如英国工人阶级的形成的确需要追溯到潘恩《人权论》所带来的深刻启示和影响一般。

四　工人阶级意识的革命性

前资本主义制度时期所形成的各个阶级，他们由于或多或少占有部分生产资料，或者由于与其他阶级有人身依附关系，因而在思想上很难形成真正独立的阶级意识，进而在行动中很难将革命进行到底。因此被压迫阶

---

① ［英］E. P. 汤普森：《英国工人阶级的形成》（上），钱乘旦等译，译林出版社 2001 年版，第 2 页。

级革命的最终结果往往是以一种剥削形式代替另一种剥削形式。而资本主义社会则不同，工人阶级完全是独立的，无论在人身自由方面，还是在财富占有方面，他们已经独立到只有劳动力这样一种可以在市场上进行交易的商品，因而他们的生活状况、他们的社会地位、他们在生产关系中的被动状态决定了他们在革命中必然是最为彻底、也是最为革命的。他们的目标是消灭剥削，消灭雇佣劳动，最终彻底消灭阶级。可见工人阶级意识之所以以改造资本主义为目标，是因为工人阶级逐渐认识到这种剥削，从而不愿意再继续这样生活下去。对"革命"的必然要求既是阶级意识产生的条件，同时也是形成了阶级意识的真正意义的工人阶级完成自身使命的目标指向。正如马克思和恩格斯所言："无论为了使这种共产主义意识普遍地产生还是为了实现事业本身，使人们普遍地发生变化是必需的，这种变化只有在实际运动中，在革命中才有可能实现。"① 另一个原因则是资本主义生产本身也将走向发展的极限。这是因为现代工人的地位"不是随着工业的进步而上升，而是越来越降到本阶级的生存条件以下。"②。也就是说资本家阶级自身在毁灭着供养他们的工人阶级。资本主义本身的存在方式在不断历练着挖掘自己根基的工人阶级。因而工人阶级意识的觉醒必然意味着消灭资本主义生产方式。

　　许多具体的调研数据也在一定程度上反映出工人阶级潜在的革命性特征，至少也表现出工人阶级成员较其他阶级成员而言具有更为强烈的变革要求。理查德·森特斯曾就中等阶级与工人阶级之间的保守和激进倾向进行了较为细致的分析，其依托数据主要是不同阶级对民主党与共和党的支持度差异。当然中等阶级在多大程度上能够成为一个阶级始终是值得探讨并进而需要加以分析的问题，但是所谓的中等阶级或中产阶级正在更大的程度上向工人阶级靠拢却已然成为一个不可争辩的事实。在 1944 年美国选举中更多的工人阶级成员选择支持民主党候选人（如下表所示）。在美国民众心中共和党多代表保守，而民主党则多代表变革，纵使资本主义制度下共和党与民主党并不存在本质的区别，但这种普遍的认同还是可以反映出民众对保守与激进的不同倾向。

---

① 《马克思恩格斯文集》第 1 卷，人民出版社 2009 年版，第 543 页。
② 《马克思恩格斯文集》第 2 卷，人民出版社 2009 年版，第 43 页。

社会阶层和阶级成员		被调查成员总数（人）	支持共和党候选人比例（%）	支持民主党候选人比例（%）
商人、专业技术人员及白领工人	中等阶级	292	49	43
	工人阶级	99	29	57
体力劳动者	中等阶级	83	33	49
	工人阶级	318	17	64

工人阶级意识的革命性还体现在阶级意识与革命性的阶级行动之间存在着必然的联系，这种联系并非偶然的、巧合式的连接。我们知道，成熟的阶级意识必然带来一系列的具体行动，但是行动的出现并不一定源自阶级意识的推动，其缘起有许多，或许是被暂时的、眼前的利益所驱动，或许是出于对某一社会现象的不满，又或者仅仅是"跟风"式的参与，这些都不能作为阶级意识形成的客观标志。因而盲目的乐观以及无视现实的悲观都不可能揭示阶级意识的客观状况。诚然"光是思想竭力体现为现实是不够的，现实本身应当力求趋向思想"[1]。

五　工人阶级意识的彻底性

工人阶级意识的彻底性首先表现在对工人阶级来讲，阶级利益和阶级意识具有根本的一致性，彼此间并不存在根本的矛盾，正是工人阶级的利益要求促使工人阶级形成彻底的阶级意识，即改变资本主义生产资料的私人占有制，代之以生产资料的公有制。因而他们致力于探寻真理，探寻社会的本质，"对无产阶级来讲，真理是取得胜利的武器；越是义无反顾，就越能取得胜利"。同样的，"对无产阶级来说，而且只是对无产阶级来说，正确地洞见到社会本质是首要的力量因素，甚至也许是决定性的武器"[2]。而对资产阶级和农民阶级来讲阶级利益与阶级意识则是相矛盾的，虽然产生这种矛盾的原因不同，但其结果都将导致阶级意识的局限和不彻底。对资产阶级来说，其阶级利益和阶级意识之间的矛盾是辩证的，客观条件促使资产阶级的阶级意识不断得到发展，也使资产阶级认识到"他们的阶级意识会遭受悲剧性的灾难，即在它发展的顶峰会陷入和自身的不

---

① ［匈］卢卡奇：《历史与阶级意识》，商务印书馆 1999 年版，第 49 页。
② 同上书，第 129 页。

可解决的矛盾之中，并因而必然要摒弃自身"①。资产阶级是不可能主动作出这样的抉择的，因而面对这种矛盾，他们会毫不留恋地选择对自身阶级意识的辩护，对资本主义制度的辩护，将资本主义生产关系说成是"天然的"、是"按照自然规律进行的"、是永恒的，"于是，以前是有历史的，现在再也没有历史了"②。至于农民阶级意识，又表现出不同于资产阶级意识的特征，对农民阶级来讲，他们的阶级意识和阶级利益处于一种不相容的状态。这是因为阶级意识必然是某一阶级对阶级利益的一种反映和认知，而农民阶级由于其自身生产和生活的特点，导致他们难以形成真正意义上的阶级，因而也就难以形成具有彻底性的阶级意识。

其次，工人阶级意识的彻底性还表现在他本身所具有的广泛而深刻的凝聚力上。工人阶级作为一个捍卫自身利益并能鲜明提出自己经济、政治要求的阶级，它在人数上的优越性史无前例，与此同时，工人阶级所面临的培养阶级意识的环境也是空前复杂的，毕竟资产阶级并非自身无力把握所处社会制度的矛盾，而恰恰是在认识到矛盾的基础上进行掩饰与斡旋，试图在意识领域将矛盾发生的根源转向非生产领域。资产阶级较前资本主义社会的统治阶级来讲有其自身的优势，毕竟"每一个新阶级赖以实现自己的统治的基础，总比它以前的统治阶级所依赖的基础要宽广一些"，但是历史的脚步是不会按照资产阶级的设想而驻足的，到后期，"非统治阶级和正在进行统治的阶级之间的对立也发展得更尖锐和更深刻。这两种情况使得非统治阶级反对新统治阶级的斗争在否定旧社会制度方面，又要比过去一切争得统治的阶级所作的斗争更加坚决、更加彻底"③。因而，随着生产关系矛盾的不断凸显，随着工人阶级意识同资产阶级意识的抗衡与角逐，工人阶级不仅会形成阶级意识、革命的意识，而且也会更加坚决、更加彻底。

再次，工人阶级意识的彻底性还体现在对资本主义本身作出全面的、系统的认识和批判，把对客观具体事物的分析置于资本主义生产方式大的背景之中。因为只有如此，才能看到事物的本质特征，逐渐从异化的状态走出来。马克思对此问题曾论述说："同机器的资本主义应用不可分离的

---

① ［匈］卢卡奇：《历史与阶级意识》，商务印书馆1999年版，第121页。

② 《马克思恩格斯文集》第1卷，人民出版社2009年版，第612页。

③ 同上书，第553页。

矛盾和对抗是不存在的，因为这些矛盾和对抗不是从机器本身产生的，而是从机器的资本主义应用产生的！因为机器就其本身来说缩短劳动时间，而它的资本主义应用延长工作日；因为机器本身是人对自然力的胜利，而它的资本主义应用使人受自然力奴役；因为机器本身增加生产者的财富，而它的资本主义应用使生产者变成需要救济的贫民，如此等等"①。资产阶级的经济学家及其捍卫者试图通过对机器本身的运用掩盖其在资本主义条件下的特殊性，对于工人阶级来讲，透过个别现象与具体的事物，将其还原到资本主义的背景下予以考察，才能为工人阶级意识的形成创造可能。倘若局限于具体的事物而忽视最根本的经济基础，就会被现象所迷惑，会在资本主义经济学家所圈定的围城内进行周旋而难以跨越。

西方国家工人阶级意识的基本特征彰显出工人阶级意识的优越性，为工人阶级历史使命的完成提供了必要的准备条件。正如卢卡奇对工人阶级意识在劳资斗争中所扮演的角色充分肯定，认为"面对在思想、组织等等方面都占优势的资产阶级，无产阶级的优势仅仅在于，它有能力从核心出发来观察社会，并把它看作是互相联系着的整体，并因而能从核心上，从改变现实上来采取行动；就在于对它的阶级意识来说，理论与实践是互相吻合的；就在于它因此能自觉地把它自己的行动作为决定性的因素投放到历史发展的天平上去"②。

无论是工人阶级意识的整体性、历史性，还是传承性、革命性和彻底性都需要以阶级分析方法作为基础或支撑。如果缺少对阶级分析方法重要性的认识，或者使其流于形式，那么就会使工人阶级陷入非马克思主义的思想境地，很难破解自身在资本主义生产关系中所遭受的束缚与异化。无数对工人阶级意识产生迷惑的主义之争都会成为瓦解工人阶级的元素。在此以国家社会主义、讲坛社会主义等为例加以说明。国家社会主义在名称上就具有很大的吸引力，也有较强的迷惑性。通过限制资本的利润额，在一定范围内保障工人的福利，这在西方发达国家有着较为突出的表现，由于他们在世界范围内实现对剩余价值的剥削和占有，因而有着强大的实力确保在经济方面提高工人的工资待遇、改善工人的生产和生活状况。然而国家资本主义的最终目标是弱化工人阶级与资本家之间的矛盾冲突，维护

---

① 《马克思恩格斯文集》第 5 卷，人民出版社 2009 年版，第 508 页。
② ［匈］卢卡奇：《历史与阶级意识》，商务印书馆 1999 年版，第 130 页。

现有社会统治秩序，换句话说，它是以有限的让步迷惑工人阶级的认知，从而捍卫资产阶级的长期统治，它所追求的是在现有制度范围内的有限改革，本质上隶属于改良主义的范畴。因而，透过国家社会主义的本质不难看出，它同工人阶级自身的解放存在着格格不入的内容。在国家社会主义的影响下，工人阶级的阶级意识必然遭到巨大的破坏。恩格斯在致爱德华·伯恩斯坦的信中对国家社会主义的本质曾作过精辟的概括："此类所谓的社会主义一方面不过是封建的反动，另一方面不过是榨取金钱的借口，而它的间接目的则是使尽可能多的无产者变成依赖国家的公务员和领养老金者，即除了一支有纪律的士兵和公务员大军以外，再组织一支类似的工人大军。在国家长官，而不是在工厂监工的监视下举行强制性的选举——好一个美妙的社会主义！但是，如果相信资产阶级这一套连他们自己都不相信、而只是假装相信的说法，那就会得出结论：国家等于社会主义……"①

讲坛社会主义更具迷惑性的地方在于它承认资产阶级与工人阶级之间的矛盾，但认为这种矛盾是可以通过资产阶级国家的调节而得以解决的。因此，工人阶级所能掌握并运用阶级分析方法的程度决定了他们是否能够正确认清资本家阶级和工人阶级之间的关系，以及如何解决、化解彼此间的矛盾。如果工人阶级能够将阶级分析方法贯彻到底，那么就可以正确分析资本主义社会所表现出的矛盾现象、异化现状并进而透过现象分析导致该状况出现的根本原因，最终探寻解决矛盾、改变异化状况的正确路径。可见，阶级分析方法对工人阶级来讲、对工人阶级意识来说都有着十分重要的意义。只有通过阶级分析方法才不致使工人陷入一种俗套的阶级化解、融合理论，才不至于使工人阶级相信接近一派胡言言论的影响。例如，相信讲坛社会主义所主张的"把资本家阶级和工人之间的阶级剥削关系，说成是一种伦理道德的关系，因而只要通过对工人进行教育，改变其心理和伦理道德，就可以解决劳资之间的矛盾，而不需要进行社会革命"②。他们着力宣称："劳资之间的对立与斗争不是源于资本家剥削工人创造的剩余价值，不是源于经济利益的根本对立，而是感情、教养和思想

---

① 《马克思恩格斯文集》第 10 卷，人民出版社 2009 年版，第 460 页。
② 徐觉哉：《社会主义流派史》，上海人民出版社 2007 年版，第 183 页。

的不同所造成的。"①

　　本章内容集中阐释了涉及工人阶级意识的一般问题，其中包括工人阶级意识的内涵，工人阶级意识形成的必然及理论条件与实践条件、工人阶级意识的具体内容和基本特征等。以期对工人阶级意识整体及性质作出相对明确的定位和判断，明确本书的研究对象，为进一步追溯西方国家工人阶级意识发展的脉络及其原因等内容奠定基础。

---

① 徐觉哉：《社会主义流派史》，上海人民出版社 2007 年版，第 182 页。

第二章　西方国家工人阶级意识的历史演变

　　西方国家工人阶级的阶级意识问题始终受到各个研究领域的广泛关注，既有从心理学角度对其进行分析，也有从社会学角度来研究，当然在这个问题上也不乏马克思主义学者运用阶级分析方法对其进行深入探讨。工人阶级意识的变化是历史环境等各因素综合作用的结果，其变化经历了一个相对复杂的过程，概括起来工人阶级意识主要经历了这样几个阶段：工人阶级意识的形成与发展，工人阶级意识的消解，以及工人阶级意识的潜存。

第一节　西方国家工人阶级意识的历史演变过程

　　工人阶级意识的演变是资本主义生产方式、资本主义剥削形式以及劳资冲突共同推进的结果。伴随工人运动的日益高涨以及马克思主义理论的日趋成熟，工人阶级的阶级意识经历了从萌芽到逐渐走向凸显的过程。工人阶级接受了马克思主义的科学理论，与资产阶级展开以推翻资本主义制度为目标的体制外斗争。这一时期工人阶级进行了无数次罢工和武装斗争，其中既不乏许多针对生产工具本身而发生的破坏机器行为，这是因为科技进步带来技术的普遍更新，机器大规模取代劳动力，造成工人严重失业。同时也存在着较为激烈的富有政治意义的工人阶级抗议资产阶级的斗争。在工人阶级的抗争中经历了无数次失败，或者被当局残酷镇压，或者因组织不力而宣告中止。但每隔一段时间，工人阶级总会再度宣告新的抗争，并用实际行动对现实社会提出挑战。工人阶级的斗争实践从未停止。工人阶级意识在这种既有成功经验又有失败教训的斗争实践中逐渐萌生和发展。

随着工人反抗情绪和抗议行动的增多，资产阶级意识到不能再以原来的方式继续统治，开始对原有生产组织形式进行调整，通过一系列措施分化、瓦解工人阶级意识，因而在 20 世纪 50 年代中期至 70 年代经济危机前，工人阶级意识经历了相对衰弱的过程，处于低潮状态，工人阶级与资产阶级之间的斗争由体制外激烈对抗转向体制内的协调合作①，工人逐渐认可资本主义制度，认可资方、劳方和政府之间的三方协商形式。此时对工人阶级意识的冲击是较为严重的，工人阶级意识越发淡化。然而，只要资本主义生产方式没有发生根本改变，雇佣劳动依然存在，工人产生阶级意识的源泉就不会冻结。工人阶级意识就如同贮水池，它有时候可能会很浅，但却永远不会枯竭。只要时机成熟，只要工人受到的剥削达到难以接受的程度，工人的阶级意识就会被唤醒。事实证明，20 世纪 70 年代经济危机爆发后，资本加大了对工人的进攻，"黄金发展"时段资产阶级对工人在工资待遇、福利待遇、集体谈判等方面的承诺一概被撕毁，新自由主义席卷全球，工人阶级的利益受到严重打压，劳资关系再度被推向对抗的边缘。工人阶级为抗议资产阶级所采取的打压劳工政策也采取了各种举措，劳资关系由第二次世界大战后"黄金发展"时段的协调合作转向体制内疏离和对抗，工人阶级意识有了一定程度的复苏。工人阶级意识随着劳资关系的调整不断发生变化，时而表现得激烈、时而表现得和缓，时而表现得高涨、时而又表现得低落。虽然工人阶级意识会不自觉地受资产阶级思想所影响，毕竟工人与旧社会之间及其思想之间也存在着千丝万缕的联系，这些联系决定了工人阶级意识形成过程中的缓慢性、反复性和曲折性，但即便如此，也不会阻挡工人阶级意识由自发走向自觉的历史规律。

一　工人阶级意识萌芽时期

工人阶级意识萌芽时期，其时间段主要指工人运动兴起至马克思主义的诞生。18 世纪末期工人阶级对革命对象的认识尚处于相对模糊的状况，就更谈不上在重大政治事件发生时具体观察"每一个社会阶级在思想、精神和政治生活中的一切表现"②，谈不上对各个阶级、阶层的活动作出

---

① 参见姜辉《论当代资本主义的阶级问题》，《中国社会科学》2011 年第 4 期，第 47 页。
② 《列宁选集》第 1 卷，人民出版社 1995 年版，第 354 页。

"唯物主义分析和唯物主义评价"①，因而此时工人阶级的意识并不是真正的工人阶级意识。以英国工人为例，工人阶级在18世纪末期尚未厘清资产阶级与工人阶级之间的关系，在推翻贵族统治、争取民主权利的时候，他们有着共同的利益要求，但是两个阶级在本质上的差异却被忽视了。当然，与封建贵族相比，资产阶级具有明显的进步性，在推翻封建贵族统治这一历史任务面前工人阶级与资产阶级有着共同的利益，但当这一任务完成后，资产阶级上升为统治阶级的时候，他们的斗争矛头就会直接指向工人阶级。出于对资产阶级的信任，工人阶级相信他们所提出的爱国主义口号，而事实上他们对资产阶级进行一系列改革的实质并没有深刻的认识，对曾经的"盟友"所主张的未来生活图景也并不十分清晰。因而此时的工人阶级意识距离真正形成还有漫长的路要走，但资产阶级与工人阶级对立登上历史舞台之时，正是工人阶级意识萌芽出现之际。

（一）形成背景

18世纪中期至19世纪上半叶西方国家的产业革命引起了社会关系的深刻变化。正如列宁所说："从手工工场向工厂过渡，标志着技术的根本变革……随着这个技术变革而来的必然是：社会生产关系的剧烈的破坏，参加生产者的各种集团之间的彻底分裂，与传统的完全决裂，资本主义一切黑暗面的加剧和扩大，以及资本主义的使劳动大量社会化。"② 随着产业革命的深化、科技进步以及机器的更新，加之分工相对细化，各行业工人的联系逐渐增多，通过大规模的机器生产，工人也日益领略到机器生产的强大力量以及彼此合作的重要性。马克思说："经济条件首先把大批的居民变成劳动者。资本的统治为这批人创造了同等的地位和共同的利害关系。所以，这批人对资本说来已经形成一个阶级，但还不是自为的阶级。"③

产业革命为工人阶级带来的并不是生活状况的改善，反而更多地为资本家阶级提供了新的剥削工人的方式，通过延长绝对剩余价值和相对剩余价值的生产时间，不断榨取更多的社会财富，将工人排挤到贫困的边缘。正常生活难以为继，迫使工人产生对现状的不满，并要求实行经济变革。

---

① 《列宁选集》第1卷，人民出版社1995年版，第354页。
② 《列宁全集》第3卷，人民出版社1984年版，第411页。
③ 《马克思恩格斯文集》第1卷，人民出版社2009年版，第654页。

但是在斗争初期，工人对资本主义本质的认识及对自身贫困状态根源的分析相对表面化，单纯地认为是机器的更新和发展造成了工人劳动强度加剧、工作状况日趋紧张、工人生活日趋贫困。因此在斗争初期不乏出现前文提到的以捣毁机器方式呈现要求改变现状的抗议事件，例如著名的卢德运动。虽然工人捣毁机器的行为不能从根本上改变其被剥削的地位，同时资本家阶级也制定了一系列惩治捣毁机器工人的相关法令，如 1812 年英国国会通过的《保障治安法案》，1813 年政府颁布的《捣毁机器惩治法》，参与捣毁机器的工人甚至有被处以绞刑的危险。但是工人阶级斗争初期所采取的这种形式"是必要的，因为对资本家的憎恨在任何时候和任何地方都是促使工人产生自卫要求的第一个推动力。"①

随着资产阶级对破坏机器工人作出严厉的惩罚，遏制工人的破坏行为，使工人意识到单纯破坏机器的行为并不能真正改变受压迫的现状，工人需要寻找新的斗争方式实现解放。在斗争中，工人逐渐认识到联合的重要性，为了能够凝结更多的力量壮大自己的队伍，他们组建了一系列工会组织，与资本家展开斗争，这样一方面明细了斗争的目标和他们共同的敌人，另一方面在斗争中工人也意识到他们只有团结起来才能抗衡资产阶级。1827 年成立于英国的蒸汽机制造联合会和木工联合会，将工人有组织地联合起来，并开展了争取经济利益方面的罢工行动。正如恩格斯所说："罢工是工人的军事学校，他们在为投入已经不可避免的伟大的斗争做好准备；罢工是各个劳动部门关于自己参加伟大的工人运动的宣言。"②而这种认识到鲜明的斗争目标以及团结的意识都是真正的工人阶级意识所不可或缺的内容。当然，此时的工人运动，无论采取罢工行动还是其他抗议行为都主要集中在经济领域，而对政治领域的要求较少涉及。

这一时期空想社会主义的发展也为工人阶级意识的萌发提供了理论上的支撑。虽然早期空想社会主义还带有禁欲主义色彩，但它已经逐渐感觉到工人阶级贫困的根源在于财产私有制，如温斯坦莱就提出私有财产是导致人民普遍贫困的原因所在。到 19 世纪，随着资产阶级和工人阶级的矛盾日益凸显，斗争越发尖锐，空想社会主义的发展也进入相对成熟的阶段。以圣西门、傅立叶、欧文为代表的空想社会主义者深刻揭露了资本主

---

① 《列宁全集》第 2 卷，人民出版社 1984 年版，第 86 页。
② 《马克思恩格斯文集》第 1 卷，人民出版社 2009 年版，第 459 页。

义社会存在的诸种矛盾以及各种异端现象，为工人阶级重新认识资本主义社会、认识自身日益贫困的根源以及明确斗争目标等都起到了积极的引导作用。而工人阶级形成真正的阶级意识必然要认清其受剥削的根源，所以说空想社会主义为工人阶级意识萌芽的出现一定程度上起到了积极的推动作用。毕竟这些空想社会主义和空想共产主义的著作"也含有批判的成分。这些著作抨击现存社会的全部基础。因此，它们提供了启发工人觉悟的极为宝贵的材料"①。在工人阶级实践与各种先进思想如 18 世纪三四十年代空想共产主义思想相互促进的过程中，工人阶级逐渐走上了独立的政治舞台。法国里昂工人起义、英国宪章运动以及德国西里西亚纺织工人起义促使工人阶级斗争目标从经济领域跨越到政治领域，提出了建立民主共和国的口号，要求享有公民的平等权利，包括选举权和被选举权，成立第一个工人政党——宪章党，注重联合群众的力量，可以说这是工人阶级意识萌芽过程中一个较为突出的表现和不朽的飞跃。但由于工人在斗争策略、战略方面相对匮乏，尚未认识到掌握政权的重要性，此外资本主义生产仍处在上升时期，他们尚且有能力寻找更多的发展空间以满足资本积累的需要。例如，资产阶级通过廉价的商品打开了拉丁美洲、亚洲、非洲等大面积的商品倾销市场，此时对商品需求量的无限放大造就了资本主义无限发展的假象。这些现象都为工人阶级认识资本主义的弊端与局限产生了负面影响，因而资本主义在客观上处于上升时期的发展现状也为工人阶级意识的发展制造了障碍。

（二）主要表现

1．主要强调经济生活改善

工人阶级意识形成初期受工联主义影响较为严重，主要倾向于经济方面的要求，普遍存在的捣毁机器行为以及罢工行动多是集中在要求改善工作状况，改变劳动强度过大、工资过低、生活难以为继的现实。正如里昂丝织工人的歌谣中所说，"我们是织布工，却赤身裸体，无遮无盖"②，也正如西里西亚织工所说："在我们这个时代，人们发明了各种巧妙无比的

---

① 《马克思恩格斯文集》第 2 卷，人民出版社 2009 年版，第 63 页。
② ［英］艾瑞克·霍布斯鲍姆：《革命的年代》，王章辉等译，钱进校，江苏人民出版社 1999 年版，第 266 页。

技巧，用来剥削和破坏别人的生计"①。面对生产者食不果腹、衣不蔽体的现实，工人们对资本主义社会的变态现象已经有了较为粗浅的认识和深深的感触。但此时工人阶级并没有认识到导致其生活贫困的根源，没有认识到资本主义生产资料的资本家阶级私人占有导致工人阶级只有通过出卖劳动才能维持生存。同样也不可能产生根本改变这种现状的手段和策略。因而此时工人阶级的意识状态只能为真正工人阶级意识的形成起基础性的铺垫作用。但无论如何，毕竟工人已经看到了自身受苦的现状，并在可能的范围内尝试改变现状，昭示了工人阶级意识的萌芽。

2. 朦胧凸显政治权利要求

伴随空想社会主义及空想共产主义思想的发展，以及对实践斗争经验的总结，工人阶级逐渐认识到其作为一个整体具有共同的地位，共同受到资本主义制度的剥削，他们有着共同的敌人即资产阶级，因而应该团结起来以改变现状，在改善经济状况的同时，通过争取普选权等政治方面的权利，实现人人平等。1836—1848 年，历时 12 年，经历了三次高潮的英国宪章运动，虽然最终流于失败，但足以说明工人对政治权利的要求已彰显无疑。在宪章运动中，左翼宪章派代表人物哈尼曾说道："无产阶级和资产阶级将彻底分道扬镳，而那种既是政治性也是社会性的斗争将要开始"，而且哈尼已经接受了马克思主义的相关理论和观点，认为"只有当工人掌握了政权时，他们才可能实现［解放劳动］这一目标"②。之所以列宁高度评价宪章运动，并认为运动以实践的形式证明了马克思主义理论的许多内容，正是因为宪章运动不仅含有经济方面的要求，更重要的是涉及政治领域的斗争。

通过斗争，工人逐渐意识到彼此联合的重要性，也正因此工人才会在面临资产阶级的残酷镇压下始终坚持工会斗争。回顾工会的发展历史或许可以作出更清晰的解读。如果以最早在英国形成的工会计算，即 1752 年工会组织的建立开始，直至 1824 年，期间经过了 72 年的斗争才使打击工会的反结社法案有所松动，使工会的活动由非法变成一定范围内的合法组织，进而在 1830 年成立全国范围内的工会组织，即 "保障工人全国协

---

① ［英］艾瑞克·霍布斯鲍姆：《革命的年代》，王章辉等译，钱进校，江苏人民出版社 1999 年版，第 267 页。

② 沈汉：《论英国宪章运动中工人阶级的政治独立性问题》，《世界历史》1986 年第 3 期，第 48 页。

会"。也正是在这样的背景下宪章运动才得以凝结数以千万计的工人参与其中，在一些集会中，人数可达三十五万之多。也正是在这样的凸显联合力量的运动中开启了"建立一个工人阶级的广泛的全国工人政党的初次尝试"①。

3. 斗争中开启团结意识

促进工人阶级团结合作意识向前推进的内容主要体现在两个方面。首先在大生产过程中，工人逐渐意识到分工合作生产的重要性；其次在斗争过程中，工人阶级逐渐意识到单独的力量不足以与资本家阶级相抗衡，必须联合更多的具有同等地位、同等要求的工人同伴共同行动。1818 年，英国工人为了避免因行业和地域分割造成工人力量分散，组建了具有全国性质的"总工会"，以争取工人阶级的广泛联合以及罢工力量的增强。在可能的情况下，工人阶级还注重联合一切可以联合的群众。宪章运动之所以造就了如此深远的影响，其关键还在于成功发动了广大群众参与到争取普选权等权利的斗争中来，其最后的失败也有群众逐渐退出的因素。

在工人阶级意识形成阶段，工人对社会不平等、对劳动者不得食等现象提出了强烈抗议并将其付诸部分实践。但是工人的阶级意识与通过斗争改善现存社会的强烈愿望，以及与工人现实中所采取的实际行动相比仍然存在很大差距，工人的力量并没有被充分挖掘出来，与其对立面资本家阶级相比仍处于劣势、松散状态。可见，工人阶级意识的成熟与发展呼唤科学社会主义理论的诞生和具有较强组织政党的出现。

二　工人阶级意识凸显时期

工人阶级意识凸显期，其时间段主要指马克思主义诞生至第二次世界大战前后。这一时期劳资斗争总体上处于相对胶着状态。此时工人阶级有了科学社会主义理论的指导，其斗争目标越发明确，无论在斗争策略方面、还是斗争阶段方面，都能够将当前利益与长远利益，局部利益与整体利益较为合理地结合起来。在同各种错误思想相抗衡的过程中，树立并坚持科学理论的指导，加之实践斗争经验的不断丰富，工人阶级形成了较为鲜明的阶级意识。工人阶级深刻认识到资本主义社会的本质，资本主义自

① ［美］威廉·福斯特：《三个国际的历史——一八四八年至一九五五年的国际社会主义和共产主义运动》，李潞等译，生活·读书·新知三联书店 1961 年版，第 9 页。

身不可克服的矛盾，并在实践中开展大规模的反对资产阶级、反对资本主义统治的革命活动。可以说工人阶级意识在这一时期得到显著发展。工人阶级在斗争中注重联合的力量，其中既包括国内范围的联合也包括国际范围的联合，并组建了代表工人阶级利益的政党组织，直接对资本主义制度、对生产资料的资本主义私有制提出挑战。在科学社会主义理论的指导下，此时的工人阶级意识逐渐走向成熟。

（一）形成背景

19 世纪 30 年代科技革命为资本主义的发展注入了新的活力，科学成为推动资本主义生产的强大动力源泉。科技革命使分工更为细化，曾经需要工人动脑思考以进行操作的程序日渐划归为新的管理部门，工人的劳动日趋机械和枯燥。这一时期占据资本主义主导地位的是自由放任的资本主义运行方式，资本家与工人的矛盾异常激烈，工人阶级甚至直接进行推翻资本主义制度的革命尝试，二者处于体制外的严重对抗关系。工人运动的蓬勃发展呼唤科学理论的指导，马克思主义理论应运而生，并与工人实践相结合，促进工人阶级意识的提升，迎来了工人阶级意识相对凸显的新时期。1848 年的欧洲革命为这一时期资本主义的发展开辟了道路，资产阶级在革命过程中的始而又止，惧怕与遏制工人阶级力量的发展和壮大逐渐使工人清晰地认识到资产阶级是工人阶级的天敌，是其革命的对象而非可以依靠的力量。

19 世纪中期，欧洲成为各种矛盾的聚焦点，革命利益群体呈现出多样性的特征，以法国为例，既存在封建主义与反封建主义制度的斗争，也存在资产阶级和无产阶级之间的斗争，还存在资产阶级内部不同利益集团的斗争。在 1848 年法国二月革命各种力量抗衡中，工人阶级自身的团结再度获得彰显，特别是在拉斯拜尔以 20 万工人为强大后盾，要求成立共和国时，充分证明工人联合力量的重要性。同一时间发生的巴黎工人六月起义，却因组织松散，在与资产阶级经过充分整合而联合起来的力量相抗衡时遭遇失败的命运，这次事件着实给工人上了一课，工人阶级不仅要注重自身的联合还应联合一切可以联合的力量，虽然六月革命失败了，但工人阶级从中领悟到团结与联合的重要。

1848 年革命失败后，工人运动进入相对低沉时期，但这一时期也是工人阶级革命理论家不断总结经验，工人阶级不断经历磨炼的时期，是为新阶段革命高潮的到来进行理论与实践准备的时期。相应地，这一时期也是资本主义发展相对迅速的时期，期间，科技高速发展，以英国为首的欧美资本主义国家经济达到空前繁荣，资本家阶级积累了巨额财富，但工人阶级的状况却未得到真正改善。然而，工业的发展、科技的进步、生产能力的提高、工人创造剩余价值的增加等，这些都未给工人带来直接的经济利益和政治利益。反而是他们的生产能力越高，真正束缚他们的力量就越强，工人受剥削的程度也就越深。19世纪五六十年代，劳动生产率提高了近6倍，而工人的实际工资仅增加了19%。① 伴随资本家对工人剥削程度的强化，必然导致工人阶级与资本家阶级之间矛盾的尖锐化。加之1857年经济危机的深刻影响，资本家将危机后果无情地转嫁给工人，导致工人生活更加窘迫。在这种情况下工人阶级没有其他选择，唯有反抗一条路可走。1859年，伦敦建筑工人为争取改善劳动条件开始了大规模的罢工行动并最终取得胜利。斗争中，他们还提出政治上的相关要求，并最终获得了政治选举权。虽然仅局限于熟练工人，但却证明工人在维护权利的过程中，经济斗争与政治斗争日益相伴随的事实。法国工人也打破了1848年革命失败以来的沉寂状态，斗争中提出了《六十人宣言》，希望把工人阶级自己的代表推向议会以争取更多的政治权利。不仅如此，各国工人阶级在斗争中还逐步彰显出国际主义精神，进一步证明国际工人联合在工人运动中的必要。例如，英国工人阶级在斗争中较为密切地配合其他国家工人行动，包括采取示威游行、声援抗议等。法国工人冲破各种艰难险阻，派出工人代表参加1862年在伦敦召开的第三届国际工业博览会，创造了与别国工人交流、加深认识的机会。值此期间各种促进工人联合的地区性工人组织纷纷建立，例如在美国成立的共产主义俱乐部，在德国成立的前进工人政治协会及全德工人联合会，等等。

随之而来的第一国际的成立，成为工人阶级进行有组织的国际性联合斗争的第一次尝试。工人阶级在第一国际指导下实现了广泛的团结与联合，1870年即普法战争爆发的前夜，巴黎支部向德国工人发出呼吁："德国弟兄们！我们相互仇视只会使专制制度在莱茵河两岸都获得完全胜利……"② 这体现出工人阶级在政治斗争的最高形式——战争面前的沉着应对，以及对工人阶级国际联合重要性的深刻认知。为了挽救国家消亡的

---

① 参见于文霞主编《国际工人运动史》，辽宁人民出版社1987年版，第65页。
② 同上书，第102页。

危机，法国工人阶级奋勇抵抗，在国民自卫军中央委员会的领导下占领了巴黎，并于1871年举行了拥有巴黎2/3选民参加的公社选举，成立了第一个无产阶级专政国家。这是有组织的工人阶级将马克思主义的科学理论与工人运动完美结合的一次具有跨时代意义的尝试。由于公社力量相对弱小，经验不足，在斗争过程中贻误了最佳的反抗时机，最终梯也尔资产阶级政府与俾斯麦联手对公社成员进行了无情镇压。但通过巴黎公社的实践，工人认识到在对待工人阶级的态度以及残酷镇压的行动方面，本国资产阶级政府与别国资产阶级政府之间没有丝毫差别，资产阶级与工人阶级的矛盾终将是尖锐而不可调和的。在工人反抗资产阶级的过程中除非在非常特殊的情况下是绝不能放弃暴力革命这一斗争方式的。工人阶级的革命意识将在斗争中不断得以增强。

巴黎公社革命失败后，资产阶级政府对工人进行了残酷镇压，工人运动再度步入低潮。但随着工人阶级在革命中的历练，接踵而来的必然是工人更为强烈的权利要求和更为激烈的罢工运动。1859年始，意大利工人经过30年的斗争迫使政府不得不宣布工人罢工的合法性。此外，19世纪80年代以来发生在法国、意大利等国的工人罢工在次数、时间长度以及罢工强度等方面也有明显增加，例如法国罢工数量在1874年至1879年已经高达215起，1882年至1887年更是直线上升，达到758起。[①] 这期间，工人阶级的罢工已经超出行业和地区范围，全国性罢工增多，国际联合行动的意识也越发清晰，急需一个能够引领工人在世界范围内协调行动的组织。19世纪80年代末，随着工人阶级政党在各国的普遍建立以及斗争需要，为更好地促进工人阶级的国际联合，1889年第二国际诞生。第二国际的诞生为各国工人运动搭建了一个相互交流的平台，不断总结斗争经验，取长补短。

19世纪末20世纪初资本主义国家普遍进入帝国主义阶段，此时的社会矛盾更趋复杂和尖锐，其中既包括帝国主义国家间的矛盾、帝国主义与殖民地国家间的矛盾，也包括帝国主义国家内部工人阶级和资产阶级的矛盾。随着矛盾日益凸显，特别是帝国主义之间为争夺势力范围，攫取巨额利润的欲望日益猖獗，帝国主义国家间的战争步步临近。战争必然以强大的经济实力为后盾，资产阶级政府为筹措战争资金，将高额的军费开支转

---

① 参见于文霞主编《国际工人运动史》，辽宁人民出版社1987年版，第143页。

嫁给工人，致使不甘忍受现状的工人阶级再度掀起了新的反对资产阶级的浪潮。在这个过程中，工人阶级也更加清晰地看到了资产阶级政府及帝国主义战争的本质，德国柏林工人阶级甚至在 1915 年的反战示威中提出"主要敌人在国内"的口号。20 世纪初，世界工人运动可谓此起彼伏，英、法、德等国工人阶级的斗争以及指导工人运动理论的丰富与发展，促使俄国工人在国内外矛盾尖锐的情况下，积极汲取别国斗争经验和理论成果，将其与本国实际相结合，迎来了维护自身经济政治权益、推翻资产阶级政府统治的革命风暴。同样地，俄国工人运动又在一定程度上促进了英、法、德等国的工人斗争，斗争规模和强度有增无减，其要求既涉及经济内容，也涉及丰富的政治内容。

20 世纪二三十年代，在战后重建等多种因素的共同影响下，资本主义经济有了较大的发展和进步，无论在生产工具改善方面还是在劳动率方面都有所提高。但是工人阶级的生活状况并没有因此得到改善，一定程度上甚至恶化了，在一些国家和地区，工人的收入与消费能力又回到了战前水平。工人为改变现状，积极参与到工人阶级政党或工会中来，开展有组织的示威游行运动，对一些具有明显右倾倾向，甚至已经堕落为资产阶级帮凶的工会组织给予坚决抵制。这一时期，特别是两次世界大战之间，机器的发展已经取代了过去的手工艺流程，改变了工作的组织形式，创造出了新的、分工更为精细的生产过程。流水线枯燥的生产方式，一方面促使生产效率得到显著提高，但另一方面也使工厂对工人的控制更趋严格，加之技术进步、设备的更新使得产业后备军的数量不断扩大，最终导致劳资冲突尖锐化。在这种情况下工人阶级对现状的不满情绪与日俱增，试图改变这一现状的要求也日益清晰，工人阶级意识相对增强。[①]

在工人运动处于高潮、工人阶级意识相对凸显的时期，马克思主义理论发挥了重要的指导作用。不仅如此，为了避免各种错误思想对工人阶级的消极影响，避免将工人运动引向错误的方向，马克思主义理论家始终坚持同各种错误思想进行坚决的斗争，例如 1848 年同对工人运动产生直接影响的以波尔恩为代表的右倾机会主义思想、以哥特沙特为代表的左倾思

---

① Terrence Mcdonough, Michael Reich and David M. Kotz, eds., *Contemporary Capitalism and Its Crises: Social Structure of Accumulation Theory for the 21st Century*, New York: Cambridge University Press, 2010, p. 130.

想进行了意识形态上的斗争，第一国际时期同普鲁东主义、工联主义、巴枯宁主义的斗争，第二国际时期同再度兴起的无政府主义的斗争，等等。这一系列思想领域的斗争厘清了错误思想的消极影响，为培养工人阶级清晰、正确的阶级意识扫清了部分障碍。普鲁东主义者反对工人罢工，反对将政治斗争与经济要求相结合，而满足于在资本主义改良范围内争取有限的经济利益。工联主义者更有甚之，由于其代表一部分工人贵族的利益，他们反对工人为争取经济利益而举行的各种罢工，谬称工资的提高对工人无利反而有害。巴枯宁主义者则试图钳制工人阶级进行政治斗争的步伐，倡导无政府主义论，反对工人与资产阶级斗争中组织各种力量的联合。倘若这些错误思想成为工人的行动指南，那么必然会带来工人阶级行动上的失败、组织方式的瓦解，以及阶级意识的淡化。

当然，我们对这一时期工人阶级意识作出总体上处于凸显态势的判断时，并不否认工人阶级意识在局部的衰退。毕竟，工人阶级意识的发展并非直线性的上升，而且也非在各个国家各个地区都有上升或凸显的表现。因此在针对某一国家或地区进行相对细致的探讨时有必要作为更为具体的分析。例如在第一国际结束至第二国际最初一段时间里，曾经发生具有世界影响力的宪章运动的英国却成为缺少真正工人运动的国家。就此，罗斯坦曾说：19世纪80年代和90年代"是英国工人阶级觉悟最低落的时期；政治行动——甚至简单而没有害处的工人提出候选人的行动——也肯定地被放弃了；工人们不是投自由党的票，就是投保守党的票。一提起'革命'这两个字，如果没有引起直接的谩骂，也会引起轻蔑的耸一耸肩膀"①。引起这一时期工人阶级在英国走向衰退的原因很复杂，但其中英国资产阶级利用在世界范围内的剥削以实现对本国工人在一定限度内的让步，并有目的地培育工人贵族以破坏工人阶级的团结是其中一项十分重要的内容。尽管如此，某一地区或某一国家工人阶级斗争以及阶级意识的衰落并不能代表工人阶级在这一时期的整个发展状况。世界范围的工人阶级意识在经过第一国际的有效斗争后迎来了蓬勃的发展时机。1876年存在了十三年之久的第一国际终于迫于客观革命形势的变化而解散，但是第一国际的解散并不等于国际精神的消失，恰恰相反，之后所建立起来的无数

---

① ［美］威廉·福斯特：《三个国际的历史——一八四八年至一九五五年的国际社会主义和共产主义运动》，李潞等译，生活·读书·新知三联书店1961年版，第163页。

工人阶级政党，以及在其领导下所组织的工人阶级斗争，以其实践行动证明了科学社会主义理论对工人阶级的影响，为工人阶级意识的复苏提供了理论与现实的准备。因此对工人阶级意识的总体状况在这一漫长时间的变化中给予"凸显"的概述并没有违背客观现实。

（二）主要表现

1．意识到成立无产阶级政党的重要性

世界上第一个无产阶级政党——共产主义者同盟于 1847 年成立，标志着工人阶级的运动开始走向具有明确科学理论指导、明确组织、明确斗争目标的道路。同样地，1869 年德国社会民主工党的成立、1876 年美国社会主义工人党的成立、1879 年法国工人党的成立、1892 年意大利劳动党的成立则昭示工人阶级政党在一国范围内的蓬勃发展。特别是俄国工人阶级在布尔什维克党的领导下，取得了十月革命的最后胜利，建立了世界上第一个无产阶级专政的国家后，促使别国工人意识到只有成立代表工人阶级利益的政党，在政党的组织和领导下才能有效地实现工人阶级在国内外的普遍联合，汇集斗争力量、捍卫斗争成果。此后，各国掀起了建立共产党组织的高潮，为工人阶级在未来开展有组织的斗争奠定了基础。

工人阶级意识到成立无产阶级政党的重要性既是对历次革命失败教训的总结，也是对成功经验的积累。往往在工人阶级政党组织下，工人阶级的力量会在更广阔的范围内实现集中，同时也可以提高工人阶级斗争的成功率、增强斗争的彻底性和革命性。至于从哪些方面可以体现出工人意识到了成立政党的重要性，笔者认为首先可以从工人对政党的参与度来说明。当工人认可政党代表其自身利益，并相信在工人阶级政党领导下会更加有效的捍卫其自身利益，那么他们就趋向于加入党组织，成为其中的一员，或者在政党参与选举的过程中积极将选票投给认可自身利益的政党。在法国，伴随工人阶级的支持，1893 年成功地将 12 名成员送入议会就是一个较好的说明。其次工人阶级对政党的重要性的认知还体现在对党的号召的支持程度上。1882 年，德国社会主义工人党试图促使政府通过一项有利于维护工人阶级利益的法案，为集中各方面的力量，德国社会主义工人党积极发动群众，结果有 30 万工人积极响应社会主义工人党的号召，在维护工人利益的法令草案上签名。

工人阶级政党往往是在工人运动蓬勃发展的时候，顺应历史发展需要而建立起来的，因而可以说是工人运动催生了工人阶级政党的成立。当工人阶级政党成立以后，又将更好地组织工人运动的开展。工人阶级政党在运动中向工人诠释明确的斗争纲领、斗争策略、根本任务等内容，以促进工人阶级意识的增强。可见，一方面是工人阶级在理论及实践中逐渐认识到工人阶级政党的重要性，另一方面代表工人阶级利益的政党的成立可以有效地巩固工人阶级的阶级意识，使其最终走向成熟。

2. 经济与政治要求的提出

这一时期工人阶级能够较为主动地将经济斗争与政治斗争相结合，并且意识到没有政治上的权利很难获得经济生活的真正改善。很多国家的资产阶级惧怕工人阶级的联合力量而宣告工人结社、罢工的非法性，以期抑制工人斗争的脚步，例如意大利政府 1894 年出台了强行瓦解工会的法令。为回应政府的反动行为，工人阶级一方面促进维护经济权利的工会组织继续发展，另一方面逐步建立起争取政治权利的政党组织，并提出鲜明的政治要求。这里我们再以英国工人为例，19 世纪七八十年代，往昔称霸世界经济的英国逐渐走向衰落，其在世界经济中的份额也受到后起国家的挑战，经济危机频发、工人罢工数量猛增，客观上将英国工人运动推向一个新的高潮。伴随着工人运动的高涨以及工人阶级对以往斗争经验的总结，1881 年，具有明确政治要求的英国民主同盟应运而生，直指政府机构、普选权等关涉资本主义统治的政治内容。事实上，即使在 19 世纪 70 年代受工联主义影响较为严重的时候，英国工人运动也表现出了政治方面的相关要求。例如，在面对法兰西共和国的成立以及巴黎公社革命这两个重大事件时，英国工人就清晰地表明了自己的政治态度。不仅如此，英国工人还通过示威游行等活动向本国政府施加压力，要求承认法兰西共和国的合理性，通过集会等形式号召本国工人向法国战友"伸出友谊和兄弟团结之手"①。即使当英国政府为拉拢工联组织宣布工联的合法地位、工联日渐向政府靠拢的时候，工人阶级仍然试图坚守对法国巴黎公社革命的肯定与高度评价，并为自身未能有条件参与这样伟大的革命而深感遗憾。在巴黎公社革命发生后多年的时间里，每逢革命纪念日，英国工人都会举行声势浩大的纪念活动。这无疑体现了英国工人的政治要求和政策主张。

可以说，工人运动每一次飞跃式的发展都离不开工人阶级对政治要求

①　关勋夏：《十九世纪七十年代英国工人运动述论》，《暨南学报》（哲学社会科学版）第 16 卷第 4 期，1994 年 10 月，第 64 页。

的提出。回顾第一国际成立的直接影响因素，也恰恰源自工人对政治领域内容的参与。1863 年，波兰人民为摆脱沙俄、普鲁士和奥地利的压迫，争取民族独立，举行了规模庞大的武装斗争。英法两国工人于 1863 年 7 月和 1864 年 9 月两次召开紧急会议，声援支持波兰工人的正义斗争。正是在这次会议上成立了第一个国际性的工人组织。第一国际的成立将工人运动推向了新的高潮，这期间发生了工人阶级直接对国家政权提出要求的巴黎公社革命。巴黎公社时期开创了代表社会未来发展与工人阶级利益的民主制，实现了真正的普选权与人民武装。虽然巴黎公社 72 天短暂的生命令时代颇感遗憾，但是工人阶级意识在此所经历的跨时代般的飞跃却将永载史册。巴黎公社革命开启了无产阶级专政的新篇章，可以说是工人阶级意识在政治方面最为集中的表现，是工人阶级将争取权利的斗争实践与科学理论相结合的一次尝试。虽然巴黎公社以失败告终，但是工人阶级在斗争中敢于拿起武器捍卫自己的权利，第一次实现普遍选举，成为自己的主人，这是工人阶级意识提升的最有力的证明。

3．注重国际及国内的联合团结

工人阶级在同资产阶级斗争过程中，逐步认识到国际联合的必要性和可能性。在工人采取罢工或者其他直接影响资本家阶级经济利益乃至政治统治地位的行动时，资本家会从国外调集廉价劳动力以弥补国内劳动力需求不足，瓦解工人罢工斗争。或者在危及其统治时积极从其他国家调集军队以镇压本国工人的抗议行为。这些事实让工人阶级意识到各国资本家阶级的共同本性，在镇压工人阶级这方面他们彼此之间不存在任何差异，而且在行动中会相互配合，紧密联系。因此工人阶级为了战胜联合起来的敌人必须实现最大可能的联合、实现最广范围的团结，因而国际联合势在必行。1867 年，为支持伦敦火车司机能够取得罢工胜利，法国工人拒绝英国资本家以利益为由对其进行收买，积极支持伦敦工人罢工，导致英国资本家无力调动更多的劳动力资源而对工人罢工作出让步。正是在法国工人的积极配合下，伦敦工人取得了斗争的胜利。

与此同时工人阶级的国内联合意识也在不断增强，大规模的、全国性罢工在这一时期较为普遍，工人隶属的各行业工会也尝试着建立统一的工会组织，1876 年德国各工会团体为破除行业壁垒所作的努力、1878 年美国劳动骑士团的成立、1906 年意大利总工会的成立，都体现了工人阶级争取在国家范围内实现广泛联合的愿望。在工人运动历史上，19 世纪七八十年代为各国工人全国性罢工翻开了崭新的一页。1877 年，美国铁路工人因工资缩减而举行的行业罢工迅速扩展为全国总罢工，不同行业的工人联系日趋紧密，也日渐将工人阶级视为一种整体力量，再度证明工人阶级国内联合的强烈意识。20 世纪二三十年代即便是在资本主义发展相对平和时期，工人阶级的罢工行动也从未停止，而且规模有增无减。以 1925 年英国煤矿工人发起的为抗议矿主削减工资而举行的罢工为例，煤矿工人不仅得到行业以外本国其他工人的支持，还得到了世界许多国家在资金及精神方面的巨大援助。可见这一时期工人阶级的联合已相当普遍，工人阶级在行动中唤起联合的意识与驾驭联合力量的能力都在不断提升。

三　工人阶级意识弱化时期

工人阶级意识弱化时期，其时间段大体是指第二次世界大战后至 20 世纪 70 年代中期。总的来说，第二次世界大战结束至 20 世纪 70 年代中期，劳资关系处于一种体制内的协调与合作，用克劳奇（Crouch）的话讲，20 世纪中叶是社会妥协的时期。[①] 伴随着福特主义规模化机器大生产的盛行，劳动生产率普遍提高、社会福利显著改善、消费水平也不断上升，工人阶级的生活质量有了较大幅度的提高，"对大多数居民来说，生活的需要不能满足的痛苦已经成为过去；明显的贫困被'限制'在少数人身上。技术的进步和'高档'商品的大量涌入除了产生和再生产异化了的劳动世界外，还产生和再生产了一个不费力的，快乐的，满足和舒适的世界图像，这一世界看来已不再是权贵们独享的特权，而是大多数人都能达到的"[②]。此外，加之劳方、资方、国家三方谈判机制的施行，工人阶级普遍认为通过温和的而非激烈的斗争方式可以解决现存的矛盾关系，进而认可资本主义生产方式以及与资方斗争的形式，满足于体制内的改良。因此，可以说工人阶级意识在社会福利的诱惑下、在三方谈判的改良策略中显著淡化。

（一）工人阶级意识弱化的背景及其原因

第二次世界大战刚刚结束后，受战争严重破坏，欧洲许多国家开始步

---

①　［英］罗丝玛丽·克朗普顿：《阶级与分层》，陈光金译，复旦大学出版社 2011 年版，第 24 页。

②　［美］H. 马尔库塞等：《工业社会和新左派》，任立编译，商务印书馆 1982 年版，第 94 页。

入战后创伤恢复期。即使两次世界大战中受益最多的美国也丝毫没有放松对本国工人的剥削，反而进行着疯狂的积累，以期实现称霸世界的野心。社会主义国家苏联在第二次世界大战期间的出色表现使社会主义作为资本主义的替代制度对欧美等国的工人阶级更具吸引力，加之资本主义国家为弥补战争造成的巨大损失必然加深对工人阶级的剥削，遏制工人的抵抗行为。例如，1947 年获得美国国会通过的《塔夫脱—哈特莱法案》，尽管时任美国总统杜鲁门曾提出反对意见，但是仍然在共和党会议上获得顺利通过，同时还得到了部分民主党派成员的支持。这项反对劳工的法案几乎剥夺了工人罢工的权利，并削弱了工会提出抗议的权利，与之相对，增加了那些不希望加入工会的雇员的权利，并允许总统在断定罢工危及国民健康或国家安全的情况下可以命令罢工者在 80 天的"冷却"期内返回工作岗位。这一系列的主张引起了资本主义国家工人对现状的强烈不满，矿工联合会（United Mine Workers）主席约翰·L. 刘易斯（John L. Lewis）称该法案是"奴工法"。尽管该法案曾被时任总统哈里·S. 杜鲁门所否决，但是仍被国会以 2/3 的多数票强行通过。此外，该法案还要求工会领导者必须承诺自身不是共产党员同时也不是其他具有颠覆性活动组织的成员，以制造工会领导者与政党之间的分化，从而削弱工会领导者的激进性和斗争性。① 面对一系列极具进攻性的挑战，各国工人阶级普遍展开大规模罢工抗议行动。工人在抗议、示威游行中也始终保持着对彼此联合的关注度。1945 年世界工联的成立可谓是世界范围内工人大联合的具有里程碑意义的事件，工人阶级实现世界范围内联合的意识以实践的方式得到了证明。但是，随着时间的推移，当资本主义发展迎来所谓的"黄金时期"后，劳资关系发生了较大的变化，工人阶级意识的弱化也趋于明显。这些变化较为集中地体现在以下几个方面。

1. 工人就业方式与生活方式的变迁

随着科技的进步，国际环境的缓和态势，资本主义于 20 世纪 50 年代前后正式步入战后经济发展的"黄金时期"，高工资、高福利带来了工人运动发展的相对迟缓，以及工人阶级对现状的相对认可。在科技引领下，特别是在信息化引领下，工人阶级的就业情况发生了很大变化，从以往主

---

① Fred Magdoff and John Bellamy Foster, "The Plight of the U. S. Working Class", *Monthly Review*, http: //monthlyreview. org/2014/01/01/the – plight – of – the – u – s – working – class.

要集中于农业领域向工业领域迈进，并逐步向服务领域转移，1956 年美国白领工人在人数上第一次超过蓝领工人，服务业工人的数量远远多于制造业等领域的工人人数。福特主义于第二次世界大战后在世界范围内开始盛行，资本主义积累方式实现了由粗放型向密集型的转变。泰勒制的普遍推广使分工更趋精细化、标准化，劳动分化程度也更趋深刻，工人的传统技艺在这一过程中受到强大冲击。为克服二元化产业结构的弊端，日常消费商品生产逐渐移入泰勒制生产方式。短时间内，劳动生产率迅速提高，大量群众性消费品被生产出来，为工人生活质量的提高奠定了基础，资本的良性循环需要工人一定的购买力，故而此时工人工资也出现上升趋势。工人的消费模式也随之发生了根本的改变，家用电器，如电视、冰箱、洗衣机甚至小汽车等都成为工人消费的主要对象，工人生活质量实现了较大幅度的提高。但泰勒—福特制的剥削方式也制造了大批 "群众性工人" （Massenarbeiter），他们统一从事规模化生产，无论生产条件还是生活条件都日趋一致，这样必然有助于形成工人之间的相互认同，在阶级归属感方面刺激工人阶级认同他们共同处于和资本家阶级相对立的另一阶级，为未来形成广泛、统一的工人斗争创造了条件、埋下了伏笔。当然，无论如何，这一时期对工人阶级意识的削弱是占据主导地位的。

2. 工人阶级内部结构的变化

在这一时期工人阶级内部结构也发生了很大变化，"中等阶级""中产阶级""白领工人"的出现正是对这种变化的反映。传统意义上的工人阶级多是以体力劳动为主，他们所从事的工作也具有相对广泛的共同性，而办公室职员仅占很小的比例。依据大卫·洛克伍德在分析办公室职员阶级意识著作中所提供的数据，1851 年办公室职员占劳工总数的比例是 0.8%，7000—8000 人，但随着时间的推移，办公室雇员的人数也出现急剧增加，1901 年占比为 4.0%，1951 年则达到 10.5%，约 200 万人。不仅如此，办公室职员在性别结构方面也发生了巨大变化，最初的职员更多地以男性雇员为主，但渐渐的女性雇员比例跃居主导地位。1851 年，女性雇员占全部办公室职员比例仅有 0.1%，1901 年为 13.4%，但是到1951 年这一比例更是迅速攀升至 59.6%。① 这一时期的 "白领工人" 更

---

① David Lockwood, *The Blackcoated Worker: A Study in Class Consciousness*, London: Unwin University Books, 1966, p. 36.

倾向于将自己划入中产阶级的圈子内，之后他们会尽量用这个圈子的语言来讲述似乎只属于他们自己的故事，人为地将自己与工人阶级分裂开来。

办公室职员相对分散化的工作环境使他们认为雇主与雇员的关系是一种相对独立的、个体性的关系，因而他们并不看好工会在这一过程中所起的作用，不大认同工会的积极意义。他们认为工会组织更多地被工人阶级视为改善工资待遇的方式，而在这一方面他们已经享有了较工人阶级而言更高的工资水平。通过追溯"中产阶级""白领雇员"的历史或许能够更好地理解为什么他们相对远离工人阶级以及工会组织。最初的职员多是雇主的儿子或其他亲属，因而他们不大可能和工人阶级一同去限制雇主的权利，此外，相对明朗的晋升空间和机遇也使那些具有晋升为管理层的职员不愿将时间过多地耗费在维护或争取下属员工的利益上。"中产阶级"本身也更倾向于营造一种更加和谐、友好的社会氛围以确保他们的经济安全。

除此之外，办公室职员的工作环境还具有小型化、个体性特征。以地方政府雇员为例，他们被具体分配在 2000 多个不同地区及不同岗位的行政部门中，彼此间缺乏统一性特征，而地方性色彩却十分浓厚。如果以政府雇员的联合意识作为考评标准就会作出这样的排序，由强及弱分别是政府雇员——地方政府雇员——工业及商业雇员。工业及商业雇员之所以联合意识相对较弱是因为他们更倾向于认同特定雇主与自身的关系，认为处理好这一关系是决定其工资等方面的重要内容，相应地对横向工人阶级群体的认知及重视程度则比较欠缺。

从不同部门雇员的组织化程度也能反映出其联合意识的强弱，例如约有 80% 的政府雇员或地方政府雇员被组织起来，而全国银行雇员联合会（the National Union of Bank Employees）仅吸引了 35% 的银行职员参与其中，文书和行政工会（the Clerical and Administrative Workers' Union）更是仅有不到 5% 的工业和商业雇员参与其中。[①] 此外，办公室职员在收入方面也呈现层级化、多样性特征，呈现典型的金字塔结构。以 20 世纪中期的英国为例，一般职员的年收入在 200 英镑以内，而真正处于较高管理

---

① David Lockwood, *The Blackcoated Worker: A Study in Class Consciousness*, London: Unwin University Books, 1966, p. 138.

层的职员其收入可以达到四位数。① 这样，在最低收入与最高收入之间就形成了诸多层级，导致分化的凸显。可见，"中产阶级""白领工人"的分化表现出非常鲜明的特征，一方面是人为地将自身与工人阶级分割开来，塑造似乎只属于自身的价值观念和理性认知，另一方面在其内部由于诸多因素的作用导致其形成碎片化的特征。

3. 劳动力市场的转型和变迁对工人阶级意识形成冲击

劳动力市场的转型与变迁对工人阶级意识的影响是直接和巨大的。托马斯·邓克（Thomas Dunk）从劳动力市场转型过程中的被动适应和被动经验来分析 20 世纪 70 年代末 80 年代初工人阶级在社会结构变化过程中阶级意识不断衰减的原因。其内容主要集中在两个方面。第一，工人阶级通过不断调试自身以适应劳动力市场变化的客观现实，这种调试和适应本身就是阶级意识淡化的一种表现。在适应的过程中，工人的个体性得到更加鲜明的凸显，相应地工人阶级的整体性则趋于淡化。这种对整体性的削弱无疑成为强化工人阶级意识的障碍因素，这是因为工人阶级的阶级意识本身就是建立在工人阶级这一整体的基础之上的。正如马克思和恩格斯曾说，"问题不在于某个无产者或者甚至整个无产阶级暂时提出什么样的目标，问题在于无产阶级究竟是什么，无产阶级由于其身为无产阶级而不得不在历史上有什么作为。"② 可见，我们强调无产阶级或者工人阶级，强调无产阶级的历史使命，是建立在一种整体性的基础之上的。工人阶级为实现自身的历史使命所需培养的阶级意识也必然是在作为整体的工人阶级的基础上形成并发展起来的。第二，在这一过程中，通过一系列针对工人的培训、咨询等服务的推广，试图在工人心中种下这样的种子，即"你只有通过个人的努力、技艺的培训，以创造自己的生活，其他人是不会帮到你的"③。转型过程中成功与失败的案例促使工人阶级内部的分化更趋明显。

托马斯·邓克特别以加拿大新闻用纸生产厂为例进行了分析，从第二次世界大战后到 20 世纪 80 年代，以该行业为代表的造纸行业工人，无论在工资待遇方面还是所享受的社会福利方面都是相对优越的。虽然工人们

---

① David Lockwood, *The Blackcoated Worker: A Study in Class Consciousness*, London: Unwin University Books, 1966, p. 23.

② 《马克思恩格斯文集》第 1 卷，人民出版社 2009 年版，第 262 页。

③ Thomas Dunk, "Remaking the Working Class: Experience, Class Consciousness, and the Industrial Adjustment Process", *American Ethnologist*, Vol. 29, No. 4（Nov., 2002）, p. 888.

受教育程度不高，但这并不影响他们获得相对稳定的工作，得到工会组织的有效保护。① 20 世纪 70 年代末 80 年代初，随着新自由主义逐渐以席卷全球之势登场，在西方发达资本主义国家，生产过程、生产结构都发生了深刻的变化，相应地工人阶级也受到剧烈的影响和冲击。工人阶级在被动调试过程中，逐渐将视角由工厂中彰显的雇佣关系转向对家庭、邻里等生活领域的关注。换句话说，"工人逐渐增加了对种族、国家、地区、性别等问题的关注，而淡化了对'阶级'问题的重视"②。在文化方面则表现为越发难以分辨工人阶级文化与流行文化、大众文化之间的差异性。

工人在处理雇佣关系中遇到难题时，其解决方式的思路和理念也随之发生了变化。例如在福特主义时期，面对工资下降、失业率攀升等问题时，工人会试图寻求社会改革，如通过立法等形式维护工人阶级的权利。但是在后福特主义时期情况则发生了很大变化，当同样的问题摆在工人面前时，他们会试图通过参加各种培训，学习各种技能，接受各种教育以提升自己适应新生产过程的能力。政府通过各种政策、雇主通过各种方式扭转工人对问题解决路径的选择，从对整体性、对工人阶级的关注，转向对个体、对某个人的关注。最终"将失业、非充分就业归因于个人能力的缺失和不足，远离对国家制度、国家操作层面存在问题的疑虑与探究"③。为了使工人在最短的时间内接受和适应这种转型，一系列培训及咨询机构应运而生。其中 Mainstream Access Corporation 就是较有影响的一家。在 Mainstream Access Corporation 工作的一名负责咨询的员工曾说："雇主日益从'对工人负责'的这种状态中走出来，而驱使工人自己对自身的工作状况、工资收入等问题负责"④。因而在对工人提供的咨询和培训中，更多地强调让他们从自身出发来进行审视，学习相关的技能，掌握相应的面试技巧。"这种咨询建议服务中最阴险的还不是促使工人忘却已经发生了什么，更重要的是为新一轮的分化工人提供服务。通过夸大工人的个性特征，凸显个体性，从而将其归属于不同的群体，试图淡化工人的整体

① Thomas Dunk, "Remaking the Working Class: Experience, Class Consciousness, and the Industrial Adjustment Process", *American Ethnologist*, Vol. 29, No. 4 (Nov., 2002), p. 879.

② Ibid., p. 882.

③ Ibid., p. 883.

④ Ibid., p. 886.

性。"① 在转型的过程中，工人阶级原本所拥有的某种刚性的、原则性的需求被打破了，工人阶级作为一个整体变得松散和分化。这种刚性的、原则性的需求主要是指"各种维护工人阶级利益的措施，例如捍卫工会的权利，为失业工人提供保障金以及其它方面关于劳动力安全的举措等"②。

总之，劳动力市场的变化，工人阶级内部的分化，个人利益的凸显，新自由主义的侵入，这四者之间相互交融在一起，最终的结果必然是工人阶级意识的淡化。或许对工人阶级定义的认可与产生怀疑的过程也可以充分反映出工人阶级分化的存在以及阶级意识淡化的状况。事实上在 19 世纪后期恩格斯从无产阶级与生产工具相分离的角度为工人阶级作出定义性的概括时，并不存在过多的争议，可以说得到了普遍的认可。将时针转到 1848 年马克思、恩格斯撰写《共产党宣言》的时刻，工人阶级具有显著的集体性标志，可以很容易地分辨出谁是工人阶级，谁是资产阶级，"如果一个工人没有在很远就可以闻到的汗臭味，他就不是真正的工人"③。那些关于阶级、阶级意识与阶级归属本身发生的矛盾现象以及就此形成的种种争论或讨论是从 20 世纪中期开始，而这一时期恰恰是工人生活状况、工作环境以及标准特征逐渐发生变化、趋于多样化以及走向缺失的过程。

与此同时西方国家工人阶级在资本主义发展的"黄金时期"也积蓄了少量的财富，罗杰斯（Rogers）集中分析了工人阶级所获得的有限财产对其阶级意识形成的影响。他认为，"工人阶级拥有一定的财产，虽然并不多，但是他们确实可以扎扎实实的将有限的财产攥在自己手中；他们普遍也拥有属于自己的工作，虽然这项工作他并不一定满意，也并不一定就适合他，但无论如何那仍然是一份可以令他维持正常开支的工作"。因而，当工人决定是否选择对现存制度采取一定敌视的、抵制的态度时，他在内心深处会进行一种衡量和对比，衡量失败的风险，对比变革前后的预期状况。由于变革的过程必然存在很多不确定的因素，很多时候并不能清晰地彰显出未来即将发生的变化，究竟是利大于弊还是弊大于利，因此工人阶级的激进态度就会在这样的思索中被拉缓，又变得平和。"只有当工

---

① Thomas Dunk, "Remaking the Working Class: Experience, Class Consciousness, and the Industrial Adjustment Process", *American Ethnologist*, Vol. 29, No. 4 (Nov., 2002), p. 888.

② Ibid.

③ 转引自［美］亚当·普热沃尔斯基《资本主义与社会民主》，丁韶彬译，吴勇校，中国人民大学出版社 2012 年版，第 56 页。

人们看到那些的确有助于增加其利益的行动时，他们才会参与到其中。在这种美好的图景尚未清晰地呈现在他们面前之时，他们会趋向于保守。"①

针对我们通常所认知的"哪里有压迫，哪里就有反抗，压迫越深，反抗越烈"的推论，孟德斯鸠给出了不同的理解，反驳这种观点。他说："从上面所说，就好像人类的天性将会不断起来反对专制政体似的。但是虽然人类喜爱自由，憎恶残暴，大多数的人们却还是屈从于专制政体之下，这是容易了解的。"② 从历史发展的长河来看，压迫必然会引起反抗，但是反抗的意识与行动也并非单纯地随着时间的推移而自然生长出来的，它的出现是主客观因素共同作用的结果，同时还是人的因素、物的因素的综合，因而是一个相对复杂的过程。

尽管这一期间工人阶级意识整体上处于淡化时期，处在阶级意识贮水池较浅的水位，但这并不排除工人抗议资本主义生产方式甚至资本主义制度的可能性。20世纪50年代末60年代初资本主义固有矛盾引发的经济危机在欧洲很多国家以不同形式、不同程度表现出来，工人失业率上升、工资下降，特别是青年失业人数更为突出，法国爆发的震惊世界的"五月风暴"是对资本主义各种弊端不满的有力回应。

工会组织在此期间发挥了维护工人利益的较大作用，相对频繁的罢工以及与雇主阶级谈判、协商，多是在工会组织下进行的。工会组织对工人权利的维护多是集中在经济方面，通常加入工会的工人在工资、福利待遇方面要远高于那些未加入工会的工人。如1969—1971年，加入工会的白人技工平均每小时工资为4.28美元，而同工种的未加入工会的工人仅有2.96美元。③ 欧美各国工会在发展中不断加强彼此间的联系，1949年国际自由工联的成立标志着各国工会的国际交流走上一个新的平台。但其要求基本上局限于资本主义制度范围内，提倡在资本主义制度不变的情况下实现劳资和解，以提高工人工资、待遇，解决工人高失业率等问题。工会的斗争也确实取得了相对明显的成果，应该说在资本主义战后近30年的繁荣发展期中，西方国家的工人阶级在医疗、卫生、教育事业以及交通和

① A. K. Rogers, " Class Consciousness", *International Journal of Ethics*, Vol. 27, No. 3 (Apr., 1917), p. 336.
② 转引自朱正琳《改革的风险与化解》，《读书》2013年第11期，第32页。
③ 参见于文霞主编《国际工人运动史》，辽宁人民出版社1987年版，第443页。

各项生活保障方面都有了较为明显的改善。这种改善主要是通过一系列的政治手段对产品进行再分配，换句话说，就是资产阶级以剩余产品的一部分来收买工人对现存体制的认可。所采取的这一系列措施"平衡了资本主义制度，使其能够容忍法律和工会力量附加给它的规范：关于工作日长度的限制、带薪休假、健康和安全标准、最低工资等"①。工会对工人阶级利益的维护，以及在与资方谈判中的积极作用对工人阶级意识的影响是双重的。一方面使工人团结在工会组织之下，较高的工会入会率是最好的证明，但另一方面也使工人认可了这种维权方式和维权力度，认可在不改变资本主义制度性质范围内的有限调整。从而淡化了工人阶级革命的意识，削弱了工人阶级改变资本主义制度、消灭剥削的意识。

此外，工人阶级意识的弱化与工人阶级力量不断受到挤压直接相关。这一时期，资本对劳工的进攻也彰显出全面而深刻的态势，1971 年 8 月23 日，刘易斯·F. 鲍威尔（Lewis F. Powell）向美国商会主任小尤金·西德诺（Eugene Sydnor, Jr）提出了一项对工人进行全面而有组织的进攻，同时要求政府取消对工人采取的保护性措施的备忘录，即《鲍威尔宣言》；1978 年威廉·E. 西蒙出版其著作《真相时刻》 （*A Time for Truth*）继续煽动企业对劳工的联合进攻，可谓是对劳工、环保主义者以及其他左翼力量的一场十字军东征。② 该书得到了米尔顿·弗里德曼和弗里德里希·奥古斯特·冯·哈耶克的大力支持，并为其撰写了序言。对工人阶级进行主动攻击的策略主张得到了政府的普遍支持，一个最好的说明便是当刘易斯·F. 鲍威尔提交其备忘录两个月以后，他就被尼克松总统提名并由国会批准任职于最高法院。之后的卡特政府甚至历届政府都始终保持向右转的大方向，对劳工的进攻日趋升级，或许方式与方法有不同，但其实质性内容都是对劳工力量的分化、削弱和打压。

（二）工人阶级意识弱化的主要表现

1. 满足于经济领域的有限改善

工人阶级意识在这一时期特别突出地满足于经济领域的有限改善。之所以会出现这种状况与工人阶级对现状认知的欠缺、对资本主义生产方式

---

① ［英］唐纳德·萨松：《欧洲社会主义百年史》，姜辉、于海青、庞晓明译，社会科学文献出版社 2008 年版，第 508 页。

② Fred Magdoff and John Bellamy Foster, " The Plight of the U. S. Working Class", *Monthly Review*, http：//monthlyreview. org/2014/01/01/the－plight－of－the－u－s－working－class.

的变更及其新现象没有形成正确且相对深刻的认识直接相关，相应地对现象层面的改善却表现出极大的认可。例如，在 20 世纪前二三十年的时间里，可以较为容易地在工厂里找到对资本主义生产持坚决否定态度，并且不接受和解的工人阶级成员和组织。他们坚信，通过自身联合的力量可以有效地管理好工厂，既然工人可以有序治理工厂，那么他们也有能力、有权利去治理社会。这样，工人就自然地把控制权力的要求从工厂内转向了工厂之外，从经济生产领域转向政治权力领域。但是在第二次世界大战结束之后开启的一段资本主义黄金发展期，工人对权力要求的理想路径似乎渐行渐远了，在一定程度上甚至不可能达到这样的状态，或者说不可能按照曾经预设的路径维护其自身的权益。这是因为随着资本主义生产方式的调整，随着分工的越发细化，工人很难将自己从事工作的工厂视为一个独立的经济体或者经济单位。客观上他们所在的工厂只是构成了规模更为庞大的生产单位的一个环节，而其他步骤与环节却被安排在另一些遥远的地方，因而工人彼此之间对自身的劳动创造缺乏整体性的认知。最终的调配、统筹规划权则集中在资本家阶级手中，工人很少有机会，甚至根本没有机会接触到相关的内容。

在这种新的生产方式组织下，大多数工人所在的生产部门仅仅局限为生产单位，相应的决定权已经抽离出去并向上层流走。"生产全过程因为分化的进一步加深而变得越发的不透明，工人很难从中认清生产的全过程、经济运行的总状况及总趋势，一些时候工人连自己生产的是什么都不清楚"①。

福特主义生产方式使分工趋于细化，工人从事的工作更加枯燥、乏味、机械且缺乏创造性。高度精确的技术设备将他们牢牢捆绑在机器设备上，他们成为机器的附属品，马尔库塞形容其为"流水线上的一个原子"②。因而工人常常以迟到、旷工等形式对这种生产组织方式进行回应。但至于应采取怎样的方式改变现状，工人提不出具有建设性的建议，更不可能奢谈改变自身被剥削地位的要求。1972 年，一名熟悉情况的官员这样概括俄亥俄州洛兹城通用汽车公司员工在罢工中的态度："他们是说你

---

①　Andre Gorz, *Farewell to the Working Class: An Essay on Post – Industrial Socialism*, London: Pluto Press, 1982, p. 48.

②　[德] 尤尔根·哈贝马斯：《作为"意识形态"的技术与科学》，李黎、郭官义译，学林出版社 1999 年版，中译本序第 3 页。

总得做些事。我不知道该做些什么事，但你总得做些事。"① 但总的来看，依据劳资双方的协议，这一时期工人的工资和福利待遇随着生产率的增长确实得到了提高，工人相对满足于当前的生活状况。毕竟，由于资产阶级在生产过程中把握了对装配速度的主动权，可以"使操作速度提高两、三倍，从而使工人的劳动强度达到非常高的程度"②。这样，一方面资产阶级在劳动生产率提高的条件下获得了更多的剩余价值，利润空间不断扩大，另一方面也愿意将其一部分利润用于收买工人，以期工人对资本主义生产方式的认可。而对于那些已经加入工会的工人，他们一方面威慑于资本主义生产的复杂性和庞大运转体系，另一方面唯恐失去生产率提高所带来消费水平的改善，曾经的革命动力在不断销蚀，"他们越来越丧失从资本家手中夺取对生产的控制权的意志和抱负……把注意力转到对劳动产品中应占的份额的讨价还价上去了"③。事实上，资本家阶级为了使工人服从资本主义生产方式的需要，力图将工人阶级反抗被剥削的行动控制在不损害资本利益的范围内，资本家阶级在工人工资方面给予一定改善，这与高压政策镇压工人的反抗相比，堪称资本主义最为廉价的获取剩余价值的方式。

2. 政治斗争日益转向体制内谈判

工人阶级在这一时期的斗争中，比较认可体制内的谈判。经济领域方面，在劳方、资方以及国家三方体制协调下，工人的福利待遇得到了制度上的保障，在劳资发生矛盾时，资方愿意作出一定让步，以期从最廉价的投入换取工人阶级对资本主义生产方式的认可，对生产过程的服从。而涉及政治权利的内容相对较少，所取得的成绩更是微乎其微。

工人斗争的范围基本上囿于本国政府所采取的政策主张。例如，1961年美国曾发生了多起工人为争取提高工资而举行的规模化罢工，因为这一时期伴随通货膨胀的出现，工人的实际工资收入日趋减少，相应地购买力在不断下降。1月的海员大罢工以及七万余航空公司从业人员的大罢工都对劳资谈判产生了较大的冲击，10月至11月，工人罢工更加激烈，参与的人数也在不断上升，仅通用与福特汽车公司就有三十余万工人参与其

---

① ［美］哈里·布雷弗曼：《劳动与垄断资本：二十世纪中劳动的退化》，方生、朱基俊、吴忆萱等译，商务印书馆 1978 年版，第 35 页。

② 同上书，第 133 页。

③ 同上书，第 13 页。

中。为了缓和工人的不满情绪，肯尼迪政府决定采取"反通货膨胀方针"，宣称要使工人的收入增长幅度与通货膨胀齐平，减少工人的生活压力和入不敷出的窘境。但事实上，即使肯尼迪政府对工人工资提高的比例进行了调整，由最初提高 3%，又再度调整为 3.2%①，工资增幅仍然低于通货膨胀比率，这就引起了工人的强烈抗议，罢工数量不仅没有减少，反而有继续增长的态势。这里需要我们特别注意，虽然罢工再次兴起，但其斗争目标并非指向肯尼迪政府本身，而是试图突破现有工资增长率的限额，使其获得相对"合理"的工资收入。可见，工人的斗争始终局限于本国政府或者资方所划定的范围之内，认可体制内的谈判和协商，并没有透过"不合理"的工资本身看到资本主义制度固有的剥削问题，因而也就不可能突破经济领域的斗争将其转向政治斗争。卢森堡就坚持认为，工人政治斗争和经济斗争的分裂是资本主义制度下人为因素造成的结果，总体上起到了弱化工人力量、分化工人力量的作用。她还作了十分精辟的分析："政治斗争和经济斗争的划分及其独立，即使从历史的角度看也是可以理解的，只不过是议会制时期人为的产物。一方面，在和平发展时期，即资本主义社会的'正常'时期，经济斗争被分割成为众多的限于每个公司、每个生产部门的局部（partial）斗争；另一方面，政治斗争不是由群众通过直接行动来进行的，而是根据资产阶级国家结构，以代议制的形式，通过对立法机构施加压力的方式进行的。"②

　　事实上，在这一期间工人也还是有一些政治方面的要求的，但多是倾向于表明工人自己的立场，缺少较为可行的、具有影响力的行动举措。他们或者选择通过举行各种集会、召开工人阶级广泛参与的大会的形式予以表达，或者通过示威游行的方式，相对而言还是在资本主义秩序所规定和许可的范围内进行活动，几乎很少看到较为激烈的斗争形式出现。20 世纪 60 年代对美国来说影响最大的事件莫过于越南战争了，战争的爆发使军火行业的垄断资本家从中牟取了巨额利润，工人阶级的实际生活水平却不断下降。为此工人举行了多次要求改善工资待遇的罢工，并在越战问题上明确自己的反战立场。这一时期成立的工人行动联合会就在反战游行中

---

① 参见张友伦《20 世纪 60 年代的美国工人运动》，《国际共运史研究》1988 年第 1 期，第 66 页。

② 转引自［美］亚当·普热沃尔斯基《资本主义与社会民主》，丁韶彬译，吴勇校，中国人民大学出版社 2012 年版，第 9 页。

发挥了积极的组织作用，使政府不得不重视民众的呼声和要求。

　　3. 改良主义方式湮没革命意识

　　工人阶级在这一时期采取的斗争方式逐渐趋于缓和，普遍通过工会组织与资方就劳资合同以及工人的工资待遇等内容进行协商谈判，以维护工人阶级的权益。这种斗争方式一方面依靠工会对工人力量的集结，使工人的要求得到了适当的满足；另一方面也促使工人产生这样的认知，即改良主义方式似乎更符合本国的发展实际，暴力革命的方式已经过时了。

　　客观地说，工会组织在资本主义发展的"黄金时期"确实取得了较快的发展，无论是工会对工人的组织范围，还是工人对工会的支持率，都保持在一个较高的水平上。工会在捍卫工人阶级利益方面表现出特有的优势。例如20世纪50年代加拿大工人联合会的成立使曾经以行业和产业为隔阂的工会组织实现了全国性的统一；1955年美国劳联产联的合并更是实现了工会一次新的发展。伴随工会组织的蓬勃发展，工人阶级联合的力量也日益得到彰显。特别是在劳资谈判过程中资方为避免更大的损失对工人作出适当的让步时，工人阶级更加认可这种体制内谈判的"合理性"和"有效性"。为此，工人阶级认为非暴力的方式也可以有效缓解劳资关系的矛盾和冲突，进而实现资本主义体制内的局部修补和调整，促进资本主义的有序健康发展。也正因为此，一些较为发达国家的工人阶级似乎已经得出结论，认为那种革命斗争的激烈行为方式已经和他们绝缘了。

　　事实上工会组织的迅速发展与工人阶级意识日趋淡化之间并不存在直接的必然的联系。在二者之间还存在一个十分关键的要素，即资产阶级政府的作用和影响。它通过颁布一系列政策法令将工人阶级的抗议行为控制在制度许可的范围内。例如加拿大于1948年确立的"工业关系和纠纷调查法"就明确规定，工人如果对劳资合同提出异议，或者发现其中有严重损害工人阶级权益的规定时，首先要通过工会组织与资方进行协商谈判，而不可以直接诉诸罢工、游行示威等抗议行动。当劳资双方谈判破裂后，还需要将双方争议提交调解委员会进行审议。只有调解委员会调解失败后，工人才有权利进行罢工。可想而知，这种漫长的拖延方式为资方以及资产阶级政府瓦解、分化工人罢工行为提供了充足的准备时间，资方完全可以从其他地方调集工人以避免因罢工引起工厂的停工和停产。这种状况下，劳资双方更是处于一种极不平衡的状态。

　　所以说，第二次世界大战后资本主义"黄金发展时期"，既是工会组织蓬勃发展的时期，同时也是资本对劳工的控制更为严格的时期。工人阶级趋向于对改良主义的认知，革命意识日趋淡化，既有主观原因，但更重要的是客观环境的影响和制约。

第二节　工人阶级意识演变过程中的几个主要关系

对工人阶级意识的考察需要还原工人阶级意识产生的宏观背景，也就是说要把阶级意识作为整体的一个部分来加以关注。忽略对诸元素彼此关系的分析便无法准确地认识阶级意识的现实状况及其在特定历史条件下的重要意义。正如马克思所言："黑人就是黑人。只有在一定的条件下，他才成为奴隶。纺纱机是纺棉花的机器。只有在一定的关系下，它才成为资本。脱离了这种关系，它也就不是资本了，就像黄金本身并不是货币，砂糖并不是砂糖的价格一样。"[①] 同样地，工人意识的发展只有在阶级社会的背景下才可能转化为阶级意识，凸显其阶级意识的根本性特征。倘若单纯围绕阶级意识研究阶级意识则很难得出其核心性的内容，上文对工人阶级意识演变过程的追溯也是将其放在历史的背景中作一个简单的介绍。本节内容将围绕与阶级意识的形成、变化、发展联系较为密切的几组关系进行探讨，厘清彼此间的作用与反作用。

一　工人阶级自在性与自为性的关系

工人阶级的存在可以从两个意义上进行衡量，一是作为客观存在的工人阶级，二是在主观上形成鲜明阶级意识的工人阶级。在资本主义生产关系占主导地位以后，资产阶级通过对生产资料的占有无偿剥夺了工人创造的剩余价值，与之相应地形成一个"完全靠出卖自己的劳动而不是靠某一种资本的利润来获得生活资料的社会阶级"[②]，即工人阶级。应该说在这一层面上谈及的工人阶级是随着客观条件的变化，随着新的资本主义生产关系的形成而自然生成的，资本的力量促使他们在客观上处于一种共同的地位。因此这里所说的工人阶级更多的是指代客观上的存在，并不涉及工人阶级的主观意识状况。这时的工人阶级准确地说是"自在"的阶级，

---

①　《马克思恩格斯文集》第 1 卷，人民出版社 2009 年版，第 723 页。

②　同上书，第 676 页。

只有当他们在斗争中团结起来，认识到并开始维护自身利益的时候才逐渐走向"自为"，成为一个不仅在客观上存在，而且在主观上具备真正阶级意识的阶级。工人阶级只有成为"自为"的阶级才能真正认识到自身所处的社会地位、认清自己的历史使命，并为实践历史使命而进行坚决的斗争。事实上很多学者都特别强调阶级意识对阶级的重要意义，甚至有学者认为缺乏阶级意识的阶级并不构成真正意义上的阶级，而只能归属于阶层的范畴。汤普森就认为阶级和阶级意识不能分离，不能认为它们是两个分开的实体，也不能认为阶级意识是在阶级出现之后才产生的，必须把确定的经验和在观念上处理这种经验看成是一个同步的过程。[①] 霍布斯鲍姆与汤普森的观点类似，同样认为阶级与阶级意识密不可分，"阶级只有在一定历史阶段上开始获得他们对自身意识的历史时刻才存在。"[②] 莫里斯·迪韦尔热认为没有阶级意识的阶级是不存在的，阶级与阶层的区别就在于有没有阶级意识。[③] 希腊共产党人、学者尼·普朗查斯认为社会阶级是由社会"结构"决定的，而在这个结构中经济、政治和意识形态具有统一性。因此划分社会阶级时，经济不是唯一决定因素，政治倾向和意识形态也应归属于决定因素，而且具有"相对的独立性"[④]。可见，普朗查斯同样将阶级意识视为判断阶级的一项重要因素。美国社会学家丹尼斯·吉尔伯特和约瑟夫·A. 卡尔提出，阶级意识是建立在生产关系基础之上的，对某种群体共同身份的感知和认可，并进而为维护和争取共同阶级利益而进行斗争的倾向。[⑤]

还有一些学者虽然同样强调阶级意识的重要性，但是他们认为工人阶级的客观存在并不取决于阶级意识是否形成。美国学者索尔特斯（Soltesz）和英国学者拉尔夫·达仁道夫（Ralf Dahrendorf）就是这种观点的代表人物。索尔特斯认为，即使工人阶级由于成员构成的差异未能认识彼此

---

① 参见尚庆飞、韩步江《阶级、阶级意识与阶级斗争——论毛泽东实现马克思主义中国化的基本逻辑环节》，《哲学研究》2007 年第 6 期，第 21 页。

② 王立端：《阶级和阶级意识理论的重构》，《三明高等专科学校学报》第 20 卷第 1 期，2003 年 3 月，第 7 页。

③ 参见［法］莫里斯·迪韦尔热《政治社会学——政治学要素》，华夏出版社 1987 年版，第 142—143 页。

④ 倪力亚：《当代资本主义社会的阶级结构》，中国人民大学出版社 1989 年版，第 45 页。

⑤ 参见沈瑞英《"自在"或"自为"：中产阶级与阶级意识》，《上海大学学报》（社会科学版）2010 年 1 月第 17 卷第 1 期，第 20 页。

间共同的阶级利益，也不会影响工人阶级客观上存在的事实。① 拉尔夫·达仁道夫认为，导致工人阶级阶级意识丧失的原因除经济因素之外，更重要的原因在于"社会奇迹"和"社会结构"的变化。但同时他也指出，虽然工人阶级的阶级意识不断被削弱，但仍然是阶级社会。②

虽然不能因阶级意识的缺失而否定阶级的客观存在，但不可否认阶级意识在促使一个阶级发挥"自为"阶级的作用时确实发挥着不可替代的作用。

纵观诸多学者关于阶级与阶级意识关系的争论，一些学者认为如果尚未形成阶级意识，那么就无所谓阶级的形成，同理当工人阶级没有形成阶级意识之前也就不存在所谓的工人阶级；还有一些学者并不赞成这种观点，认为阶级意识的形成与否并不足以决定阶级的客观存在，即使工人阶级尚未形成阶级意识，也不会影响其作为阶级的现实存在。虽然两种观点所主张的内容截然不同，但我们不难发现各位学者对阶级意识的强调，他们都认为阶级意识在工人阶级完成其历史使命的过程中将发挥重要的、不可或缺的作用。这一点应该是值得充分肯定的。在判断阶级与阶级意识的关系方面，笔者更倾向于第二种观点。阶级意识的形成是工人阶级由"自在阶级"向"自为阶级"转化的标志，而非"阶级"与"非阶级"划分的标准。倘若以阶级意识作为衡量工人阶级客观存在的标准，那么当工人阶级意识削弱、淡化的时候就会得出革命主体缺失的结论，从而在根本上否定工人阶级的历史使命，这种观点是不可取的。因而在对第一种观点作出判断时，我们既要看到其中的积极因素，又要看到其中存在的不足。

当然，我们并不否认阶级意识的培养是一个相对漫长的过程，其中还会遇到许多挫折，毕竟"工人和旧社会之间从来没有一道万里长城"③，在工人阶级心里会保有资本主义甚至封建主义的相对落后的思想。例如受资产阶级思想的影响，在一定范围内认可资产阶级的意识形态，甚至在一定程度上被资产阶级意识所同化。当资产阶级将利润的一小部分用于改善工人生活状况以缓解劳资冲突时，工人阶级对现状的认可程度就有明显提

---

① 参见［美］索尔特斯《关于阶级意识的问题》，《现代外国哲学社会科学文摘》1989 年第 8 期，第 42 页。

② 参见张世鹏《当代西欧工人阶级》，北京大学出版社 2001 年版，第 30 页。

③ 《列宁全集》第 35 卷，人民出版社 1985 年版，第 438 页。

升，甚至满足于体制内的协商与谈判，满足于经济领域的部分改良。不容否认，"共同意识的形成和完善过程是非常缓慢的。要想形成普遍化和结晶化的行为模式或信仰，就必须经历一个漫长的时期，要想失去这些行为模式和信仰，也不是一朝一夕的事情"①。此外，还应注意到另外一种现象，即以工人阶级从事职业日渐非蓝领化以及工人内部对自身定位的多样化进而宣扬"工人阶级消失论"，或"工人阶级中产阶级论"的观点也是没有说服力的。当然，我们应看到工人阶级内部的分化与多样化确实阻碍了整体性阶级意识的形成，特别是阶级划分不断受到来自"后工业主义""后福特主义""后现代主义"以及"新政治"和"新社会运动"的挑战，而以民族、种族、宗教、职业、收入、知识、技能等现象层面因素的划分日渐突出，在反映工人阶级发生变化的同时，也模糊了阶级划分的必要性及其本质意义。总之，工人阶级的阶级意识会受到各种主客观因素的影响，时而表现得相对凸显，时而又表现得相对淡化，但无论如何，受工人阶级的阶级地位所决定，加之工人阶级的政党、组织等的影响，工人阶级必然会形成以马克思主义理论为指导的阶级意识，由"自在"的阶级成长为"自为"的阶级。

二　社会经济结构的客观决定性与工人阶级意识的关系

社会经济结构指人们在物质生产力的决定下形成的与之发展阶段相适应的生产关系的总和。"物质生活的生产方式制约着整个社会生活、政治生活和精神生活的过程。不是人们的意识决定人们的存在，相反，是人们的社会存在决定人们的意识。"② 经济基础对上层建筑具有决定性作用，而工人阶级意识归根到底是属于上层建筑的内容，因此必然受经济基础的影响和制约。要反对新的"真正的"社会主义认为经济关系与意识形态之间的关系是偶然的，而非必然性的，认为"不存在建基于诸如'经济'的阶级利益之上并能被转译成政治话语的东西"③。同时也要反对置换经济基础的决定性作用，特别是经济基础在划分阶级时的决定性作用，而代

---

① ［法］埃米尔·涂尔干：《社会分工论》，渠东译，生活·读书·新知三联书店 2013 年版，第 248 页。
② 《马克思恩格斯文集》第 2 卷，人民出版社 2009 年版，第 591 页。
③ ［加拿大］艾伦·伍德：《新社会主义》，尚庆飞译，江苏人民出版社 2005 年版，第 4 页。

之以意识、政治因素等内容。G. S. 琼斯和 C. 墨菲否定物质利益的客观存在性，否定意识是对物质的反应，进而认为意识有绝对的独立性并先于利益的存在，在他们那里"没有外在于或者先在于他们的意识形态与政治表述的阶级利益存在"①，这是一种典型的唯心主义观点。正如马克思所言，"人们自己创造自己的历史，但是他们并不是随心所欲地创造，并不是在他们自己选定的条件下创造，而是在直接碰到的、既定的、从过去继承下来的条件下创造。一切已死的先辈们的传统，像梦魇一样纠缠着活人的头脑"②。在经济基础与意识的关系方面葛兰西的观点也十分明确，他认为"经济是社会的骨架，而意识形态是它的'皮肤'"。他曾经做过这样形象的比喻："当然，不能说皮肤在人的肌体上只是幻觉，而骨架才是唯一的现实，虽然长期以来总在谈论类似的东西……不是因为骨架（狭义）才爱上女人的，虽然都明白，骨架是多么有助于动作的高雅，等等。"③ 马尔库塞在谈及阶级意识这一问题时，也认为需要将主观条件和客观条件结合起来，那种将二者割裂的观点是错误的。他说："主观条件和客观条件是十分一致的：改良的、顺从的意识是符合资本主义及其无所不在的权力结构已达到的阶段的"，那种"'不可能'革命的奇谈怪论的原因在于客观条件本身"④。可见，探寻工人阶级意识的变化及其现状需要在客观条件中去寻找，抛弃对客观条件的分析是不可能找到阶级意识变化的根源的。

20 世纪 70 年代随着技术在全球范围内的普遍更新，加之石油危机的冲击，重工业在西方国家走向衰落，西方经济面临新的重构。具体来讲，技术进步、机器更新导致重工业对工人的需求量大规模下降，传统的体力劳动者人数不断减少，充分就业被弹性就业所打破；而那些对资源和劳动力需求相对较高的制造业也逐渐从西方国家转出，流向劳动力资源相对丰富的地区，例如中国、印度等国。金融、贸易、零售等服务行业转而成为西方国家吸纳失业工人的新的增长点，但是由于主要集中在服务业等非体力劳动领域，其工作方式、工作环境等都发生了很大变化，集中程度也大

---

① ［加拿大］艾伦·伍德：《新社会主义》，尚庆飞译，江苏人民出版社 2005 年版，第 112 页。

② 《马克思恩格斯文集》第 2 卷，人民出版社 2009 年版，第 470—471 页。

③ ［俄］谢·卡拉—穆扎尔：《论意识操纵》，徐昌翰、宋嗣喜、王晶等译，社会科学文献出版社 2004 年版，第 77 页。

④ ［美］H. 马尔库塞等：《工业社会和新左派》，任立编译，商务印书馆 1982 年版，第 85 页。

大低于传统制造业，凸显了小型、分散等特征。在此期间增加了一大批非体力"白领"雇佣工人，他们通常被称为"中产阶级"或者"中产阶层"。20世纪70年代的经济重构一方面导致工人阶级在空间布局上的零碎化，另一方面也引发工人阶级内部不同行业、从事不同性质工人之间的彼此疏离，进而在工人阶级内部划分为所谓的"中产阶级"等，以淡化工人阶级作为整体的客观事实。作为整体的工人阶级的分化直接削弱了工人阶级意识形成和发展的过程，毕竟工人阶级的阶级意识是一种整体的意识，而不是单个人或者某部分人群的意识。

工人阶级受社会经济结构的影响，特别是上述提到的资本主义通过对生产方式的调整，促使工人阶级内部成员发生一系列分化，更使这一影响因素变得不可回避。以赖特早期的阶级图式，即对资本主义阶级关系中关于三种基本地位以及三种矛盾位置的划分为例，在资本主义阶级关系中存在着三种基本地位，即资产阶级、无产阶级以及小资产阶级。资产阶级由于对生产资料的占有因而其对生产过程拥有绝对的控制权，工人阶级是不占有任何生产资料的劳动力出卖者，小资产阶级拥有部分生产工具。与此同时还存在着管理人员和监工、半自主雇员和小雇主这三种矛盾位置，他们的共同特点是一方面受大资本的剥削，另一方面又从资本主义的特权中获取少量利益，因而对现有制度基本持支持态度，认可现存社会秩序。处于三种矛盾位置群体的出现一方面代替资本家阶级行使部分监督与控制权，模糊工人阶级与资产阶级的对立，另一方面在工人内部分化出多种成分，最终导致工人阶级意识的弱化。从本质上讲，处于矛盾位置的绝大多数成员仍然是工人阶级，但由于受到利益的分化，他们的阶级意识被严重消解。

在正确认识社会经济结构与工人阶级意识关系方面要反对两种错误观点，或者说要反对两种走向极端的观点。一是简单的经济结构决定论，二是主观多元论。

简单经济结构决定论将经济结构对工人阶级意识的影响视为唯一的、排他的因素，完全否定上层建筑中各项因素对历史发展过程的反作用，这无疑使经济因素的决定性作用变成了"毫无内容的、抽象的、荒诞无稽的空话"[①]。简单经济结构决定论看不到工人阶级意识的形成对经济结构

---

① 《马克思恩格斯文集》第10卷，人民出版社2009年版，第591页。

积极的能动的反作用，不给意识的介入以任何空间，认为工人阶级只是被动地、消极地接受客观经济环境带来的影响。言外之意，工人阶级只需要机械地去等待经济结构的变化，而无须任何主观能动性的发挥和参与、无须工人阶级政党对科学社会主义理论的灌输、对工人阶级的有效组织，也无须工人阶级在斗争实践中对自身能力的提升，而是随着时间的推移工人阶级可以自然而然地走向自身的解放。因此，简单经济结构决定论带来的直接影响是否定工人阶级意识形成的必要性以及工人阶级意识对经济的反作用。它在实践中必然走向反对工人阶级组织、反对工人阶级政党的领导。

主观多元论则走向另一个极端，它彻底否定客观经济结构对工人阶级意识在本质上的决定性作用，否定社会经济结构与工人阶级意识以及工人阶级行动之间存在的必然联系，认为工人阶级意识的确立可以完全独立于客观物质环境，无须考虑经济结构的影响。这种脱离社会经济结构谈阶级意识最终只会导致阶级意识的形成因缺乏现实根基，而陷入一种空想的唯心主义。可以说后现代主义者关于工人阶级意识的认知方面很大程度地走上了这种主观多元论。其代表人物颇多，例如斯科特·拉什（Scott Lash）、约翰·尤里（John Urry）、简·帕库斯基（Jan Pakulski）等。他们认为资本主义发展的历史大致可以划分为几个不同的阶段，即资本主义发展初期的自由竞争时期，组织化生产相对完善的福特主义时期，后福特主义时期以及当前经济全球化时期。他们强调在后福特时期，特别是全球化时代，由于科技进步、通信便利、交通便捷等原因，带来了包括文化全球化、生产等制造业全球化、金融领域全球化、人员流动全球化等内容在内的广泛全球化。后现代主义者普遍认为全球化时期对社会结构及意识形态方面的发展起决定作用的因素已经发生改变，告别了资本主义竞争时期占主导地位的经济因素，而代之以文化因素。文化消费作为一种驱动力对晚期资本主义的影响即便不是唯一的也是首要的决定性因素。总之，在后现代主义者看来，正如库马尔所言，"文化消费的过程不再只是一种附属物，而是资本主义运行过程的本质"①。可见，后现代主义者对经济基础的决定性作用持否定态度，认为当前全球化时期的资本主义已经发展到一

---

① ［英］罗丝玛丽·克朗普顿：《阶级与分层》，陈光金译，复旦大学出版社2011年版，第142页。

种由文化、意识、消费等领域决定社会分层的阶段。事实上，通过后现代主义对资本主义不同发展阶段的划分，不难看出他们认识到资本主义发生了巨大变化，同时也承认在资本主义发展初期经济对划分阶级的决定性影响作用，但他们认为在全球化时期经济基础的决定性作用已经不复存在，意识文化层面的内容则上升为决定性因素。所以说，无论是宣称"地位约定主义阶段"还是"全球性的符号和空间经济"，都是对经济决定性作用的否定，是对由资本主义生产关系决定的工人阶级与资产阶级在阶级地位上的本质对立、进而在意识形态上本质对立的否定。他们将意识领域即上层建筑层面的东西作为根本的、起决定性作用的因素。这种瓦解经济基础来奢谈包括工人阶级意识在内的上层建筑内容，只会导致工人阶级意识因缺乏根基而失去其存在的现实意义，进而模糊工人阶级的阶级性、淡化工人的阶级意识。因而必须正确处理社会经济结构的客观决定性与工人阶级意识之间的关系。

三　劳资态势的变化与工人阶级意识的关系

总体上讲，工人阶级意识与劳资关系紧张程度呈正相关。劳资关系直接反映了资产阶级和工人阶级之间剥削与被剥削的关系。资本主义生产关系决定了只要生产资料归私人占有的所有制形式没有发生改变，工人阶级与资本家阶级之间的矛盾就将始终存在。资产阶级对工人阶级的剥削程度和剥削方式与工人阶级的反抗程度及方式存在着必然的联系。换句话说，工人阶级意识的强弱与工人面临的任务密不可分，当工人阶级在阶级地位泾渭分明、自身权利受到严格限制的条件下，会为争取权利，维护自身利益而组织起来，凸显阶级意识的紧迫性。以奥地利为例，当19世纪60年代政府通过并实施了反社会主义法等一系列不利于工人阶级及其政党的法律时，激发起工人强烈的阶级归属感和革命意识，奥地利工会组织及工人阶级政党以团结抗议的行动对这一反动措施给予了坚决的回答，并最终取得斗争的胜利。反之，当阶级划分相对模糊，工人阶级要求得到满足，权利相对受到重视时，他们的阶级意识就会显得薄弱。美国及部分欧洲国家之所以没有形成较为强大的社会主义力量，原因之一正是缺少相对明确甚至决裂式的阶级地位划分。作为移民国家的美国，特殊的历史背景使其缺少封建主义的发展过程，因此等级鲜明的封建传统对美国几乎没有发生影响，加之美国民众较早获得了其他国家为之奋斗多年的普选权，民众必然对阶级划分缺少强烈意识。① 正如小威廉·休厄尔（William Sewell，Jr.）所说：“欧洲阶级意识至关重要的基础之一，也许是前工业化时代欧洲工人阶级共同的文化传统。这种传统使工人认识到，他们的命运与其他工人兄弟的命运息息相关；同时，促使他们接受一种集体主义而不是个人主义的意识形态和社会政治行动的方式。”② 而在美国恰恰缺少了这样一种传统。

当资产阶级通过经济上的适度让步，促使工人工资待遇有所提高、生活状况有所改善、福利待遇有所完善的时候，对工人阶级的革命性会产生深刻影响，这也就是为什么在 20 世纪六七十年代资本主义发展“黄金时期”，工人阶级与资产阶级达成体制内的认同与合作。美国学者维也纳·桑巴特（Wener Sombart）在解读为什么美国没有社会主义的时候就非常强调经济因素对工人阶级意识的消融，认为那些对于欧洲工人阶级来讲尚且存在的建立阶级意识的感觉和情绪，“对所有更富裕和生活奢侈的人嫉妒、怨恨以及憎恶”③ 在美国已经消失了。无疑劳资关系的缓和已经严重侵蚀了工人的阶级意识，但是这种销蚀不等于本源上的断送。工人阶级的革命性与他们的经济状况之间并不是本质上僵硬的一对一关系。即便“富裕”也并不会在根本上抹杀工人阶级的革命性。马克思主义者也从未把工人阶级的革命性与贫穷结合在一起，工人阶级之所以会形成具有革命精神的阶级意识是以其作为资本的附属物而决定的，只要资本存在，工人阶级作为雇佣劳动者的命运就没有发生根本性改变，而“只要雇佣工人仍然是雇佣工人，他的命运就取决于资本”④。或许在某一时段工人阶级会从资本家那里得到更多一些的残羹冷炙，但是这完全取决于资本的需要，在必要的时候，资本同样会把工人抛向街头。所以劳资关系的暂时缓和并不足以颠覆工人阶级意识形成的必然。

四　组织化集中程度与工人阶级意识的关系

工人阶级的组织化集中程度与工人阶级意识之间有着密切的联系，工

---

① 参见［美］西摩·马丁·李普塞特《共识与冲突》，张华清等译，上海世纪出版集团2011 年版，第 230—237 页。

② 同上书，第 253 页。

③ ［德］W·桑巴特：《为什么美国没有社会主义》，社会科学文献出版社 2003 年版，译者前言第 32 页。

④ 《马克思恩格斯文集》第 1 卷，人民出版社 2009 年版，第 728 页。

人阶级的集中化程度高有利于工人阶级意识的培养和形成，反之，工人阶级的分散则不利于阶级意识的发展。但是二者之间的关系受多种因素影响和制约不会表现出单纯正相关或负相关关系，而往往以更为复杂的形态出现。工人阶级意识相对凸显的时期总是出现在工人阶级组织相对完善、工作状态普遍相似、生活方式相对一致的时期，反之，工人阶级意识相对淡化的时期，也是工人阶级组织相对松散、工会人数急遽下降、组织谈判能力减弱，工作状态也频现多样化的时期。但组织化集中程度对工人阶级意识的凸显只构成必要条件，而不是充分条件。也就是说，在工人阶级组织化程度相对较高的时候，并不一定就会带来阶级意识的增强，可能受其他多种因素影响，反而淡化了阶级意识。例如以规模化机器大生产、生产相对集中、劳动分工细化、组织化集中程度较高为特征的福特主义时期，工人阶级意识却相对弱化。当然这并不能否定组织化集中程度高给工人阶级带来的力量，也不能否认工人阶级在集中程度高的生产生活环境中更容易生发阶级意识。正如恩格斯所讲，人口的集中在给有产阶级带来鼓舞和促进发展的作用时，更加促进了工人的发展。较高的集中程度使"工人们开始感觉到自己是一个整体，是一个阶级"，同时工人也逐渐开始意识到，当他们"分散时是软弱的"，"联合在一起就是一种力量"①。影响工人阶级意识形成的因素是复杂的、多元的，而绝不是单纯可以通过集中组织化程度来判定。福特主义时期，正是由于资本主义组织生产的方式带来了工人阶级相对高的集中化程度，而工人阶级的集中又为他们带来一种可以与资产阶级相抗衡的力量，因而此时资产阶级对工人的力量是相对畏惧的，希望将他们的斗争控制在一定范围内，由体制外的对抗转向体制内的合作与妥协。故而，福特主义时期资产阶级对工人采取一系列同化政策，分散工人阶级力量，在工人内部培养工人贵族，同化工会力量，使其接受资产阶级一方提出的要求，同时还承诺在一定范围内履行工人的高工资、高福利政策，以此淡化工人阶级的革命精神，扭转工人阶级意识的高涨趋势。可见，在处理组织化集中程度与工人阶级意识之间的关系时，既不能以前者的变化直接断言后者的发展趋势，也不可能在忽略前者的情况下对后者作出科学判断。必须在注重组织化集中程度的同时，全方位考察影响工人阶级意识的各种因素。

---

① 《马克思恩格斯文集》第1卷，人民出版社2009年版，第435页。

五　政党工会等组织与工人阶级意识的关系

工会及工人阶级政党在明确工人阶级利益、培养工人阶级意识形态方面都发挥着积极而不可替代的作用。也正是由于工人对阶级地位、阶级利益、阶级目标、政党组织目标的正确认识，更为凸显出阶级的客观存在以及阶级意识的形成并不断走向成熟。政党和工会都有较强的组织性，可以将工人集中起来，开展共同行动，例如工会在组织工人与雇主进行集体谈判的过程中促使工人意识到联合的重要性，意识到只有团结起来才能彰显工人阶级的力量。马克思在《哲学的贫困》中曾说，"大工业把大批互不相识的人们聚集在一个地方。竞争使它们的利益分裂。但是维护工资这一对付老板的共同利益，使他们在一个共同的思想（反抗、组织同盟）下联合起来"①。随着斗争的深入和工人经验的积累，他们将逐渐认识到"在经常联合的资本面前，对于工人来说，维护自身的联盟，就比维护工资更为重要"②。

代表工人阶级利益的工人政党决不能抹杀其阶级性的客观存在，对所代表阶级利益的否定本质上是对自身存在的客观性的歪曲和合理性的否定。以英国工党为例，由最初代表工人阶级利益的政党最终演变为代表全体民众利益的全民性质的政党，无疑是对自身代表利益群体阶级性的否定。正是由于新工党阶级性的模糊导致了工人阶级对其认可度的下降，进而产生选举不忠，即选举过程中的"去忠诚化"③现象。作为曾经代表工人阶级利益的英国工党的转型在很大程度上削弱了人们对阶级、对阶级划分的清晰认识，淡化了工人阶级的阶级意识。可见政党利益代表的变化及其对阶级所持的态度直接影响工人阶级意识的状况，或者是削弱或者是增强。反之，工人阶级意识在20世纪70年代末受经济结构、就业结构、生活方式等影响，阶级意识逐渐淡化也对工党的转型产生了无法抹杀的重要影响。所以，政党与工人阶级意识之间有着密切的联系，二者相互影响、相互作用。本书第四章第三节会对工会、政党与工人阶级意识的关系问题进行集中阐述，在此不再赘言。

---

① 《马克思恩格斯文集》第1卷，人民出版社2009年版，第654页。
② 同上。
③ ［英］罗丝玛丽·克朗普顿：《阶级与分层》，陈光金译，复旦大学出版社2011年版，第137页。

六　新社会运动与工人阶级意识的关系

20 世纪 70 年代末 80 年代初以来，随着资本对劳工进攻态势的增强，资本在世界范围内肆意横行，导致资源浪费、环境污染等现象频繁发生，加之新自由主义对私有制的极力推行，对政府"守夜人"形象的极力推崇，社会贫富差距不断扩大。与此同时，民族问题、宗教问题、性别以及种族歧视等问题也逐渐凸显。因而这一时期在西方国家出现了形式多样的针对资本主义现存问题的抗议之声，女权运动、生态运动、反战和平运动、市场社会主义、民主社会主义风起云涌，通过示威、游行、组织各种集会等方式表达对现状的不满，要求对现实资本主义进行改造。

这些新社会运动与工人阶级意识之间是否存在直接的联系，理论界存在两种截然不同的观点。以奥菲（Offe）为代表的学者认为新社会运动与阶级意识之间没有必然的联系，恰恰相反，二者之间已经形成了显著的断裂。新社会运动既不与阶级政治相关，也不与经济基础表现出的阶级问题相关，同时还指出在新社会运动过程中看不到以阶级利益为基础的意识形态方面的内容，即不存在所谓的阶级意识。因此得出结论，认为将唤醒工人阶级意识的希望寄托于或者部分寄托于新社会运动都是无济于事的。而以罗丝玛丽·克朗普顿（Rosemary Crompton）为代表的另一些学者则认为新社会运动与阶级意识之间是直接相关的，新社会运动对于唤醒工人阶级意识有很大的积极意义。但是克朗普顿也看到了工人阶级内部的分化，即所谓的白领阶层、"中产阶级"的出现，他们对阶级的关注更多地转向阶级政治，而不是在阶级利益层面上。

根据对新社会运动与工人阶级意识之间关系存在的不同观点，可以看出奥菲等学者看到了新社会运动所针对的是资本主义当前存在的较为具体的现实问题，并不涉及根本的制度问题，更不涉及资产阶级与工人阶级两大阶级之间的对抗性利益问题，因而与阶级意识无关。克朗普顿等则看到了新社会运动在唤醒工人阶级政治意识方面的作用，例如提倡女性与男性享有同样的政治地位、种族平等、移民与非移民之间的非歧视性待遇，但这些内容尚未触及根本的阶级利益，相较而言比前者更为客观一些。所以，虽然新社会运动更多的是在资本主义制度范围内寻找解决问题的办法，但是他们毕竟看到了资本主义制度带来的各种弊端，并尝试着通过有效的途径予以解决。在探索的过程中必然引起工人阶级的某些共鸣，对唤醒工人阶级意识起着积极的促进作用。但不可否认，新社会运动不同于传统政治运动的价值观，在方式和内容方面也存在明显差异，它们更多地强调具体问题，而不是阶级问题，甚至是与阶级无关的问题。可见，由于新社会运动自身的局限性，不能寄希望于新社会运动对资本主义制度的根本性革新，否则将陷入一种自发式的由资本主义向社会主义过渡的误区。

综上所述，在看待新社会运动与工人阶级意识的关系方面，既要看到新社会运动对工人阶级意识形成的积极意义，同时又要看到其对工人阶级意识形成产生的不利因素。其积极性集中体现在对资本主义弊端及存在问题的揭露，进而探讨问题发生的根源，寻找解决的方式，或者是在体制内对资本主义的有限改良，或者是超越资本主义的替代方案，就目前新社会运动情况来说，倾向于资本主义体制内的有限改良的方式居多。但这种对当前矛盾揭露与批判的过程，这种对资本主义进行的深入反思都有助于阶级意识的萌生，为工人阶级意识的形成做了一个有利的铺垫。当然新社会运动之局限也是非常明显的，它试图在工人阶级以及工人阶级与资产阶级冲突外围找到资本主义现有问题的解决方案，根本上是难以取得理想成效的。此外新社会运动强调价值观念的多元化，认可多元主义作用和影响，反对在意识形态领域的分派和归类。新社会运动对工人运动的消极影响还体现在其倾向于非组织的、分散的、松散的活动原则，远离政党、工会等有组织的行动模式。在这种多元化意识形态的指引下，必然会对工人阶级意识的整体性产生阻碍和制约。

七　资本主导生产过程的程度与工人阶级意识的关系

生产过程中所体现的权利分配状况对工人阶级意识具有直接的影响，当工人阶级在生产过程中占据相对主动，对生产过程具有相对明显控制力时，工人阶级的力量就会得到较为充分的彰显，工人也较容易意识到彼此联合的重要，以及在同资产阶级一方抗衡时工人联合行动的可能和必要。例如在资本主义发展初期，工人阶级队伍中的绝大多数成员对所从事劳动的技艺需要有着较为全面的把握，对生产过程也有着整体的认知。但随着垄断资本主义的发展，加之科技革命带来生产力的大踏步前进，资产阶级对生产过程的控制能力逐渐走向了顶峰。他们通过对一系列管理活动的抽取和提炼，将工人阶级置于一种同普通机器相平行的地位。仿佛工人在生产过程中逐渐沦为机器的附庸，商品的价值似乎已经不再源于工人劳动的创造和转化，反而成为机器的功勋，从而在主观上贬低工人的价值。伴随分工的日趋细化，工人越发处于一种被动地位，美国学者哈里·布雷弗曼的代表著作《劳动与垄断资本》恰恰就是从生产过程日趋细化分工的角度阐释工人阶级地位的变化。对生产过程的把控能力直接决定着工人在劳资双方斗争过程中的地位和主动权，米歇尔·茨威格同样注重从生产过程中的权利角度分析资产阶级、中产阶级和工人阶级的差距。他认为"虽然工人阶级成员所从事工作具体形式会千差万别，但是他们在生产过程中的无权地位是一致的。"[1] 相应地，中产阶级，他认为主要包括专业技术人员、小商人、经理以及管理人员等在生产过程中的权利则居于资本家阶级与工人阶级之间。可见，当资本在较小范围内主导生产过程，而工人则在较大程度上控制生产过程时，工人阶级意识具有较为凸显的特征；而当资本对生产过程占据绝对支配地位时，工人阶级意识则日渐淡化。然而这并不是说随着资本组织精细化程度的提高工人阶级意识就会逐渐消失，而是从另一个侧面反映出唤醒工人阶级意识需要克服很多的阻碍因素，工人阶级意识的觉醒需要经历一个较为艰辛而长期的过程。概括地讲，认识工人阶级意识发展变化需要将其置于生产过程这一大的背景中来，既然资本已经越出国界在世界范围内进行重新组合，那么工人阶级也不应仅将自身局限于一个部门、一种行业，甚至一个地区或国家，而需要从国际无产阶级的角度进行客观分析和认识。

八　西方左翼学者相关理论主张与工人阶级意识的关系

西方左翼学者所关心和探讨的内容，许多时候会涉及社会制度领域，很多学者直接对资本主义、社会主义及二者的关系，以及对资本主义的替代模式等问题展开研究。特别是在 21 世纪初全球经济危机爆发之后，他们的研究重点也逐渐彰显出新的特点，例如对社会制度的探讨出现了从多元化向经济层面、社会制度层面转变，试图挖掘资本主义危机最根本的原因以及资本主义制度所难以克服的弊端；对工人阶级的重视程度日渐升温；在变革社会制度方面也略显激进。这些理论和主张，尽管在西方国家很难形成广泛的认可并占据主流思潮，但是能够有这样的一种声音出现，

---

① Michael Zweig, *The Working Class Majority*: *American's Best Kept Secret*, Cornell University Press, 2000, p. 3.

能够为"治愈"资本主义危机开出一张不同的"药方",其影响力自然不可小觑。应该说,左翼学者的理论主张同工人阶级意识之间有着非常密切的联系。

当资本主义危机爆发时,它会对工人阶级及其阶级意识都产生重大影响。而工人阶级怎样认识这场危机,对这场危机产生的原因及其影响是否有着较为准确的判断,这显然是阶级意识方面一个具有代表性的内容。例如,2008 年爆发的危机究竟是资本主义经济领域的危机,还是资本主义的系统性危机;危机所带来的一系列负面影响究竟是给资本占有者造成了致命的创伤,还是使工人阶级吞下了危机的恶果;左翼力量在危机后将走向复兴的康庄大道,还是仍然有着艰辛而漫长的路要走。对于这一问题的判断直接关系到对资本主义命运与社会主义命运的判断和认识。工人阶级对这些问题能否作出客观的评价直接反映了其阶级意识的发展程度,也会直接导致工人阶级不同的行动与策略。

关于上述问题左翼学者均给予了广泛的关注和讨论,这些无疑对工人阶级认识和理解当前资本主义危机起到了积极作用,甚至在一定程度上直接指引工人阶级的行为。在这里仅就 2008 年经济危机的导火索美国的左翼学者的观点加以评析。内华达大学教授伯奇·伯贝罗格鲁(Berch Ber-beroglu)和威廉·罗伯茨(William I. Roberts)认为此次危机是资本主义的系统性危机。伯贝罗格鲁认为,"我们所面临的是资本主义的系统性危机,它是持久和不可逆的。""资本主义如果不进行彻底的转型,将无力扭转坍塌的局面。""那种认为资本主义总是在危机——复苏——繁荣中穿梭的理想在今天已然失效。"① 伯贝罗格鲁明确提出,"尽管资产阶级在全球范围内获得了大量财富和利润,但是美帝国主义的政治操纵和军事干预并不能抵挡国家整体经济下滑的事实。""美帝国主义的统治如同其前任英国一样,它的衰落也同样是不可避免和无力恢复的。"② 罗伯茨更是认为此次危机可能导致资本主义体制的终结。加利福尼亚大学教授威廉·罗宾逊(William I. Robinson)在分析危机问题时将过度积累及国家间的矛盾、冲突视为引发危机的原因。他认为,21 世纪的资本主义危机从规

① Berch Berberoglu, ed., *The Global Capitalist Crisis and Its Aftermath*, Ashgate Publishing Limited, 2014, p. 2.
② Ibid., p. 13.

模上来讲是前所未有的，是世界范围的；就涉及方面来讲，它是关系全局的，其中生态退化、社会退化的危机也彰显得格外突出。①

纽约州立大学教授詹姆斯·佩特拉斯（James Petras）和圣玛丽大学教授亨利·维特米尔（Henry Veltmeyer）则认为，纵然此次危机对资本主义的核心金融体系造成了巨大冲击，但也只是促使资本去寻求更广泛的积累空间，逐渐向全球资本主义体系的边缘寻求积累空间。因而从总体来讲，资本家在危机中获得了巨大的利润，而真正的"危机"属于工人阶级。洛杉矶山谷大学和加利福尼亚州立大学兼职教授莱文·韦尔奇（Levin Welch）通过一系列的数据证明，在 2008 年经济危机发生之后，以美国为代表的一些国家在危机后的恢复中，包括工业重建、商业重建以及金融资本重建的过程中都为资本家阶级创造了巨大的机会。企业利润在过去六年的时间里是高悬在上的。韦尔奇所提供的数据表明，危机在资本家和劳工之间制造了严重的不平等，大量的财富集中在一极，而贫困和痛苦集中在另一极。面对这样的分化，工人阶级需要采取更多的联合的社会行动和政治行动。②

至于资本主义危机给工人运动带来的影响，加州大学河滨分校教授克瑞斯·沙斯－邓恩（Chris Chase－Dunn）和安东尼·罗伯茨认为，如同 20 世纪全球经济所引起的动荡，21 世纪初的危机也调动起众多力量，反对新自由主义主导下的资本主义全球化。全球范围内的抵抗运动意在寻找一种促使全球资本主义体系转型的方式，以期构建一种更加人性化的、更加持续的同时也是更加公平的社会。左翼力量正在成长，并集结成广泛的进步力量，积极参与到即将到来的 21 世纪革命中来。③

同样地，工人阶级意识状况对西方左翼学者也有着同等重要的影响。既然工人阶级是变革社会运动所不可或缺的重要力量，那么他们的阶级意识状况将直接影响左翼学者对社会主体力量的认知、对变革社会力量源泉的探寻，以及对资本主义制度自身发展潜能的判断等。之所以西方一些左翼学者试图从工人阶级之外探寻变革社会的力量，或者直接否认工人阶级仍然能够担负起变革资本主义的使命，其中工人阶级意识的淡化、弱化是促使左翼学者作出这一判断的重要因素。

---

① Berch Berberoglu, ed., *The Global Capitalist Crisis and Its Aftermath*, Ashgate Publishing Limited, 2014, p. 4.

② Ibid., p. 5.

③ Ibid., p. 12.

第三章　西方国家工人阶级意识的低迷

西方国家工人阶级的阶级意识从 20 世纪 70 年代中期以来总体上处于相对低迷的状态，本章将对工人阶级意识处于低迷时期的主要表现以及导致工人阶级意识低迷的原因作出较为具体而详细的分析。

第一节　西方国家工人阶级意识出现低迷时期

20 世纪 70 年代中期以来，新自由主义席卷全球，成为主导资本主义发展的主流模式。劳资关系在此期间表现为明显的资本进攻与劳工退让。[1] 为了应对经济陷入"滞胀"的危机，资产阶级亟须通过降低劳工成本，压低工人工资，削减工人福利等方式调整生产关系。也就是在这一时期"'中产阶级'神话破灭，出现'再无产阶级化'现象"[2]。劳资双方的关系已经逐渐远离曾经体制内的妥协与合作，进而走向了体制内的疏离与对抗。资本主义发展"黄金时期"形成的工人阶级对资本主义制度的认可再次遭到质疑，二者之间的矛盾不断彰显。面对资本对劳工的打压，工人阶级开始重新思考资产阶级与工人阶级之间的关系，并对资本的进攻给予一定的回应，工人阶级意识逐渐开始复苏。但由于资产阶级政府采取了对劳工及其组织直接的进攻政策，并最大范围实现劳工的分化，使工人处于极其不利的地位。导致此时西方国家工人阶级意识反而在总体上处于低迷时期。

1973 年，中东国家对美国等西方国家采取石油禁运措施，导致那些对原油依赖极强的西方国家发生严重经济动荡，并开始了相对漫长的经济

---

[1]　参见孙寿涛《发达国家工人阶级的演变》，经济管理出版社 2007 年版，第 204 页。
[2]　姜辉：《论当代资本主义的阶级问题》，《中国社会科学》2011 年第 4 期，第 48 页。

滞胀期，生产速度放缓、失业率上升、投资率下降。如意大利生产减少了
39.2%，通胀率高达20%，失业率由1976年的6.7%迅速增至1983年的
9.9%。① 为了尽快走出困境，西方国家纷纷采取措施，以美国里根总统
和英国撒切尔夫人为首，率先举起新自由主义大旗，开始了大面积削减工
人福利的政策，企业大规模私有化，凯恩斯主义逐渐退居其后。里根在竞
选中站在工人阶级和工会组织的对立面，加之工会组织支持民主党候选人
卡特，里根上台后极力推行打压工人的右翼政策，削弱工人力量，工人阶
级利益受到严重影响。

此外，受新技术革命影响，西方国家的产业结构发生很大变化，第一
二产业在国民生产总值中的比重明显下降，第三产业显著上升。相应地，
工人的就业结构也发生重大变化，第三产业从业人数上升，所谓的"白
领工人"人数不断增加，从事一二产业的蓝领工人人数骤然下降。例如，
美国蓝领工人所占劳动力比例由1960年的36.6%下降为1984年的
28.5%，白领工人所占比例由37%上升为42.6%。② 英国在1949—1979
年这三十年时间里，行政人员、办事人员以及技术工人的人数占工人总数
的比例由20%增加至40%强。③

生产方式方面，福特主义生产方式逐渐让位于后福特主义，生产的日
益分散，工人阶级力量分布的日益零散，工会活动备受排挤的状态，所有
这些都使劳资力量发生了巨大变化，工人阶级力量处于明显弱势，资产阶
级一方力量明显增强。由于资产阶级主动、联合且积极的出击，工人阶级
力量受到打压，工人阶级的联合受到多重限制，进而对工人阶级造成分
化，使得工人阶级潜存的阶级意识有待发挥却难以完全激发。工人深感自
己成为资本主义经济危机的牺牲品，但是无论在认识上还是在实际行动中
都表现得相对软弱，在这一时期工人阶级意识最大的特点是弱化与复苏反
复交织。

20世纪90年代初苏联解体，西方右翼独大，对工人阶级意识也产生
了巨大影响。90年代中期以后，随着全球化的发展，美国没有了苏联这
一对手，极力推行新自由主义，全世界范围内，新自由主义几乎独霸天

---

① 参见熊子云主编《当代国际工人运动史》，团结出版社1989年版，第173—174页。
② 同上书，第97页。
③ 同上书，第131页。

下，西方国家大多采取这种政策。这时对劳工的攻击是赤裸裸的、无所顾忌的。加之全球化条件下资本在世界范围内走向联合，工人却处于相对分散的状态，因而资本对劳工的进攻在此时居于主导地位。资本可以不受地理国界的限制，在全球范围内落户，向劳动力价格低廉，劳动力资源丰富的地区转移，临时雇员、非正式雇员增多，工人从事工作的稳定程度降低，进而打破了原有劳工力量的布局和工会组织的建设。实践中，资本会尽量回避那些工人组织相对完善的地区，以增强对劳工力量的明显优势。这样对工人联合组织形成了较大冲击，瓦解了工会组织的力量，削弱了工会吸纳新会员的能力。力量分化严重促使工人阶级不得不对资产阶级妥协。虽然工人阶级意识在这一时期总体上处于低迷状态，但我们有理由相信，随着"中产阶级"神话的破灭，随着 20 世纪 50—70 年代实现的福利国家、充分就业、工会谈判被全然颠覆，随着贫富差距不断扩大、工人实际生活状况下降等现实问题的出现，全球范围内的劳资关系会呈现出尖锐对立的局面。工人阶级必将开始对自身的位置进行重新归位，逐渐认可仍然处于工人阶级的地位。毕竟，工人被剥削的现状并没有得到丝毫改变，资本家对其所进行的剥削程度仍然有增无减。当工人工资、福利支出侵蚀资本利率时，资产阶级会毫不留情地甩开工人这个包袱，而不管他们的生活是否有保障。对工人阶级意识处于低迷时期进行相对详细的概述，有助于对资本主义国家在这一时间段的变化做一个相对全面的了解，也使影响阶级意识的因素更为凸显。

第二节　西方国家工人阶级意识处于低迷
时期的主要表现

一　西方国家工人阶级意识低迷时期状况概述①

　　20 世纪 70 年代中期至 20 世纪末随着新自由主义政策的普遍推广，工人阶级对新自由主义政策下实施的各项打压劳工、扶持资本的政策表现出严重抗议和不满。劳资关系由第二次世界大战后体制内的妥协与合作发

---

①　在关于西方国家工人阶级意识处于低迷时期的状况概述中，其中（一）西方国家工人阶级意识缺乏统一性，（二）西方国家工人阶级意识深刻性不足，这两点内容摘自笔者撰写的《论全球化背景下的工人阶级意识》一文，该文发表于《国外社会科学》2011 年第 5 期。

展为体制内的疏离和对抗，但更多地集中于体制内的改良，侧重于经济层面的改善。总体上说，这一时期资本对劳工无论在剥削程度还是打压力度方面都是有增无减的，但西方国家工人阶级的阶级意识并没有因此而实现质的变化，总体上仍处于一种低迷状态，具体表现在以下三个方面。

（一）凝聚力和统一性缺乏

工人的阶级意识注重强调凝聚力因素，这种凝聚力也是统一性的集中表现。工人阶级当前的普遍行为，反映出在阶级意识方面缺乏统一，在分清敌我方面存在模糊。美国资深记者隆沃思曾撰文指出："贸易夺走下层的工作，科技接管了中层的工作，而原来从事这些工作的人，为了夺取仅存的低薪工作，与原来的劳工阶层斗得头破血流。"① 发达资本主义国家的统治阶级更有条件采取措施，破坏工人阶级的团结，隐蔽地使他们内部发生冲突，从而坐收渔翁之利。例如，脑力劳动者自身工作的特点，加之长期从事脑力工作产生的习惯，他们更倾向于通过自身的能力完成一项工作，或者有限的几个人组成团队配合完成某项工作。在工作中彼此难免还会形成竞争关系，并因此加强对对方的戒备。在这种情况下，很难形成具有高度凝聚力的组织，因而工人阶级的组织性相应下降。② 组织程度降低必然导致工人阶级的行动效率低下，从而使工人总体的影响力下降。资本主义国家再一次彰显了其掩盖剥削、阻碍工人阶级形成自身意识的本领。

卢卡奇在《历史与阶级意识》中曾分析道，"物化的基本结构可以在近代资本主义的一切社会形式中找到……然而这一结构只有在无产者的劳动关系中才表现极其清楚和可以被感知。这首先是因为，他的劳动早在他的直接具体的存在中，就已具有一种赤裸裸的抽象的商品形式，而在其他劳动形式中，这种结构是隐藏在'脑力劳动'、'责任'等假面具后面的"③。对于不占有任何生产资料的工人阶级更是如此，他本应该更容易、更清晰地认识到自身的阶级地位，形成阶级意识，但是由于资本主义国家统治方式、统治手段经过数百年的锤炼，变得更加隐蔽、更加具有欺骗性，全球化更使资产阶级将全世界的无产者都视为其剥削的对象，工人阶级在整个全球化过程中处于劣势地位，无形之中对工人阶级阶级意识的形

① 李丹：《冷战后国际工人运动并未沉寂》，《上海工运研究》2006 年第 3 期。
② 参见林茂《当今资本主义国家工人阶级状况分析》，《理论学习》2001 年第 10 期，第 53 页。
③ ［匈］卢卡奇：《历史与阶级意识》，杜章智、任立、燕宏远译，商务印书馆 2009 年版，第 265 页。

成产生了阻碍。

随着科技的进步，生产力水平的不断提高，资本在全球范围内配置资源，资本家有足够的实力通过金钱收买部分工人，使其成为工人贵族，以达到分化工人阶级的目的。加之资本主义的魔爪伸向全世界，全世界的无产阶级都成为他们剥削的对象，因此资本在寻求成本最低化的同时为自身带来了无数的剩余价值和超额利润。资本家更易从剥削的剩余价值中拿出很小的一部分来收买工人，使工人阶级内部不断分层，破坏工人阶级的整体性和团结性，并转移工人对资本家的敌视，将斗争的矛头指向工人阶级内部。

当前西方工人阶级意识缺乏统一性还表现在工人阶级自身定位不准确。西方国家工人阶级更倾向于将自己划入中产阶级队伍，特别是从事非体力劳动的白领阶层。即使有数据显示在 2008 年经济危机发生以来很多发达国家的民众更愿意认可自己的工人阶级地位，也并不足以说明或者有充分的把握说明他们已经具备了真正的阶级意识，或者作为工人阶级意识层面上的阶级归属感。这是因为他们在为自己划归阶级归属时所依据的多是工资收入、福利待遇、工作环境等方面的内容，然而这些内容在全球化时代的今天，在资本灵活性胜过工人阶级流动性的今天，仍然存在很大变数，并不能构成划分阶级的标准。衡量工人阶级的唯一标准仍是他不占有任何生产资料，只有通过出卖劳动力来维持生活。所谓"中产阶级""白领阶层""技术精英阶层""经理阶层"等的出现，是对阶级概念和阶级划分的一种模糊，也是对工人阶级范畴的一种模糊，从而达到分化工人阶级作为整体的目的，削弱工人的阶级归属感，淡化工人阶级意识。

（二）深刻性和斗争性不足

由于工人阶级的组成结构在不断发生变化，工人阶级形成总体把握自身处境的能力需要经历一个逐步提高的过程，这就决定了统一的、深刻的工人阶级意识的形成也需要一个较长的时间。只有经过较长时间的磨炼，经过工人阶级争取经济利益、政治利益的实战，工人阶级才能形成更为深刻的阶级意识。当前，西方发达资本主义国家的工人运动主要停留在对资产阶级划定的经济权益的争取，而对政治力量的诉求却极为薄弱。这一时期工人阶级与资产阶级谈判的内容多局限在经济领域，例如围绕纯粹的工资政策进行协商，并不断降低要求。在法国，1986 年的劳资谈判中涉及

工资问题的比例高达 75%①，而即便如此，工会所争取的也仅是维持工人
现有购买力不变，追求的仅是相对工资的提高，而非绝对意义上生活环境
的改善。工人阶级为争取经济利益（如提高工资、改善工作环境、生活
条件等方面）而采取的行动，其意义不可忽视，但也应在适当时机将经
济要求上升为政治诉求，最终改变工人阶级受剥削的现状，消灭剥削。在
此需特别说明的是，工人争取经济利益的斗争在工人阶级实现最后解放的
过程中扮演着重要的角色，不能因其只是暂时改变工人的生活现状、未从
根本上触动资本主义统治的根基，而忽视其发挥的作用。毕竟，"工人斗
争的真正成果并不是直接取得的成功，而是工人的越来越扩大的联合"②，
在联合的努力下，工人阶级在面对诸如 2007 年爆发于美国并席卷全世界
的经济危机时也"应当同资本家争论工资究竟该降到什么程度"③。换言
之，即使是在经济萧条、资本主义经济危机发生时期，工人阶级也应尽量
争取自身的经济利益。甘心忍受经济危机时大规模的失业率、大范围降低
工资和相关福利的大幅度退缩，只能引来资本家对工人更为沉重的剥削。
在经济萧条时期尚且如此，则"在产生额外利润的繁荣阶段"，工人阶级
"如果不争取提高工资，按整个工业周期平均计算，他就会甚至得不到他
的平均工资或他的劳动价值。他的工资，在这个周期的不顺利阶段，必然
要受影响，如果在这个周期的繁荣阶段，还要求他不去争取补偿，那就太
愚蠢了"④。

　　在资本主义社会里，阻碍工人阶级意识走向深刻的因素是不胜枚举
的，甚至可以说整个资本主义制度都试图磨灭工人阶级的阶级意识，使其
安于现状。资本主义声称自身已经达到社会发展的最佳状态，目前要做的
只是适当改变资本主义社会尚且存在的不足，已不可能有更好的社会制度
将其取而代之。加之，在今天，资本主义社会内部又生发出越来越多的社
会主义因素。这些国家中的合作经济、社会保障、职工参与管理等"新
社会因素"对工人阶级有着强烈的暗示作用，似乎在资本主义框架内，
通过和平的手段可以实现资本主义和平长入社会主义社会，从而导致工人
阶级安于现状。由此可见，虽然我们期待和平的手段，但同时我们绝不应

---

①　参见张世鹏《当代西欧工人阶级》，北京大学出版社 2001 年版，第 168 页。
②　《马克思恩格斯文集》第 2 卷，人民出版社 2009 年版，第 40 页。
③　《马克思恩格斯文集》第 3 卷，人民出版社 2009 年版，第 71 页。
④　同上。

放弃革命的手段。要使工人阶级树立一种坚定的信念，促使一种强烈的完整的阶级意识在工人的头脑中生根发芽，需要一种外界的推动力。工人阶级现今正处于这个十字路口上，需要采取恰当的行动策略。

工人阶级内部的分散也导致阶级意识发展的局限和缓慢。客观地说，工人阶级已经逐渐地意识到他们的需求在资本主义制度下并没有得到真正的满足，他们的付出也没有得到应有的回报，然而一些发达国家的工人却把低工资、失业等这些在资本运行中必然遇到的问题归因于发展中国家工人与之进行的廉价竞争。由于未能正确认识资本的剥削导致工人工资相对下降、工人失业人数相对增加，资本在全球范围内的逐利流转，不断趋向低工资人群，以期实现剩余价值最大化，而错误地将原因归结于工人阶级内部的竞争这一表象，导致工人阶级内部的相互敌视和不满。例如，美国工人阶级将失业归结于墨西哥及其他国家的移民。错误的目标导向必然导致工人阶级意识成熟的艰难和曲折。①

和工人阶级意识表现出分散的特点相比，资产阶级意识则较多地体现了本阶级层面的联合。全球化背景下，全球性的阶级正在逐步形成，即跨国资本家阶级与客观存在的全球性工人阶级。资本家阶级意识到全球范围资本循环的重要性，同时也意识到彼此联合、设计一项符合资本主义全球化的计划的意义。通过世界经济论坛（World Economic Forum）等一系列正式和非正式组织整合资产阶级利益，为实现跨国资产阶级利益最大化而行动。可见，资产阶级在资产阶级意识的引导下开展着维护阶级整体性、根本性利益的实践。正如美国学者威廉·I. 罗宾逊所说，"跨国资产阶级正日益成为一个自在阶级和自为阶级"②，也就是说跨国资产阶级不仅在客观上形成一个阶级，具有相应的结构性特征，在主观上他们也意识到其作为一个阶级的客观存在，为在行动中维护阶级利益，不断体现其能动的一面。或许对跨国资产阶级是否已经形成尚且存在争议，但全球化背景下的资产阶级确实将其资本运转、生产组织过程的安排遍及世界各地，资产阶级有意识地联合以针对世界工人阶级的行为也清晰得以彰显，资产阶级对全球化的适应远远胜过工人阶级。而对被动形成的跨国工人阶级来讲，

① Rosemary Hennessy, "The Challenge: From Anti - Capitalism to Class Consciousness", *Socialism Review*, 2001, 28. 3/4, ProQuest Research Library, p. 85.

② ［美］威廉·I. 罗宾逊：《全球资本主义论》，高明秀译，社会科学文献出版社 2009 年版，第 62 页。

虽然逐渐实现了客观上、结构上的生成，但全球工人阶级尚未达到主观上，即形成完整工人阶级意识的程度。客观地说，就目前来看，全球化对跨国资产阶级而言起到了向心力的作用，而对被动适应全球化而客观存在的工人阶级而言在很大程度上起到的是离心力的作用。[1]

（三）多局限于体制内的低级冲突

体制内的低级冲突主要是指这一时期西方工人阶级的斗争仍在资本主义体制内进行，尚未出现真正要求超越资本主义现有机制，以新的更高的社会结构将其取而代之的强烈愿望。工人阶级的斗争主要针对某个单一目标，具体对某一问题或事件表示不满，例如针对经济问题、环境问题、妇女权益问题、性别歧视、种族歧视等，均未上升到政治变革的要求。此外他们斗争的对象也是个别资本家、个别行业，有时表现为对政府的不满，但尽管如此仍未提及制度变革等要求，相较成熟的工人阶级意识，此时的工人阶级意识仍存在目标指向不明的困境，局限于体制内的低级冲突。

工人阶级意识多局限于体制内的低级冲突还表现在工人阶级对眼前利益关注较多，而对长远利益则关注甚少。成熟的工人阶级意识应包括正确处理好眼前利益和长远利益之间的关系。不难看出，即便是工人阶级意识出现了某种程度的局部复苏，也更突出地表现在某一地区、某一行业或者某一工厂的工人，为眼前经济利益而参与到罢工、抗议、游行示威等行动中来。当然，对工人阶级来说，应该注重对眼前利益的争夺，工人阶级的最终胜利、成熟工人阶级意识的形成，离不开工人阶级在实践中"统一性和凝聚力"的发挥。然而这种统一性与实践性的培养又要求从长远利益、从事物的整体出发给予思考和整合。可见，在工人阶级意识的培养过程中，应一分为二地看待工人对眼前利益和局部利益的维护与争取。既要看到它对工人阶级意识形成过程中的积极推动力，也要看到其存在的局限和不足，构建起眼前利益与长远利益之间的平台，促进工人阶级意识的成长。

二 西方国家工人阶级意识逐渐萌生与觉醒

在对西方国家工人阶级意识的现实状况进行分析的过程中，必须本着

---

[1] 参见［美］威廉·I. 罗宾逊《全球资本主义论》，高明秀译，社会科学文献出版社2009年版，第140页。

客观的原则。所以，当我们看到工人阶级意识存在不够成熟一面的同时，也绝不可忽视在这一时期劳资双方的关系已经由体制内的妥协与合作，走向了体制内的疏离与对抗。虽然仍局限于体制内，但毕竟是工人阶级意识萌生的一个阶梯，并且为工人阶级意识的觉醒起到铺垫作用。这种"阶梯"或"铺垫作用"也体现在三个方面。

（一）团结意识在冲击中逐渐成长

工人阶级彼此的"竞争"必然对团结意识的培养形成巨大冲击。相较于福特主义生产方式，后福特主义最大的特点是实现了"竞争"转移。福特主义时期凸显资本家之间的竞争，为了在竞争中占据优势地位他们要求工人整体在流水作业上增加劳动强度并提升劳动效率。而丰田主义将"竞争"转向工人阶级内部，工人之间为获得较高奖励收入而进行竞争。资本无形之中展开了对福特主义生产方式下工人一体化、同一化的攻击，逐渐瓦解了工人的团结意识，灌输一种个人主义竞争意识。但工人彼此的竞争并不能磨灭他们之间共同利益的存在，同时也不能抹杀在对抗资产阶级进攻时工人进行联合的可能性和必然性。随着全球化的兴起，工人阶级面对的不是一国的资本家阶级，而是全球范围内资本家的联合体，工人阶级的命运无论是主动还是被动已经被紧紧联系在了一起。资产阶级通过雇用移民工人或转移生产基地等方式打压本国工人提高工资与福利待遇等要求，使工人阶级逐渐意识到将改善工人现状的目标寄托于国家范围内已经不足以实现同资本力量的抗衡，必须争取世界工人阶级的团结。

（二）对资本主义本质的认识由模糊渐趋清晰

工人在后福特主义时期生产过程中的相对自主权，使工人产生了一种"虚假的主人翁意识"。因为在生产过程中，资产阶级一方改变了过去对工人流水线作业时时监控的方式，而是将任务分配给各个不同的小组，对具体完成过程并不作十分细致的规定，小组成员在操作过程中有一定的自主权。加之生产的综合性特征凸显，对工人的技术要求也在提高，往往那些受过高等教育、技能水平较为娴熟的工人最受资方欢迎，他们也相信通过自己的努力能够在生产中获得相对重要的位置。所谓"生产民主化""生产劳动非专业化"思想逐渐被一些工人接受，他们认可资本主义这种"公平竞争模式"，从而模糊了对资本主义剥削本质的认识，以及客观上对雇佣劳动的肯定。而另一方面由于对雇佣工人在技能上提出更高的要求导致一部分工人失去了重新就业的机会，在西方一些国家出现"三分之二社会"的提法就是针对三分之一的人由于长期就业不足而生活在社会边缘地带。被雇用者在劳动生产过程中，受剥削程度也在不断加深，尽管资本雇佣的劳动人数在相对地下降，但是其需要工人付出的劳动力水平不但没有降低，反而还有所提高。在这一过程中，工人逐渐认识到资本家对工人的剥削本质始终没有发生变化，不同的仅仅是形式。

（三）体制内疏离对抗的劳资关系催生阶级意识

20世纪70年代中期以来，资本反攻劳工的力量凸显，劳方在与资方力量对比中处于劣势地位。为改变工人失业率较高的局面，同时也是迫于压力，1979年9月美国工人阶级及其工会劳联—产联组织接受了政府和资方提出的所谓"全面谅解"协议，即以降低工人工资的方式削减通货膨胀压力。这是以工人妥协、退让为前提的，在牺牲工人阶级利益的基础上成功实现风险转嫁，并将这一举措以文字方式加以确定。加之资产阶级一方通过工人购买企业股票等方式，使企业效益直接与工人收入挂钩，制造所谓"息息相关"的联系，导致这一时期劳资关系步入"合作阶段"。面对70年代以来的经济危机和经济滞胀，工人阶级首先认为其应对经济恢复承担部分责任，其次在维权行动中也表现出较大的妥协和退让。由过去反对剥削、要求改善工资待遇、提高社会福利等内容转而要求相对稳定的就业。以英国为例，工人在罢工中提出的口号不是消灭危机、消灭剥削，而是"重建英国、青年就业、人人就业"。

这一时期，伴随新自由主义政策的推广，劳动力市场开始向松动化、弹性化方向发展，过去通过斗争而获得的有利于工人阶级的保护政策逐渐退却，而代之以全面市场化的运行模式。资本在全球范围内实现空间化布局，促使资本有能力选择最优、最廉价的劳动力资源，实现生产环节在世界各地的最优分化。资本主动选择的投资地点成为工人被动接受的工作场所，投资的分散化导致工人在空间分布上的离散化，大量的产业后备军使工人在工资谈判能力以及利益组织建设方面都处于被动地位，资方对工人的工资有完全的单方自主决定权，致使工人工资始终滞后于生产率的提高，工人为资本家阶级贡献的力量和剩余价值以几何级递增，而他们所能获得的却相对甚少。

应该说，这一时期劳资力量对比仍明显有利于资本一方，对工人阶级一方是极其不利的，但也正是由于资本对劳工的进攻日趋明显和激烈，使得劳资双方的关系从第二次世界大战后资本主义"黄金发展时期"的"体制内合作"转向了"体制内的疏离和对抗"。之所以说是在"体制内"，这是因为此时工人阶级的斗争并没有突破资本主义制度层面的内容，仍在资本主义制度所承受的范围内。虽同处于"体制内"，但此时劳方与资方的关系已经告别了合作占主导的时期，转而让位于疏离和对抗，也就是说工人阶级日渐感觉到资本对劳工的剥削，同时也明显地体会到资方对工会组织的极尽打压，雇主与工人的利益是矛盾的。特别是当经济危机袭来的时候，资产阶级一方更是会运用各种手段确保资本的有效运行，不惜牺牲工人通过斗争获取的微薄利益。

客观地讲，生产总量的增加、生产效率的提升，一方面依靠的是高科技的推广与交流，另一方面则是工人高强度的劳动以及较低的工资和脆弱的社会保障体系。资本的增值能力越来越强，而工人的实际收入却没有得到真正提高。直到20世纪90年代后半期工人在工资待遇方面才有所改善，失业率才得到一定程度的控制。但总体来讲，这一时期资本家对工人的剥削无论在规模上还是力度上都有明显增加，在对抗劳工力量方面采取直接的打压政策，资产阶级对工人阶级的态度以及在实践中剥削程度的加强都促使工人阶级将资本家阶级视为自己的对立面，逐渐认识到世界范围内联合起来的重要性，阶级意识逐渐得到复苏。但由于工人阶级力量的分散使得资产阶级可以有效地控制和削弱他们抵抗资本主义制度的情绪，因而工人阶级意识仍处在资本主义体制内的抗衡阶段。

第三节　西方国家工人阶级意识处于低迷状态的原因分析

西方国家工人阶级意识处于低迷状态，突出地表现在对资本主义生产方式的认可，正如马克思在《资本论》中所言，"单是在一极有劳动条件作为资本出现，在另一极有除了劳动力以外没有东西可以出卖的人，还是不够的。这还不足以迫使他们自愿地出卖自己。在资本主义生产的进程中，工人阶级日益发展，他们由于教育、传统、习惯而承认这种生产方式的要求是理所当然的自然规律。"① 其中教育、传统、习惯等内容都在淡化阶级意识方面扮演着重要角色,具体来说导致西方国家工人阶级意识处于低迷状态的原因是多方面的,涉及经济、政治、社会、文化等各方面的内容。关于影响工人阶级意识因素的解读是一个相对复杂的问题,这是因为导致工人阶级意识状态的原因是多重的,而非单独的某一个因素,如果单纯从某一视角出发,从而得出工人阶级意识高涨或者低迷都是有欠考虑的。例如,桑巴特从文化的视角出发,阐释了为什么美国没有社会主义,并进而得出结论,认为美国不仅在当时没有社会主义,而且美国也缺乏孕育社会主义的土壤。但实践证明,第一次世界大战爆发之前工人阶级意识的高涨以及 20 世纪 30 年代工人阶级意识的再度复苏,都使桑巴特的结论似乎并不是那样的禁得住推敲。毕竟影响工人阶级意识的因素是复杂而多样的,并且这些因素处在不断变化之中,因此需要对各种因素分别给予关注,而且需要在进行阶段性考察的同时进行系统性的持续关注,只有如此才能对工人阶级意识的淡化、复苏等原因给出相对科学和稳妥的解读。因此,在分析西方工人阶级意识处于低迷状态的原因时需要对各领域以及各环节都给予尽可能的分析和解读。

一 经济因素对工人阶级意识的影响

经济因素对工人阶级意识的影响在诸多因素中起主导作用,马克思在研究阶级问题时始终强调经济结构、经济地位、收入方式等在不同阶级中的独特表征。大卫·洛克伍德在对 20 世纪中期办公室职员阶级意识进行的专项研究中赞同马克思主义经典作家关于经济元素对阶级意识的影响。他认为,阶级地位(class position)通常受三方面因素的影响:一是"市场环境"(market situation),即狭义上的经济状况,例如收入来源与数额、工作的稳定性以及晋升空间和机遇等;二是"工作环境"(work situation),即工人因部门分工等原因而深陷于某一岗位的程度;三是"身份地位",即所受社会尊重程度,主要关涉声望、认可度等内容。其中"市场环境"和"工作环境"均是依据马克思关于阶级分析的理论进行展开

---

① 《马克思恩格斯文集》第 5 卷,人民出版社 2009 年版,第 846 页。

的。① 正是受多重因素的制约，导致客观上本应列入工人阶级队伍的办公室职员在很大程度上却否认自身关于工人阶级的归属，表现出中产阶级的倾向。然而随着客观经济环境的变迁，这种认识也处在变化之中。但无论如何，资产阶级一方都会通过各种方式培养工人阶级这种错位的认知，模糊工人阶级的属性。在这里主要从生产领域和分配领域进行较为具体的分析。

（一）生产领域

1. 所有权与控制权的分离

所有权与管理权的分离，在本质上是企业运营模式的改变，是公司管理方式变更的需要，同时也是抑制工人阶级不满情绪，分散工人阶级对资本家阶级敌视态度的需要。在资本主义性质的企业中，所有者与管理者之间"直接的和个人的统一性被割裂开了。资本现在已经超出了它的有限的和正在受到限制的个人形式，进入一种社会事业形式"②。事实上，在管理者之间有必要作更细的划分。因为一些最高管理者和无数普通管理者之间还是有着较为明显的差异。所有者与最高管理部门管理者之间存在着必然的联系，甚至可以说他们是来自同一阶级的成员，只是分别扮演着不同的角色，共同促进资本生产的顺利进行，以及资本的稳定增值和积累。然而所有者与普通的管理者之间则并不必然具有共同的阶级属性，随着资本在世界范围内拓展空间，随着跨国企业的规模化生产，随着生产过程的精细化程度不断攀升，各层次、各部门、各种级别的管理层也在不断扩张，这些所谓的管理层、日益庞大的经理阶层，他们在本质上并不能构成单独的阶级，他们中的大多数仍属于工人阶级的一部分，是资本家组织生产的一个环节。

所有权与控制权二者的分离表现在两个层面，第一，旧式资本家在生产过程中的作用发生了变化，他们不再过多地干预生产组织的具体过程，而是通过雇用专业管理人员对其进行具体安排和操作，作为资产所有者的资本家阶层与工人阶级的距离更远了，甚至与一般的管理者也相距甚远。因此工人阶级与管理层即经理阶层会发生一定程度的接触，而与生产资料

① David Lockwood, *The Blackcoated Worker: A Study in Class Consciousness*, London: Unwin University Books, 1966, pp. 15 - 16.

② ［美］哈里·布雷弗曼：《劳动与垄断资本——二十世纪中劳动的退化》，方生、朱基俊、吴忆萱等译，张伯健校，商务印书馆 1979 年版，第 228 页。

的所有者却很少有直接的联系，因而有助于缓解双方的尖锐冲突，以合理化的外衣掩盖资本剥削的现状。可见所有权与控制权的分离模糊了工人阶级与资本家阶级之间的利益对抗性。似乎通过这种方式资本家阶级作为一个通过占有生产资料而剥削工人的旧式统治阶级已经不存在了，他们的收入是资本投入的正常回报，与此同时还产生了一个新的领取薪水的管理阶层即经理阶层。而事实上资本所有者特别是大的金融垄断财团，他们不仅不会对控制权放手，反而会在世界范围内，在全球化背景下实现利益组合，从而对某一行业或领域实现垄断性的绝对控制。第二，所有权和控制权的分离还表现在工人持股现象的普遍发生。工人阶级通过购买公司的股票，享受公司盈利而带来的工资以外的收入，从而使工人的收入与公司的效益直接挂钩，工人也更以一种"主人翁"的态度来对待自己的工作，服从公司的各项安排，接受公司的统一管理，认同牺牲管理权而获取更多的股息红利，以期在收入上有较大的改观。其实这不过是资本对工人控制方式的一种转变，在一定意义上可以说对工人的控制更加严格、更加便捷。工人的股票收入与资产阶级对公司的控股是两个截然不同的层面，后者对企业的经营及盈利有绝对的控制权，前者不过是对其基本的生活需要以不同于工资的另一种形式返还给工人而已。因此工人持股并不改变对生产资料的占有形式，也不会对资本主义的本质形成任何有决定意义的影响。反而使工人认可这种组织生产的形式，在利益方面与资产阶级站在同一侧，模糊了二者之间的根本性对立，模糊了工人的阶级意识。

2. 区别待遇使工人彼此嫌隙冲突

资本主义生产过程中对高技术工人的重视，对熟练技能型工人与半熟练、非技能型工人在收入方面的差别对待，以及对其所从事工作在社会保障方面的明显不同，都容易导致工人阶级内部的分化和矛盾。后福特主义时期的生产方式巧妙地将工人与资本家阶级之间的矛盾和竞争转移到工人阶级内部，以致在工人之间产生激烈的、以争夺经济利益、高额工资为目标的竞争。另外，资产阶级一方却坐享渔翁之利，收获着工人竞争创造的高额利润，占据着工人创造的更多剩余价值。福特主义时期的生产过程对工人技能无形之中有一种稀释作用，致使掌握较全面技术的熟练工人与非熟练工人之间不存在本质差别，而只在操作时间和次数上有些许不同。他们的工资虽然随着生产力的提高有所提升，但彼此间的差异并不明显。可见，对于工人阶级而言，在福特主义时期他们共性的内容居多，无论在生产方面还是生活方面都表现出很多的相似之处，因而此时工人的团结意识、阶级意识相对明显，特别是通过联合的力量争取与雇主谈判并维护本阶级成员利益的实践相对频繁。在后福特主义时期情况则发生了较大的改变，此时的生产过程更趋向于工人对整个生产过程中某几个环节的控制和把握，工人在生产过程中不再是统一地从事着那些具有简单化、机械化固定模式的操作，而是逐渐地要求工人在不同生产环节之间进行灵活且娴熟的变换，掌握多种技能。为此，后福特主义时期必然对工人能力的要求有明显提升，那些掌握多种技艺、娴熟的工人将在生产过程中受到更多青睐，并在物质和精神上得到雇主更多的肯定。相反，非熟练技术工人则只能获得相对较低的工资，处在生产过程的外围，这样就形成了掌握核心技术的"中心"工人与"外围"工人之间的矛盾和分化。达仁道夫就认为发达工业社会工人阶级内部的分化在高级技术工人、半技术工人和无技术工人之间表现得非常明显。致使工人阶级内部发生分解，进而带来作为工人阶级整体的同质性的匮乏，难以形成一个统一的、团结的阶级并为共同的目标进行斗争。[①]

因此，同高技术工人相比，半熟练和半技能工人对资本主义的不满情绪会较前者更高，但是在一定环境下，高技术工人反而能够对资本主义生产过程形成较大的影响和冲击。在资本家阶级所进行的分化及拉拢政策下，以高技术工人为部分代表的工人成员位列工人阶级中的顶层，他们拥有不同于其他普通工人的一些特征，例如，"他们拥有自己的文化特征、生活习惯、道德准则和价值追求"[②]。但这些位于顶层的工人阶级成员由于在一定程度上也在分享着工人阶级创造的剩余价值，因而他们的斗争矛头很难直指资本主义制度本身。工人阶级的分化最终导致工人阶级力量的零碎化、弱化，进而寄希望于同资产阶级进行可以接受的合作，从而干扰工人斗争的激进性和彻底性。

3. "弹性专业化"雇佣模式削减工人凝聚力

后福特主义时期"弹性专业化"的劳动力雇佣模式导致工人的内聚

---

① 参见李强《社会分层十讲》（第2版），社会科学文献出版社2011年版，第54页。

② Andre Gorz, *Farewell to the Working Class: An Essay on Post - Industrial Socialism*, London: Pluto Press, 1982, p. 46.

力减弱。"弹性就业方式"的普及使得工人阶级内部出现分化，正式雇佣工人与非正式雇佣工人之间的差异表现在经济收入、享受的社会福利待遇等各个方面。正式雇佣工人通常与雇主签订长期稳定的合同，多数在生产中掌握核心生产技术。而非正式雇佣工人则处于核心技术的外围，他们与雇主之间不具有稳定的雇佣劳动关系，以弹性就业为特征，他们能够被雇用完全取决于生产的需要，当生产旺季需要生产更多的商品以满足消费需求时，他们就会以临时雇员的形式暂时地找到工作，相反当生产淡季来临时，雇主则会剥夺他们被雇用的机会，可见雇主对是否雇用临时的、非正式工人具有完全的自主决定权。

弹性就业对雇佣者来讲有利于缩减工人工资，减少成本支出，进而分化工人阶级的内部整体性、瓦解工人阶级的联合性，增强自身与工人阶级谈判的主动性；对于工人阶级来讲则越发处于与资产阶级相对而言更为被动的地位。工人阶级内部凝聚力减弱，一方面体现在工人就业的稳定性差，工人被雇用的数量和时间的长短完全取决于生产的需要。另一方面成立并强化维护雇佣工人利益的组织难度在不断加大。主要由于临时性雇员增多，他们在很多企业中占据了主要力量，却尚未被工会等组织完全联合起来。

资产阶级在可能的情况下会更倾向于雇用非正式工人代替正式工人。以日本为例，非正式雇员占整体雇员人数由 1995 年的 21% 上升至 2005 年的 33%，其中女性非正式就业人口由 39% 上升为 53%。[①] 非正式雇员与签订长期合同的正式雇员相比在工资收入、社会福利以及晋升机会等方面都存在较大差别，与欧洲其他国家相比，日本国内所表现出的这种差距更为明显。处于不同收入层面、就职于不同性质工作岗位的工人在对资本主义社会认可程度方面会有不同。那些收入较低、不享受社会福利的非正式工人对现状会有较大不满，而那些收入较高、享受社会福利的正式工人，他们会比较认可当前的状态。依据洛克伍德对工人阶级意识形成中两个相互联系却又相对独立的过程而言，那些非正式工人更容易产生与雇主之间利益分化的意识，进而在自身所在群体内部形成共同意识。但工人内部的分化必然导致工人阶级的整体意识和团结意

---

① Andreas Bieler, Ingemar Lindberg and Devan Pillay, "The Future of the Global Working Class: An Introduction", in Andreas Bieler, Ingemar Lindberg and Devan Pillay, eds., *Labour and the Challenges of Globalization*, London: Pluto Press, 2008, p. 14.

识的淡化。

"弹性专业化"雇佣模式意味着工人工作的变动频率在不断上升,那种终身稳定地在某一固定企业工作的概率变得越来越小,即使是在"劳资合作""工人参与管理"相对凸显时期,工人工作的稳定程度也丝毫没有回稳的态势。在被誉为劳资合作典范的克林顿政府时期,工人也被迫更换六七次工作,才能维持现有的收入。工作的不稳定性带来的直接影响便是工人彼此间的疏远,认为身边的工友不过是无数次调换工作中的匆匆过客而已,难以形成彼此真正意义上的认同及建立相互的信任之感,进而导致工人力量的分散,凝聚力下降。

4. 扩大失业人数,弱化工人组织能力

失业人数、非正式就业人数增加,导致有组织工人人数的基数不断下降。制造工人失业既是资本积累的需要,也是分化、打压工人的需要,资本必须在工人中制造就业的竞争,并保持相对数目的失业工人,以把控劳资双方斗争的主动权。资本家阶级"通过使就业工人人数比扩大的生产相对减少的方法"[1]制造游离出来的工人,一方面可以为资本转向新的领域提供足够的劳动后备军,另一方面也可以向就业的工人变相增加压力,使工人认识到他们的工作随时可能会被其他人所替代,因为待就业的人有许多,加之培训一名适合操作的工人并不是一件难事。此外,这种可替代的廉价劳动力的寻找已经波及世界各地。

就西方国家所创造社会财富总量的增加比例与吸纳的就业人口相比,前者远高于后者。也就是说随着科技进步以及其他各种有利于资本增值因素的发展,生产同样的财富对劳动力的需求量在不断减少。虽然吸纳就业人口的绝对值在增加,然而相对值却趋于下降。以 2007 年 1 月的一组统计数字为例,2006 年雇员人数达 20.9 亿人,与 2005 年相比提高了近 1.6 个百分点,相比 1996 年提高了 16.6 个百分点。与此同时,在 1996 年至 2006 年这十年,世界经济总量平均每年增加 4.1 个百分点。[2]可见新自由主义条件下全球化带来的是一种失业人口不断增加的经济增长,即较低雇

---

① 〔美〕哈里·布雷弗曼:《劳动与垄断资本——二十世纪中劳动的退化》,方生、朱基俊、吴忆萱等译,张伯健校,商务印书馆 1979 年版,第 340 页。

② Andreas Bieler, Ingemar Lindberg and Devan Pillay, "The Future of the Global Working Class: An Introduction", in Andreas Bieler, Ingemar Lindberg and Devan Pillay, eds. , *Labour and the Challenges of Globalization*, London: Pluto Press, 2008, p. 9.

佣人口增长率即可创造较高经济增长量的发展模式。虽然以失业率来观察，似乎西方国家工人阶级的就业状况并没有那样糟糕，但是要明确在政府的统计数据中其实水分也是不少的，其统计方法也有效地规避了规模庞大的失业人口。在此以美国为例，美国政府在统计失业率时通常会将非充分就业人口以及那些已经对找到工作丧失信心的人排除在外，（在经济危机发生五六年后的今天，官方给出的失业率徘徊于 7%）而事实上后两种群体人数都呈现出鲜明的上升趋势。可见，有必要对失业率（the unemployment rate）和未充分就业率（jobless rate）进行区分。为了得到相对准确的计量方式，或许可以参考福蒙特州立大学教授弗里德·马格多夫和俄勒冈大学社会学系教授约翰·贝拉米·福斯特所得出的调研数据。该数据中排除了那些不想工作或者并不十分迫切需要工作的工人。以下几组图表可以更好地反映工人失业的真实情况①。

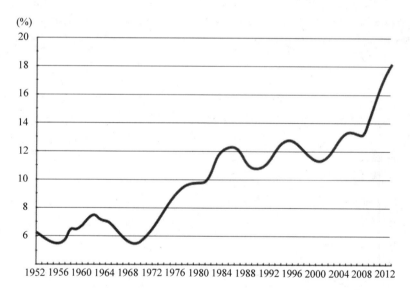

图 1 25 岁至 54 岁的男性公民真正失业率的比率（Real Jobless Rate）的变化

资料来源：美国劳工统计局（U. S. Bureau of Labor Statistic），"Employment Level" and "Population Level"，series LNU02000061 and LUN0000006，http：//data. bls. gov.

---

① 图 1—4 引自 Fred Magdo and John Bellamy Foster，"The Plight of the U. S. Working Class"，*Monthly Review*，http：//monthlyreview. org/2014/01/01/the－plight－of－the－u－s－working－class。

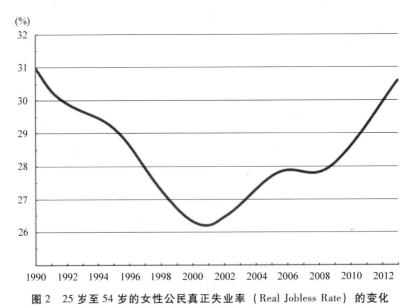

图 2   25 岁至 54 岁的女性公民真正失业率（Real Jobless Rate）的变化

资料来源：BLS，"Employment Level" and "Population Level"，series LNU02000062 and LNU00000062. Also see note Chart 1.

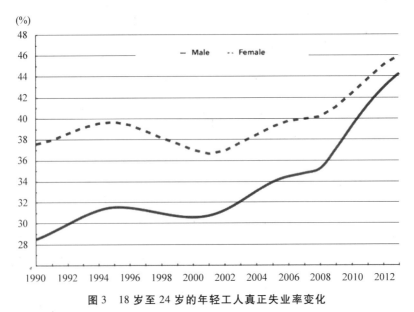

图 3   18 岁至 24 岁的年轻工人真正失业率变化

资料来源：BLS，"Employment Level" and "Population Level"，series LNU02000152, LNU02000317, LNU02024885, LNU02024886, LNU00000317, LNU00000061, LNU00000152 and LNU00024885 Also see note Chart 1.

伴随 2008 年以来经济危机的强烈冲击,西方国家工人阶级的就业状况骤然下滑的另一重要表现是临时雇员人数明显上升。

图4 2007 年 11 月经济危机爆发前夕至经济危机发生之际,全职工人、临时性雇员以及工人阶级整体的状况对比

资料来源: St. Louis Federal Reserve Fred Database, series LNS12500000 and LNS12600000.

总之,工人的失业人数在绝对数量上有增无减,进而导致未被组织起来的工人人数以及工会等力量无力干涉的工人数量不断增加。而事实上,这些失业人口,特别是那些处在社会边缘的人口恰恰是对现存秩序不满情绪最为强烈的一部分群体之一,却由于客观上缺少将其力量整合起来的组织,导致其处于一种松散状态,无法团结起来。

5. 分工及生产过程的分化,抑制工人阶级意识

对工人阶级采取分而治之的方式对资产阶级来讲可谓是屡试不爽,无论是 18 世纪对工人阶级联合组织工会等进行严厉的镇压,还是 20 世纪后半叶对工人阶级生产、生活领域进行更加全面深刻的分化,似乎都只有一个宗旨,即破坏工人阶级的整体,或者是破坏工人阶级行动的整体,或者是为工人阶级对资本主义生产进行整体认知设置重重障碍,进而使工人阶级本身及其意识都呈现一种碎片化的特征。法国学者安德烈·高兹对资本

主义制度下工人阶级的变化进行了研究，虽然他所得出的"告别工人阶级"的结论我们并不赞同，但是他对资本主义生产方式的调整对工人阶级的影响，特别是对工人阶级的分化方面的分析还是值得我们借鉴和思考的。他认为，"资本主义生产愈发将工人的创造力抽离出生产过程之中，使工人的生产过程愈发远离创造性的生产活动"，"碎片化的工作内容，泰勒制的组织方式，自动化的兴起以及所谓'科学管理'等内容都使工人曾经引以为荣的工作变得缺乏活力和创造力"①，而工人也渐渐地趋向于扮演机器的一个辅助部分。

就分工而言，在广义上可以将其划分为两种类型。其一是行业的分工。随着社会的进步，生产工具的创新和完善，生活质量的不断提升，行业分工表现得更趋明显。例如，过去普遍熟悉的服务业又可以细化为更多的行业，与此同时服务业也成为一个容纳无数行业的统称；其二则是行业内部的分工，也称为个别分工。这种分工具体是指工序的分化与重组，将具体操作进行提前规划，分别交由不同的人来完成某一相对较小的步骤或环节。行业分工与个别分工有着显著的差异，其中一点需要特别提出，即"社会分工把社会划分为各种行业，每种行业适应一个生产部门；个别分工打破了这种意义上的行业，使工人无法完成任何完整的生产过程"②。分工的越发细化，导致劳动过程的对象变成局部的、非统一的产品，因而伴随技术独立化与工人操作过程独立化逐渐凸显，工人阶级掌握技术的片面性和狭窄性，以及工人对生产过程认识的局部性和有限性变得越来越明显。机械化以及生产系统的庞大规模使工人在生产中迷失了自己的价值进而也迷失了自己，一定意义上成为资本主义新技术的牺牲品。

总之，生产的复杂性、间接性会干扰工人阶级对资本主义所作出的判断，影响阶级意识的生成。在这种情况下，工人一方面隶属于机器，另一方面又囿于极端的分工，因而"各种不同的劳动逐渐趋于一致；劳动把人置于次要地位；钟摆成了两个工人相对活动的精确的尺度，就象它是两个机车的速度的尺度一样。所以不应该说，某人的一个工时和另一个人的一个工时是等值的，更确切的说法是，某人在这一小时中和那个人在同一

① Andre Gorz, *Farewell to the Working Class: An Essay on Post - Industrial Socialism*, London: Pluto Press, 1982, p. 46.

② ［美］哈里·布雷弗曼：《劳动与垄断资本——二十世纪中劳动的退化》，方生、朱基俊、吴忆萱等译，张伯健校，商务印书馆1979年版，第67页。

小时中是等值的"。① 相应地，"分工的发展越艰难、越缓慢，集体意识就越明确、越有活力。相反，分工的发展越迅速，个人就越容易与自己的环境和睦相处"②，其观察事物的视角也渐渐的由集体趋向于个人，由整体趋向于部分。

在前文论述工人阶级意识的内容时已经特别强调，对于工人阶级来讲，成熟的阶级意识应具有整体性特征。然而这种分化的生产过程恰恰使工人在生产中形成了一种分散的思维模式与行为习惯。工序的分开与操作的分解在本质上是对劳动过程的切割，在这样的劳动过程中必然形成数量庞大的局部工人队伍，他们并不知晓所从事生产过程的全部内容，甚至不知道自己所生产的东西将用在何种商品上面。在对自身劳动本身缺乏清晰认识的情况下，便很难对自己的劳动价值作出准确评估，也很难找到彼此间、不同部门间、不同行业从业人员之间的共性。工人阶级意识的培养需要克服个别分工所带来的分散化以及因此产生的对自身价值的低估，进而向联合及合理评估自身价值方面转变。可见，个别分工给工人阶级自身、阶级意识及其行动等方面所带来的负面影响是显而易见的，布雷弗曼曾作出这样的判断："社会分工把社会进行再划分，而个别分工把个人进行再划分；社会的再划分可以提高个人和人类的价值，而各个人的再划分如果是在不顾人的能力和需要的情况下进行，就是对人和人类的一种犯罪。"③这种犯罪不仅体现在客观方面，更为重要的是对人主观意识的影响。这种分工使工人阶级更难以认清自身在生产过程中的贡献和地位，自然难以形成清晰的阶级归属感和利益认同感，从而更加倾向于对现有状况和现行制度的认可，努力通过调试自身以适应制度的需要。

事实上，分工的过程同时也是控制权转移的过程，因而工人在行业内部、在个别分工的过程中逐渐感到自身的无力，这也是对客观变化的一种反应。分工使生产过程更有利于资本的积累以及资本家阶级对生产过程的全面控制，甚至可以人为调试生产效率。而对工人阶级来讲，其负面效应则显然占据主导地位。通过行业内部极其细化而机械化的分工，分化工人

---

① 《马克思恩格斯全集》第 4 卷，人民出版社 1965 年版，第 96—97 页。

② ［法］埃米尔·涂尔干：《社会分工论》，渠东译，生活·读书·新知三联书店 2013 年版，第 241 页。

③ ［美］哈里·布雷弗曼：《劳动与垄断资本——二十世纪中劳动的退化》，方生、朱基俊、吴忆萱等译，张伯健校，商务印书馆 1979 年版，第 67 页。

的整体性认知，削减工人的技能把控能力，从而将生产过程的主动权转手交给资本家阶级。

行业内部分工所带来的影响绝不仅仅局限于生产领域，其影响之深、涉猎范围之广可以简单概括为：（1）对工作中的控制与业余生活的控制；（2）对生产过程的控制与消费过程的控制；（3）对物质领域的控制与精神领域的控制；（4）显性控制与隐性控制。最终使工人的参与能力不断下降，而服从意识却不断提升，从而培养出符合资本主义生产过程的、易于控制的劳工群体。

行业内部的分工还可以注解工人认可劳资双方在一定程度上形成共同体的状况。行业内部的分工使劳动过程本身包含有泾渭分明的两种不同内容，一是实际操作过程，二是为使实际操作更具"合理性""科学性""效率性"而开展的各种相关管理工作。事实上任何生产活动的顺利完成都离不开这样两方面的内容，只是在资本主义制度下这些内容具有了鲜明的工具性特征，其中渗透着对技术的剥夺和对工人本身的控制。资本主义制度有效地将这两方面的内容分离开来，分别由不同的人来承担，前者由雇佣工人完成，后者转交给资产阶级一方进行操控。这样完成一项工作，在一定意义上需要劳资双方的相互配合与协作。因而在工人的主观意识上就容易形成这样的认识，即他们似乎在一定范围内形成了利益共同体，或许在分工初期这种表现并没有那样明显，例如在泰罗制刚刚开始出现的时候，这是因为人们对整体的操作流程以及生产商品的全部工艺流程均有所了解和把握。但随着分工越发细化，生产流程更趋机械化时，工人越发成为生产机器的一个零部件，他们缺少对系统技艺的掌握，更缺少对生产过程的整体性认知，他们所能做的似乎就是服从管理部门的安排，完成领班等管理人员交给的任务和具体操作。这样就在工人与直接管理者及间接管理者之间建起了某种必然性的联系。而分工的细化却导致不同工人之间形成了横纵切割式的分化，进而导致工人的整体性淡化，局部利益凸显，衔接不同领域工人的纽带相对模糊，工人与管理者的联系却清晰可见。

行业内部由资方所主导的分工还在工人阶级内部制造了无限隔阂。资本主义生产过程使从事不同职业的人因个别分工不同所扮演的角色也各不相同。一些从事技术含量较高工作的雇员，如工程师团体，他们通常会自然地将自身与一线的工人分隔开来，很大程度上他们也将工人视为机器的附属品。他们通过对机器设备进行整体设计和规划不断提高机器智能型特征，这样便不可避免地要重新调整机器与工人的关系。"当这种过程在工程师心目中形成的时候，进行这种过程的劳动结构同时也在这种过程的设计师心目中形成，而且在某种程度上，劳动结构本身就形成了这种设计。"① 回顾工人与资本家斗争的历史，那些破坏机器、消极怠工的举动充分体现了工人抗议机器在生产过程中对其自身所造成的侵害。而资本家为规避工人依靠技术及对生产过程的控制与资本家抗衡的状况，从而着力将工人从技术层面抽离出来，使他们的工作更趋机械性和可替代性。伴随不断更新的资本主义生产过程也使劳动力价值受到质疑。劳动过程的复杂性与工人实际操作情况反向变化，资产阶级一方对劳动力技能方面的需求在不断下降，这些都使工人对自身所创价值的认识越发模糊。

行业内部的分工并不局限于某一地区或者某一狭小的范围内，全球化对资本主义来讲之所以有着特殊的意义也体现在通过全球化的过程整合各种资源，将生产过程及其组织流程在世界范围内普遍推广。全球化对资本主义来说是一种趋势，也是一种必然的要求，它是资本在世界范围内索取剩余价值的需要，也为资本更为有效地剥削工人创造了条件，特别体现在一体化的生产方式迫使工人向现状妥协。可见，在这样的劳动过程中，人们的"主观因素改变了地位，成为劳动过程的无生命的客观因素之一"②。换句话说，"与机器的物理演变相对应的社会演变"随之发生，"逐步形成一支'劳动力'来取代自主的人类劳动；这就是说，逐步形成符合这样一种社会劳动组织的需要的劳动人口"③，在这样的生产组织中，劳动大众会变得越发容易从事机器上面的苦役。

全球化条件下商品的生产分散到世界各地，不同于世界经济时期生产的主要环节在一国范围内进行，全球经济时期商品生产在世界各国间形成大的循环，例如汽车工业的发展，几近成为"跨国家的蜘蛛网……延伸到全球"④。学者阿伦（Allen）也指出劳动力市场过于细化的分割不断在工人阶级之间制造矛盾和争端，这一过程对工人阶级意识的形成必然产生

---

① ［美］哈里·布雷弗曼：《劳动与垄断资本——二十世纪中劳动的退化》，方生、朱基俊、吴忆萱等译，张伯健校，商务印书馆1979年版，第178页。

② 同上书，第152页。

③ 同上书，第173页。

④ ［美］威廉·I. 罗宾逊：《全球资本主义论》，高明秀译，社会科学文献出版社2009年版，第14页。

不利影响。① 生产过程的过于分散，工序分割的过于细致，导致工人对自身生产商品的整体性缺乏正确认知，进而对其自身劳动所创造的价值形成不确定性，甚至产生怀疑，在主观上弱化自身创造价值的能力，从而认可其获得收入的"合理性"。相应地，生产越是分散到世界各地，越是趋于碎片化，资本就越是跨越国界在世界范围内流动，也就越需要资产阶级越发实现权力的集中化以调配、控制整个生产过程。就马克思所论证的分工细化导致工人对自身创造价值成果及自身价值认知难度提升的问题，柯尔曾做过这样的概述，"生产过程中的协作性不断在加强，这种特征正在迅速地吞没掉个体劳动者和人数有限的集体所生产的特有产品，并使劳动者的整个社会性劳动成为阶级的社会性产品的制造者；就最完整的意义来说，工人实质上只有作为一个整体才能对这种产品享有权利"②。可见生产过程的分散化带给工人阶级和资产阶级的是两种截然不同的意识状况，工人阶级的阶级意识随着客观生产过程的分化而日渐淡化和弱化，资产阶级则在全球化的过程中积极实现集权化，实现资本家的跨国联合以控制生产的全过程。

资本家阶级对工人阶级的分化贯穿始终。哈里·布雷弗曼在《劳动与垄断资本》一书中从劳动过程的角度对工人阶级的分化情况、心理状况等内容进行研究。保罗·巴兰和保罗·M. 斯威齐在《垄断资本》一书中则注重从产品，即生产成果角度研究资本主义对工人阶级的影响。可见，如果以生产作为切入点，以此考察资本主义对工人阶级的剥削和深刻影响，可以分别就不同的阶段得出相似的结论。

（1）生产前生产资料的分配情况。工人不占有生产资料而只得以通过出卖劳动力以与生产资料相结合，维持生存所需的收入，这是生产前的剥削与占有情况。

（2）生产过程中，资本家通过管理以及科技与管理的有效结合，瓦解工人对技术的掌控能力，从而瓦解工人的技术、分化工人整体，以实现客观上对工人的剥削与主观上对工人的操控相结合。从 19 世纪最后 20 年开始，当资本主义逐渐向垄断资本主义阶段过渡时，工人阶级在生产过程

---

① 参见［美］戈登·马歇尔《工人阶级意识研究评述》，刘建洲译校。
② ［英］G. D. H. 柯尔：《社会主义思想史》第 2 卷，何瑞丰译，俞大畏校，商务印书馆 1978 年版，第 87 页。

中被分化的现象越发规模化和程序化，相应的资本的运用以及资产阶级本身却以更加社会化、更加联合与趋同的姿态出现。管理活动的复杂程度，管理机构的纷繁多样伴随资本积累以及生产规模的扩大日趋上升，其中的组织化程度也随之上升。为促使企业的顺畅运转，不同部门间的合作逐渐增加，故而企业呈现出一套严密的管理系统，工人则被分割在系统的不同环节之中，他们彼此间多是相互分离的。庞大的系统以及复杂的结构，使那些一线的工人很难对生产的总体情况形成充分的认识，缺乏相对准确的整体性认知。

对于办公室工作人员来说，这种对整体性生产过程的分化同样显而易见，"把办公室的工作分解开来交给很多局部工作人员，这些人员现在完全不理解这个过程的全貌和构成其基础的方针"。[①] 客观地说，资产阶级打压工人的方式有许多，既有显性的内容，也不乏隐性的手段。相形之下，后者更见其深邃与神秘，掩盖其剥削、压迫工人的真相和本质，代之以一种可以被工人认可和接受的方式，甚至在一定程度上扮演工人阶级利益的捍卫者角色。此外，资产阶级打压工人，并将其反抗行为降到可控范围的经济手段，其中包括对工人技术能力的剥夺。将工人的技能融入标准化、分解性的操作模块中，从而使他们的可替代性增强、流动性提高。全球化条件下，这种模块借助于资本的力量在疯狂地席卷着整个世界，全球化的组织生产、分工和统一标准的实施意味着资产阶级在全球范围内达成一致认可，渗透出其联合行动抵制劳工反抗的一面。

（3）对生产结果的支配。这不仅包括对剩余价值的占有和支配，还包括对工人所得，即那些维持现有生活状况产品的支配，集中体现在消费主义对工人阶级意识的影响，以及对工人主观选择的干扰。资本家阶级致力于通过一切方式消灭各种不稳定元素的存在，促使可控元素的生成。在工作时间内，他们普遍采取对生产流程的详细规划以及对分工的日趋细化以控制工人的具体行为，而在工作时间之外，他们则将目光转向对资本积累最具影响力的消费领域。为了主导工人的消费内容和消费取向，资产阶级把对工人的控制诱导因素转向对意识的引导和操纵。他们无一例外地将"制造大量顾客"当成自己的责任。生产过程中逐渐分化出来的销售部

---

① ［美］哈里·布雷弗曼：《劳动与垄断资本——二十世纪中劳动的退化》，方生、朱基俊、吴忆萱等译，张伯健校，商务印书馆1979年版，第276—277页。

门，其核心工作便是制造顾客，"要使消费者需要适应生产需要，而不是相反"①。可见，资产阶级对工人阶级所采取的措施致力于使其更趋原子化，这种原子化的表现不仅体现在生产中，也体现在生活中。市场的力量渗透到人们生活的方方面面，以至于人与市场关系的密切程度或者其重要程度已经远远超过人与人之间的关系。这样，就使人的生活也随生产过程一般越来越趋向原子化和个体化，以实现对工人整体进行全方位、各领域的分化，"社会生活越是变成由许多互相联结的活动结成的紧密网络，人们就愈加原子化，彼此的接触不是把他们更密切地联系在一起，而是愈加把他们分离开来。"②

从上述生产领域所谈及的几点内容不难看出，弱化工人阶级意识的一个有效途径是实现有步骤、按计划地对工人阶级进行分化。削弱其整体性，弱化彼此间的共同利益，使他们呈现出 19 世纪上半叶法国农民所表现出来的特征，正如马克思在《路易·波拿巴的雾月十八日》中所说，"小农人数众多，他们的生活条件相同，但是彼此间并没有发生多种多样的联系。他们的生活方式不是使他们互相交往，而是使他们互相隔离"③。而法国国民的广大群众恰恰是"由一些同名数简单相加而形成的，就像一袋马铃薯是由袋中的一个个马铃薯汇集而成的那样。数百万家庭的经济生活条件使他们的生活方式、利益和教育程度与其他阶级的生活方式、利益和教育程度各不相同并互相敌对，就这一点而言，他们是一个阶级。而各个小农彼此间只存在地域的联系，他们利益的同一性并不使他们彼此间形成共同关系，形成全国性的联系，形成政治组织，就这一点而言，他们又不是一个阶级"。④ 可见，对农民来讲，他们的共同性是建立在客观环境、客观现实的基础之上，而非主观认同基础之上，因而也就无从谈及付诸捍卫整体利益的具体行动。同样地，在对阻碍工人阶级意识形成的原因进行考察，也会发现存有类似的问题。虽然工人阶级在资本主义生产方式中所扮演的角色与农民阶级截然不同，但是在资产阶级运用分化政策对工人整体进行破坏的过程中，工人阶级也亟须找到克服分化凝聚力量的

---

① ［美］哈里·布雷弗曼：《劳动与垄断资本——二十世纪中劳动的退化》，方生、朱基俊、吴忆萱等译，张伯健校，商务印书馆 1979 年版，第 235 页。

② 同上书，第 244 页。

③《马克思恩格斯文集》第 2 卷，人民出版社 2009 年版，第 566 页。

④ 同上书，第 566—567 页。

纽带。

（二）分配领域

（1）发挥既得优势，盘剥第三世界。与资本主义国家在世界范围内所占据的优势地位不同，其所获得的剩余价值数量也有明显差异。回顾历史，在资本主义起步较早、发展也相对完善的英国得以利用其先发优势，通过对世界工人的剥削以增加财富积累，为缓解、压制本国工人的革命诉求提供经济动力，在一定程度上促使工人阶级趋向"资产阶级化"。恩格斯曾说"英国无产阶级实际上日益资产阶级化了，因而这一所有民族中最资产阶级化的民族，看来想把事情最终弄到这样的地步，即除了资产阶级，它还要有资产阶级化的贵族和资产阶级化的无产阶级"[①]。"工人十分安然地分享英国在世界市场上的垄断权和英国的殖民地垄断权。"[②] 沃勒斯坦也看到了不同国家发展程度对工人阶级利益及阶级意识的影响。他将世界分为三个区域，分别是核心区域、边缘区域以及居于二者之间的半边缘区域。而在核心区域与边缘区域之间存在着不平等的交换关系，在两个区域的相互往来中，核心区域可以通过边缘区域向本地区输入更多的剩余价值，即凭借其所占有的先进的技术、雄厚的资本优势来剥夺边缘区域工人阶级创造的价值。可见归属于核心区域的发达国家可以通过对边缘发展中国家的剥削以获取更多的利润，从而缓解对本国工人的剥削。由于利润获取方式的多样化，资产阶级有能力将其所得收入的一部分用于改善本国工人状况，从而蒙蔽资本剥削工人的实质，抑制阶级意识的萌生。

（2）消费主义对工人阶级意识的削弱。正如马尔库塞所言，"如果工人和他的老板享受同样的电视节目并漫游同样的游乐胜地，如果打字员打扮得同她雇主的女儿一样漂亮，如果黑人拥有凯迪拉克牌高级轿车，如果他们阅读同样的报纸"[③]，那么对于工人阶级来讲，他们对资产阶级以及对现存制度的依赖就会更强，认同度就会更高。相反他们在工人阶级内部较少地寻找到共同点和切合点，而在与资产阶级即在与他们的雇主之间却更容易找到相似之处，相应地，也更加认可和享受这种相似，并从中寻找到一种满足感。事实上，这也就像西布鲁克（Seabrook）所解释的，消费

---

① 《马克思恩格斯文集》第 10 卷，人民出版社 2009 年版，第 165 页。

② 同上书，第 480 页。

③ ［美］赫伯特·马尔库塞：《单向度的人——发达工业社会意识形态研究》，上海世纪出版集团·上海译文出版社 2008 年版，第 8 页。

模式的趋同促使不同阶级之间的差异在缩小，工人阶级在一定程度上认可资本主义现有的消费形式。特别是对一些青年来说，泛化的具有明显导向的广告、多样的可供选择的商品逐渐造就了一种"自由选择的统一性"①，并在此基础上塑造了他们的意识。

消费领域对工人阶级意识的影响集中体现在混淆阶级的划分，模糊工人阶级的阶级归属感上，而代之以消费模式的差异进行分类，也就是说对消费方式的认同日渐代替了对阶级的认同。安东尼·吉登斯在"反思现代化"的过程中就提到现代化给人们带来的"标准化"现象，认为"铺天盖地的广告以不可抗拒之势把现代生活带到了每一个人的面前；由于大量广告和文化商品化的影响，以共同爱好、习惯和信仰组成的社区原来各自不同的文化特征都被'标准化了'"②。大众在这个过程中逐渐丧失了自我选择的能力，看似为公众的选择提供了更多的备选项，但实际上却蕴含着无限的导向性，因而在消费领域，公众的能动性不断被削弱。

众所周知，消费观的树立、消费模式的形成过程始终由资产阶级一方所把控，因为财富的拥有者、商品的所有者需要通过一种消费者认同的方式完成消费环节，进而使资金得以回笼，进入新一轮的投资与生产，从而实现资本的增加与积累。资产阶级不仅在生产中制造日益去技能化、去个性化的工人，在生活消费中也同样如此。通过大量的广告宣传、舆论引导主导工人的购物倾向、消费内容及品牌选择，工人彼此间相互效仿，以避免和周围人格格不入现象的发生。在19世纪的绝大多数时间里对工人阶级进行考察时，会较为容易地发现他们彼此间的相似点，这不仅体现在机器大工业生产使工人在生产中的积聚，也十分清晰地体现在相对单一的生活方式、消费方式以及娱乐方面。工人阶级低微的收入所能支付的消费模式及消费内容都十分有限，这与资本对劳工高强度的剥削是紧密相关的。随着垄断资本主义时期的到来，工人阶级的生活方式、消费方式等随之发生变化，但究其本质，消费领域的主动权仍然掌握在资产阶级手中，他们通过资本的力量在主导着工人的消费理念。更为巧妙的是，资产阶级倾向于营造一种中产阶级消费模式"典范"，一方面这种生活方式对工人阶级

---

① ［美］斯科特·拉什约翰·厄里：《组织化资本主义的终结》，征庚圣、袁志田等译，江苏人民出版社2001年版，第123页。

② ［英］安东尼·吉登斯：《超越左与右：激进政治的未来》，李惠斌、杨雪冬译，社会科学文献出版社2009年版，译者序言一第4页。

来讲并非遥不可及；另一方面也可以将自身奢靡的生活掩藏于其后，使工人接受那种隶属于富裕阶层所特有的生活，认为这样的人毕竟是少数，或者得益于原本雄厚的经济积淀，或者得益于其优越的出身，总之将其归为客观因素，从而对自身的消费状况报以相对满意或至少是可以接受的态度，同时对资产阶级的生活方式报以某种"宽容"或"情理之中"般的认可。因此会产生这样的结果，不同的工作环境、不同的工作岗位，而其最后的落脚点却是相同的，即购买相同的产品、培育相似的消费模式。消费主义对工人阶级的影响恰恰体现在对结果的重视，对消费的重视，从而忽略生产中的本质差异。在消费的语境下，工人通过出卖劳动力所取得的收入与资本通过无偿占有工人剩余价值所取得的收入殊途同归，质上的区别依然深埋其后，而彰显在工人阶级面前的不过是消费数量上的差别以及消费品质的不同。可见，唤醒工人的阶级意识需要对资本主义生产过程以及消费过程进行深入分析，剖析各种现象中所掩盖的共同本质。

此外，消费主义对工人阶级意识的影响还体现在通过消费对象的多样化以及形式上的平等化来淡化阶级的划分。其实这并非一种新的现象，20世纪50年代的一组数据就足以说明这一问题的存在，"1955年90%的德国家庭都拥有电熨斗，但是只有10%的家庭拥有洗衣机或电冰箱，20%的家庭拥有摩托车；尽管电影院对任何有空闲时间的人都是开放的，但是只有46%的人经常看电影，30%的人偶尔去看，还有24%的人从未去看过；尽管每一个人都有条件听到广播，但是并不是每个人所收听广播的内容都是一样的"[①]。伴随工业化的推进，物质领域以及精神领域的生产都在不断扩大，其内容也变得日趋丰富，消费领域对工人阶级的影响及导向作用越发明显。但是消费主义所带来的阶级意识的淡化并没有弥补阶级划分的鸿沟，只是以另一种更具迷惑力、也似乎更易于接受的方式呈现出来。

（3）分配不公增强，凸显资方对劳方之严峻攻势。20世纪70年代中期以来，传统的家庭模式较资本主义黄金发展时期发生了变化。一个普通的工人家庭，为了维持正常的生活开支、抚育孩子，夫妻双方必须同时外出工作。在这种情况下就会导致工作时间无人照看孩子，闲暇时间减少进而难以顾及家庭事务等问题。这样，家庭劳动的部分内容就会被迫交由市

---

① Ralf Dahrendorf, *Class and Class Conflict in Industrial Society*, Stanford University Press, 1959, p. 106.

场来分担，随之而来的便是资本在这一领域的渗透，例如，一系列的育儿机构如雨后春笋般成长起来就是很好的证明。为此，工人不得不从有限的收入中支付其相应的费用，为资本在这一领域的积累创造条件。不难看出，资本实现在这一领域积累的前提是将工人从这一领域中抽离出来，它所使用的方式是通过降低工人平均收入，促使家庭成员最大化地加入雇佣劳动中来。工人阶级现实收入及财富积累不断下降的趋势为工人阶级家庭成员普遍加入雇佣劳动大军作出了充分的诠释。1977 年至 1989 年十余年时间里，产品生产总量上升了 42%，但工人生活状况并未因此获得明显提升，60% 的增量被 1% 最富裕人口所吸纳，80% 的低收入群体只分得了5% 的增值。最富裕的 1% 人口在 1989 年的平均收入高达 559800 美元，而占比总人口 20% 的最低收入群体在 1989 年平均收入只有 8400 美元，较1977 年下降了 9%。[1] 里根政府执政初期，大型企业 CEO 的收入是工厂工人收入的 42 倍，到 1995 年上升为 141 倍，CEO 的年收入高达 375 万美元，而工厂工人的收入仅为 26652 美元，特别需要说明的是这里提及的CEO 的年收入尚且不包括其在投资领域所获得的利润回报。[2]

分配领域的不公平除了体现在收入不公平之外，还体现在财富占有方面的巨大差异。最富裕的 10% 的人口财富占有量占比由 1989 年的 61.6% 上升为 1994 年的 66.8%。而最贫穷的 10% 的人口不占有任何财富，不仅如此，其平均负债率还增加了 49%，从 1989 年的 4744 美元增长为 7075 美元。[3] 不难看出，资产阶级对工人阶级在收入分配以及财富占有方面展开了全面攻势。这一时期，资本的力量得到了迅速扩张，而工人的被动与守势地位也越发凸显。收入与财富占有的不公平只是劳资关系的结果，促成这一结果实现的过程中资本采取的新举措层出不穷，但其中一项十分重要的内容是使工人阶级认可现状之必然，转移工人视线在阶级领域的停留。

二   政治因素对工人阶级意识的影响

（一）民主对工人阶级意识的影响

西方国家的"民主"对工人阶级意识有着直接的影响。早在 1950 年

---

① Michael Zweig, *The Working Class Majority*: *American's Best Kept Secret*, Cornell University Press, 2000, pp. 65 – 67.

② Ibid. , p. 68.

③ Ibid. , pp. 68 – 69.

T. H. 马歇尔（T. H. Marshall）所撰文《公民身份与社会阶级》就提出这样的观点，"19 世纪的阶级冲突被此后发展起来的三种连续性'公民身份权利'（citizenship rights）所软化。这三种公民权利是：公民身份权利、公民政治权利和公民社会权利"①。贯穿"公民身份权利"中最核心的内容就是"民主"的日益普及和成熟。通过选举、集体谈判、组建工会及政党组织等一系列内容，使冲突可以有效地控制在资本主义制度范围之内，换句话说，可以在制度范围内解决冲突，为冲突双方提供一个彼此都可以接受的解决方式。"民主允许这样的冲突以一种先前有过的特定方式、按照明确的标准、并且常常在一个特定的时间内终止下来"②。有着几百年历史的资本主义制度已经在历史的积淀中储备了丰富的缓和冲突、化解矛盾的方式和程序，已经形成了一套接近流水作业式的解决方案。罗莎·卢森堡从政治斗争与经济斗争相分离的角度阐释资本主义民主，她认为，"一方面，在资本主义社会和平发展的'正常'时期，经济斗争被分割成大量限于每个工厂、每个生产部门的局部斗争。另一方面，政治斗争不是由群众通过直接行动进行的，而是与资产阶级国家结构相一致，以代议的方式，通过对立法机构施加压力来进行的"③。也就是说，在资本主义发展"正常"时期，真正意义上的工人阶级在维护自身经济利益和政治权益的过程中是以不同的、相对独立的集体形式出现的，而这些集体的形成是在资本主义国家的政治、意识形态及经济结构的影响下被动形成的。倘若工人阶级的阶级意识超越资本主义制度所控范围，那么所谓的民主或许将选择以法西斯主义的面孔出现，在这一问题上，居利尼曾作过简洁而中肯的概述："自由民主主义是占有者阶级在不害怕时显现出来的一张面孔；而法西斯主义则是他们害怕时显现出来的另一张面孔"④。自由民主的两面性取决于资本对工人的操纵程度以及工人对资本的反抗程度。

　　西方国家还极力通过对一人一票制进行渲染来为西方民主唱赞歌，并将西方民主打造成"人类意识形态进化的终点"，历史到这里已经不会再

①　[英] 安东尼·吉登斯：《社会学：批判的导论》，郭忠华译，上海译文出版社 2013 年版，第 40 页。

②　[美] 亚当·普热沃尔斯基：《资本主义与社会民主》，丁韶彬译，吴勇校，中国人民大学出版社 2012 年版，第 157 页。

③　同上书，第 72 页。

④　转引自 [美] H. 马尔库塞等《工业社会和新左派》，任立编译，商务印书馆 1982 年版，第 99 页。

有本质上的跨越，因为事关人类发展的重大问题已经得到了最完满的解决，这就是以福山为代表的一部分学者在东欧剧变、苏联解体之后所得出的结论。福山在其代表作《历史的终结及最后之人》中谈及，"从拉丁美洲到东欧，从苏联到中东和亚洲，强权政府在 20 年间大面积塌方。尽管他们没有都千篇一律地实行稳定的自由民主制度，但自由民主制度却始终作为唯一一个被不懈追求的政治理想，在全球各个地区和各种文化中得到广泛传播"①。民主最大的特点在于，它使统治以一种合法化的形式得以呈现。

　　将西方国家所主导的自由民主制度视为"人类意识形态发展的终点"或者"人类最后一种统治形式"②，自由民主制度已经克服了人类过往制度所存在的自身难以克服的矛盾，而自由民主制度可以在发展中得到自身的完善，进而得以向更好的方向发展，但无论如何其根基都深深地扎在资本主义自由民主制度之下。为了达到对这种制度的褒奖，不惜将东欧剧变、苏联解体歪曲为社会主义、共产主义的失败，从这一错误理念出发，自然会得出自由民主制度战胜社会主义、共产主义。从而得出历史终结的结论，认为"构成历史的最基本的原则和制度可能不再进步了，原因在于所有真正的大问题都已经得到了解决"③。这样的判断与呼声无疑是希望民众不要再寄希望于变革现实社会制度的革命，历史将不再向前推进。资产阶级主流媒体也极力配合政治策略的需要，对社会主义、共产主义极尽诋毁之能事，不断在本国乃至世界范围内营造怀疑和恐怖气氛，利用强势媒体加紧对不同社会制度的攻击。一些国家有计划地安排反共分子作为宣传工作的负责人，其意识形态之倾向已无须多言。

　　纵然工人阶级已经获得了广泛的选举权，但代表工人阶级利益的政党影响力依然十分有限，他们很少能在议会选举中发挥较大影响，工人阶级的利益诉求仍难以通过民主的、公正的形式得以表达、受到重视。一方面是在所谓"自由"与"民主"的驱动下，力量与斗争逐渐向议会内集结，另一方面却是呼唤的声音难以在议会中得到有效传播，这种矛盾鲜活地摆在工人阶级及其政党面前。"如果剥夺了你在国家统治中平等的话语权，

　　① ［美］弗朗西斯·福山：《历史的终结及最后之人》，黄胜强、许铭原译，中国社会科学出版社 2003 年版，代序第 4 页。
　　② 同上书，代序第 1 页。
　　③ 同上书，代序第 3 页。

与其他有平等话语权的人相比，你的利益很有可能不会受到平等的关注。如果你没有话语权，那么谁会为你呐喊？如果你自己不能，那么谁会去保护你的利益？"① 这些问题是摆在工人阶级面前亟待解决的，并急需给出清晰答案的。"历史的终结"或许更多的是资产阶级主观意愿的脱离实际的表达，是西方主流媒体的心声。西方国家自由民主制度所存在的弊端和矛盾绝非主观领域可以化解的。

事实上，西方国家及其政客所渲染的自由民主制度的局限性昭然若揭，这种制度作为捍卫资本主义生产关系的本质从未改变。首先，虽然有一人一票的选举制度，实现了形式上的民主，但却有严格的选民资格限制，以及难以触动的选举制度约束。在资本主义制度下，绝不是每一个人都有着平等参与竞选的资格，如果缺少大型利益集团的资助，候选人是不可能走到最后的。数额庞大的竞选资金，绝不是普通民众所能想象和支付得起的。因此，选举的对象总是既定好的，"一切交易必须在帐篷里进行，那些想在帐篷外边叫卖的人注定没有销路"②。"最普通的和最持久的派系渊源是各种各样的不平等的财产分配。那些占有财产的人和那些没有财产的人已形成社会上对照鲜明的利益关系"③，这种关系绝不会因为"一人一票"的选举而发生任何改变，恰恰是这样的选举形式为财产占有者在政治境域的发挥创造了更为有利、更为隐蔽的条件。其次，选举制度的约束使第三政党很难对主流政党产生实质上的冲击。以美国为例，回顾历史，工人阶级也曾努力尝试通过社会运动以推出代表自身利益的政党，但是受到选举制度的限制，这一目标始终难以实现。可见，在民主进程中，民众有权参与选举，有权参与各种社会运动，有权批评政府，但是选举的对象、各种社会活动不可逾越的界限等内容已然被资产阶级政府所划定。民主的范围是有严格限制的，是以不触碰资本家利益、不影响资产阶级统治为基础的。所以形式上的民主掩盖了实质上的不民主，形式上的自由掩盖了实质上的不自由，形式上的主观选择掩盖了实质上的别无选择。不难看出，西方国家工人阶级对资产阶级政府本质的认识是相对模糊的，

---

① ［美］罗伯特·A. 达尔（Robert A. Dahl）：《论民主》，李风华译，中国人民大学出版社2012 年版，第 64 页。

② ［美］丹尼尔·贝尔：《意识形态的终结——五十年代政治观念衰微之考察》，张国清译，江苏人民出版社 2001 年版，第 103 页。

③ 同上书，第 107 页。

其对本国政府的认识多集中于现象层面的内容。而资产阶级仍然游刃有余地驾驭着"迎合大众的、皆大欢喜的、与人为善的技巧"①。

工人阶级意识在民主形式的日趋完善、日趋生活化的过程中走向淡化，也为工人阶级意识的再度复苏设置了重重障碍。这是因为工人阶级在资本主义所界定的民主的范围内进行过斗争，也正在进行着斗争，并且不断取得新的成绩和进展，工人阶级的部分不损害资本主义制度机理的要求在斗争中得到了适度的满足，这样，改良主义的思潮就会在这样的历史进程中得到新的弘扬。从而对制度内的改良以及矛盾在制度体制内的化解都给予了极高的期待。这在客观上化解了工人阶级变革现有经济、政治制度的革命性要求。

不得不承认，在资产阶级的民主策略与工人阶级的革命要求之间所展开的博弈和竞争中，前者取得了绝对的胜利。一方面，工人阶级认可资产阶级民主所带来的经济、政治环境的改善。例如工人阶级可以通过自主选择加入所希望参与的工会组织，通过工会与资方代表进行谈判以捍卫工人阶级的利益，避免在法律法规范畴外采取激进行动，避免工人阶级要求建构代表自身利益的强大政党政治。另一方面，当工人阶级的权益受到侵犯时，由于缺少代表自身利益的政党组织，因而难以将工人阶级联合起来，形成一种合力与资产阶级政府相抗衡，因此工人阶级成员在这个过程中难免处于劣势地位。不难看出，在民主进程推进的过程中，工人阶级的确从中获得了许多新的权利，但这并不意味着资产阶级作出了实质性的让步，而仅仅是一种策略上的退却，它所带来的影响是工人阶级力量的整体削弱。在民主权利的感召下，工人阶级获得了参与多种社会组织、加入多样化的社会利益集团的可能，但这也反过来使工人阶级的力量以更趋分散的面貌呈现出来。当利益群体的数目屈指可数之时，主流政党之间的竞争尚且不敢轻视各利益群体所提出的要求，因为对其中任何一个群体、组织的忽视都可能带来选举中的重创。但是随着越发增加的各种工会、协会组织，以及数量庞大的各种联合会、俱乐部的出现，加之这些工会、协会组织以及各种联合会彼此间缺少必要的衔接与合作，因而主流政党完全有理由忽视这些影响甚微的组织。可见，"政治作为一种操纵群众的技巧成为

---

① ［美］丹尼尔·贝尔：《意识形态的终结——五十年代政治观念衰微之考察》，张国清译，江苏人民出版社 2001 年版，第 105 页。

政治生活中既定的特色，政客们有时为金钱利益而冲锋陷阵，有时为成为自己权利的操纵者而抛头露面"[①]，有时以牺牲眼前的微小利益换取未来统治中的长远利益，但是无论如何，终究落脚于对权力的把控以及对意识形态领域的操纵上。

（二）政策调整对工人阶级意识的影响

随着资本主义"黄金时期"发展的结束，以里根总统主政的美国政府和撒切尔夫人为首的英国政府掀起了新自由主义之风，并逐渐席卷西方各国。20 世纪 70 年代中后期政府逐渐取消有利于维护劳工权益的相关法律政策，进而实施反攻劳工的举措，置劳方在与资方的抗衡中处于不利地位，政策明显向资产阶级一方倾斜。以法国对劳资双方雇佣合同的保护和限制为例，第二次世界大战后法国执行的劳动法中并不提及雇主具有解雇劳工的权利，并且在具体的司法审判及执行中多将这种行为视作对契约的违背。但是从 70 年代中后期至 80 年代，政府日益推行新自由主义政策，放松对市场的监管，不断扩大雇主权利打压劳工力量。在解雇劳工问题上，企业拥有绝对的主动权，至于向相关机关上报也不过是程序上的例行公事，不会对雇主产生任何实质层面的约束。在英国，20 世纪 80 年代后半期，新保守主义政府也着意出台限制劳工及工会组织的法律条文，如希望"取消对于不雇佣非工会会员工厂的法律保护，禁止工会内对破坏罢工者施行处分"[②] 等。美国加利福尼亚州 1994 年通过的"187 号提案"也实现了有计划瓦解工人阶级联合斗争的力量，该提案在打压劳工的同时，对工人阶级进行分化，一方面严格限制并侵犯了来自墨西哥、中美洲等地区移民的权利；另一方面通过"剩余劳动力"给雇佣工人施加压力，防止移民及被雇用者联合进行经济、政治抗议。通过政府与资方共同采取反攻劳工的措施，打破了曾经劳方、资方、政府三方谈判的平衡。政府站在资方一边，共同针对劳工，削弱劳工权利和集体力量，导致工人处在十分不利的地位，在力量处于相对弱势的情况下，工人阶级通常会选择对现状忍耐，屈从于资方所提出的要求，不断通过调整自身以适应劳资双方关系新的整合。

---

① ［美］丹尼尔·贝尔：《意识形态的终结——五十年代政治观念衰微之考察》，张国清译，江苏人民出版社 2001 年版，第 106 页。

② 张世鹏：《当代西欧工人阶级》，北京大学出版社 2001 年版，第 164 页。

（三）种族因素对工人阶级意识的影响

种族因素是政治因素中一个非常重要的内容，不同种族、不同肤色的人群在阶级意识方面也会有不同的表现。一些学者在研究中特别关注种族对工人阶级意识的影响。例如，在《工人阶级意识，种族及政治选择》一文中，约翰·C.莱杰特（John C. Leggett）通过对 375 名底特律蓝领工人的调查分析建立起工会组织因素、种族因素等对阶级意识的影响及影响程度。[①] 莱杰特的调研结果显示，工会组织对白人与黑人蓝领工人在阶级意识形成方面都会产生积极引导作用。他以工人对民主党及共和党候选人的投票支持度作为测评结果，得出加入工会组织的白人蓝领工人会积极投票支持主张改革的民主党候选人，而未加入工会组织的成员则对民主党候选人的支持度较低。可见二者之间呈正相关。但是黑人蓝领工人则表现出明显的与白人蓝领工人的差异，无论是否加入工会组织，他们都更趋向于支持主张变革的民主党候选人，此时种族因素已经超越工会组织的影响上升为主要因素决定着工人的选择和判断。但无论如何也不难看出，黑人蓝领工人较白人蓝领工人有着更强烈的阶级意识。当然，这里所讲的"强烈的阶级意识"也只是相对而言。在种族问题上，工人阶级的认识仍然存在着很大的局限，对于种族问题产生的根源并没有清晰的认识，相反地，其不满情绪的指向往往是与自身相邻的阶级，更确切地说是相邻的阶层，而远不是出于社会底层的阶级与社会高层的阶级之间的对抗。这仿佛与移民问题面临的困境有着同样的运行机制。当一些移民面对本国工人的排斥和质疑时，他们试图通过个人努力融入当地工人之中，在主观上他们似乎认可其对本国工人工作岗位的侵犯，所以当新的移民再度进入时，他们同样站在本国工人的队伍中对新移民加以反对。可见，在对于种族以及移民问题上，工人阶级更多地纠结于现象的表征，而并没有认识到导致这些问题的根源在于资本主义在世界范围内对工人日益严重的剥削。因而，这将导致工人阶级成员内部的分化、对资本主义本质的忽视。

（四）政党及选举制度对工人阶级意识的影响

西方国家的政党及其所奉行的选举制度对工人阶级意识有着极其重要的影响。美国的政党政治同欧洲大陆国家的政党政治相比差异较为明显。

---

① John C. Leggett, "Working – Class Consciousness, Race and Political Choice", *American Journal of Sociology*, Vol. 69, No. 2, 1963, pp. 171 – 176.

借鉴迪韦尔热按照政党组织程度以及目标指向的不同所进行的划分，可以将政党归为这样三种类型，即干部会议、支部以及基层组织。其中干部会议是组织相对松散的以选举为主要目标的政党类型，集体组织的软弱无能和个人利益的至高无上是这种组织的前提条件之一。而支部则是具有一定意义上下级的服从机制，基层组织则是建立在更广泛的、更扎实的群众工作基础上的组织形式，其权威性、约束性较为突出。迪韦尔热认为美国的政党组织恰恰就是列属于第一类型的政党，虽然其判断或许并不客观，但是在一定程度上折射出美国政党组织的一些特征，个人主义至上在美国政党中仍然占据主要地位，由于对个人主义的推崇，从而对党派的组织、权威的树立，以及对成员的约束力相对松散。党派成员并不受严格的限制与约束，作为普通选民，可以凭借主观意愿自行在候选人中选择自己所支持的一方，在不同党派之间可以自由转换。这样对于美国工人阶级来讲，他们对党派的理解和认知会与党派组织相对完善、缜密、权威的国家工人阶级的理解形成明显差别，进而通过组建政党以实现自身利益的要求也相对较弱。

此外，美国的选举制度也使工人阶级很难缔造出真正能够代表自身利益的政党，美国的选举制度采取的是胜者全赢的方式，这样即便是工人阶级政党在一定范围内有了一些影响，并得到了部分民众的支持，但却很难跻身立法行列，很难在立法机构中获得相应席位。因而工人阶级的声音根本不可能得到真正的表达与传播。选举制度的倾向性规定无疑为两党轮流执政提供了便利条件，将工人阶级政党参政的可能性化约为最小值，使工人阶级政党的作用不可能得到真正有效的发挥。相应地，工人阶级政党对工人阶级的吸引力也会越发减小，对参与政党组织的积极性日渐下降，导致政党与工人阶级之间难以形成一种良性互动，更无以提及构建天然选民的理想模式。

欧洲一些国家的工人阶级政党也面临着相似的困境，即工人阶级不再是所谓的工人阶级政党的天然选民。许多历史上的工人阶级政党不断削弱其阶级代表性，以全民党自居。然而为了适合竞选需要而刻意打造的政党往往失去了工人阶级作为其天然选民的有利条件。工人阶级有时将选票投给极右翼政党，因为他们所极力呼吁的反对移民等内容更能吸引工人的视线，反映工人最迫切的要求。

西方国家的主流政党为争取选票已经积累了丰硕的经验，他们为争取选票会不惜余力地做好周密而翔实的工作，从而拉拢选民，得到工人阶级的支持。政党核心集团的成员，在选举的全过程，包括之前较长的准备与关系维护期间都发挥着非常重要的作用。作为核心集团的成员，他们对各自隶属选区的居民都非常熟悉，因而在选举时可以有效动员选民对本党的支持。他们的实用策略非常明确，当选民有困难的时候，他们会及时伸出博爱之手，但目标很明确，"这是博爱，但这也是政治，甚至是强有力的政治"，"穷人是世界上最懂感恩的人，在邻里街坊当中，他们有着比富人更多的朋友"①。虽然政党核心集团成员的行为有着鲜明的目标性，或者直指选票，但客观上使工人阶级、使普通的民众感受到一种有形的安慰，为此获得了民众主观上的认可，进而将选票投向了既定的候选人之一。由于这些政党核心集团的成员背后有着强大的经济实力做后盾，有强大的雇主阶层的支持，因而他们在缓解工人阶级遭受意外伤害以及帮助一小部分人解决实际困难方面有着突出的优势。

"核心集团之所以在政治上卓有成效，是因为他们能为贫困的、无能为力的移民提供他们无法从别处得到的物质上的诱饵；为新来的、在别处无法找到工作的移民提供就业机会；为在各方面无法确保生活必需品的人提供钱和衣服在内的基本福利救济措施。"② 虽然今天的选举模式已然发生了巨大变化，媒体广告的宣传已经代替登门拜访从而占据主导助选地位，涉及民众日常生活的许多福利政策也均由政府统一规划。但不容否认，主流资产阶级政党依然垄断着优势的经济、政治资源。而工人阶级的政党则很难积聚这样的财力和物力，因而在工人阶级政党和工人阶级之间某种程度上形成了互动真空。相反，主流政党占尽先机，最大限度地争取工人阶级的支持。对于工人来讲，缘何他们会面临着贫困与无能为力的状况，又缘何无法正常找到工作以维持生活的有序进行，为何尚且有许多人难以保障最起码的生存所需，对于这些问题恰恰是唤醒工人阶级意识所必须思考并给出答案的。

尽管工人阶级政党在西方资本主义国家政党角逐执掌权力的斗争中能够发挥的作用非常有限，但是当工人阶级对不同主流政党的支持泾渭分明

---

① ［美］安东尼·奥罗姆：《政治社会学导论》，张华青、何俊志、孙嘉明等译，上海世纪出版集团 2014 年版，第 199 页。

② 同上书，第 200 页。

时也有助于对工人阶级整体意识、联合意识的培育。例如在二战前的美国，民主党与共和党都有着自己相对稳定的选民阶层，1936 年在对候选人阿尔夫·兰登的支持率中就可以清晰地看到其中的差异，蓝领工人和白领工人对这位候选人的支持率差异达到 23% 上下。虽然，蓝领工人与白领工人只是工人阶级成员内部的阶层划分，他们对不同候选人的支持反映出了工人阶级成员随着生产结构的变化所发生的分化，但是无论如何关于阶层、阶级的问题仍然是人们普遍会考虑的焦点。而 1968 年对候选人理查德·尼克松的支持则发生了很大的变化，不同阶层的投票支持率分歧仅有 11%。[①] 可见，不同阶层的划分在政党选举中的影响力已经不再那样强烈了，工人阶级在很大程度上接受现行的选举制度，对不同资产阶级政党的支持更多的是从"后物质主义"的内容进行考虑，即强调是否在一定程度上能够保障现有的权利，是否促进制度范围内公平与正义的实现，是否能够实现不断改善的物质、文化、生活环境等内容，而较少关注不同阶级彼此间本质上的对立和冲突。事实上，原本不同的主流资产阶级政党在阶层方面所体现的传统差异在进一步弱化，它所带来的则是工人阶级对自身所属阶级的模糊和质疑，以及在投票过程中对"阶级"问题的淡化。此外，不同主流政党的趋同反而封堵了新型政党施展政治活动影响的空间和路径。随着工人阶级在经济领域更多地将目光转向分配环节而不是生产环节，工人阶级在政治领域也将目光更多地锁定在一些具体问题、短期内普遍关注的热点问题，而不是关涉权力归属的更深层次的内容。

三　社会因素对工人阶级意识的影响

（一）社会流动性与工人阶级成员的彼此认同呈负相关

社会流动性的封闭程度与阶级成员彼此认同的一致性呈正相关。当社会流动性较差、各阶级成员的构成相对稳定时，阶级内部成员会对本阶级所处位置及共同利益产生相对清晰的认识，反之则会逐渐模糊。吉登斯认为"与市场能力相关联的流动的封闭性，决定着阶级结构化的形成"[②]。达仁道夫也认为社会流动性有助于缓解因财富权利等分配不均所带来的冲

---

① ［美］安东尼·奥罗姆：《政治社会学导论》，张华青、何俊志、孙嘉明等译，上海世纪出版社集团 2014 年版，第 210 页。

② 李强：《社会分层十讲》（第 2 版），社会科学文献出版社 2011 年版，第 100 页。

突和破坏性。正常比例的社会向上流动有助于抑制下层民众采取集体行动促使本阶级所有成员摆脱现实命运的渴望。

对社会流动的理解应该是双向的，既包括下层向上的流动，也包括上层向下的流动。但由于工人阶级与资产阶级在占有生产资料方面这一具有决定意义的领域存在本质差异，由工人阶级成员向资产阶级成员的流动几乎是不可能的。正如拉尔夫·密利本德在其代表作《资本主义社会的国家》一书中所指出的，社会流动性是极其有限的，基本上是围绕在毗邻群体之间进行的"小幅度"调整和流动，这种流动程度和范围远不足以对社会结构的变迁产生任何本质性的影响。可见，资本主义社会发生的流动多是形式上的，而且是短距离的，例如较为普遍的由体力劳动者向低级白领职员的流动。然而这种流动虽然不会改变资本主义社会的阶级结构，却会使工人阶级的集体意识、团结意识受到冲击，使个人主义精神获得充足的养料。在社会流动性与个人主义之间的关系方面，德国汉堡大学社会学教授赫尔穆特·舍尔斯基（Helmut Schelsky）也曾作过相应的研究，他认为"广泛地、深入地且具有长期性的社会流动有助于缓解阶级冲突，并使社会阶层朝着更广阔以及更均衡的方向发展"[1]。在资本主义条件下将社会阶级划分的本质转变寄希望于社会流动性是缺乏根基的，毕竟资本主义条件下的社会流动是极其有限的，而且表现得越发受到限制。但赫尔斯基注意到，"社会流动性，特别是以家庭为单位的社会流动破坏了作为集体成员彼此间联合的纽带，随之而来的是构建了无数个人主义凸显的小团体和小家庭，这些小团体和小家庭逐渐成为社会的基础性构成"[2]。

社会流动性对工人阶级意识的影响集中表现在对阶级划分的转移，在形式上呈现出"拉平的中产阶级社会"，将不同阶级的划分转换为不同家庭生活方式、职业模式以及受教育程度、消费水平等的区分，而且后者愈发成为审视社会矛盾的出发点和冲突分析的归宿点。无疑西方工人阶级的流动性在一段时间内的确发生了较大的变化，例如在两次世界大战之间以及第二次世界大战结束之后的一段时间里，工人阶级就迎来了前所未有的发展机会和接受教育的机会，但是即便如此，对于不同阶级出身的人来说

---

[1]　Ralf Dahrendorf, *Class and Class Conflict in Industrial Society*, Stanford University Press, 1959, p.103.

[2]　Ibid.

也仍有着无法抹去的差别。可见，社会流动性根本上得益于工业化所带来的巨大潜能，绝非社会阶级结构的颠覆性调整，然而它却在对工人阶级的分化以及工人阶级意识的淡化方面起到了推波助澜的作用。

社会流动性直接会影响到工人阶级的身份认同感、阶级归属感。约翰·H. 戈德索普（John H. Goldthorpe）和戈登·马歇尔（Gordon Marshall）坚持"身份先于利益"①，因为他们认为在阶级地位和对阶级利益的认识之间并不存在直接的关系，阶级地位只是决定了会产生某种潜在的利益，至于这种利益是否涉及阶级利益，则取决于成员所采取的社会身份，因而身份的认同就显得十分重要。社会的流动性强度与工人阶级自身身份认同成反向发展，当社会流动性大时，工人阶级成员具有相对宽松的身份变更空间，则对固有身份认同感较弱，反之亦然。

但是这种负相关在一段时间内可能表现得并不突出，甚至在一定范围、一定时间内还会有相反的情况发生。换句话说，有时候纵然阶级流动性在下降，但工人的阶级意识却并没有因此而得到提高。例如教育曾经被认为是工人阶级迈向中产阶级乃至上层阶级的入场券，但随着教育事业的普遍发展，具有四年大学受教育的经历已经越发成为进入工人阶级雇员队伍的条件。一项数据显示，在 20 世纪 60 年代末处于 20% 的最低收入人群中，只有不到 1% 的人于 90 年代迈进 20% 的最高收入人群，而 54% 的人并未发生任何变化，仍处于那些 20% 的最低收入群体。而那些原本位列 20% 的最高收入者中，46% 的人依旧保持着自身的地位和优势，只有 7% 的人滑落到 20% 的低收入人群中。② 然而在这个过程中受教育程度是在普遍提升的，为此可以证明，教育已经不再是一种促使向上流动性的主导因素，受教育程度的提高不会自然带来向中产阶级、上层阶级的靠拢。不仅如此，当受教育程度不再是跳出工人阶级队伍的手段时，在某种意义上它还转而成为划分工人阶级内部成员的一种标尺。所以说，社会流动性与工人阶级彼此认同间的关系是复杂而多变的，但是从根本性的内容以及从长远趋势来讲，这两者之间的关系仍然呈现反向关系，只是在具体分析某一时段、某一群体的工人阶级意识时需要进行周全而详细的考察。

---

① ［英］戴维·李布赖恩·特纳主编：《关于阶级的冲突——晚期工业主义不平等之辩论》，姜辉译，重庆出版社 2005 年版，第 127 页。

② Michael Zweig, *The Working Class Majority*: *American's Best Kept Secret*, Cornell University Press, 2000, pp. 45 – 46.

（二）个人主义精神对工人阶级集体意识的弱化

个人主义精神在资本主义世界中延伸为社会个体成员之间的竞争，当然包含工人阶级成员内部彼此之间的竞争。一个人能否改善自身所处的地位、能否跻身上流社会取决于他是否占据一定的财产资本或者文化资本。因而从总的发展趋势来看，资本主义社会逐渐由集体排他转向了个体排他。资产阶级倾向于培育一种"'孤立的个人'观念，用以掩饰生产所表现出来的社会性质"①，单纯凸显人的自我创造的一面，而忽视社会发展的总体进程。通过单纯地强调个人元素的方式，淡化资本主义作为人类历史发展进程中的一个特定历史时期的现实，将其视为一种永恒的事物。此外，在人们对阶级类型进行主观划分时，也倾向于将那些处于社会底层的被边缘化的人群归因于其懒惰或自身其他方面的原因，远离集体性的共同元素，偏向个体性的探究。按照帕金的理解，集体排他有助于驱动政治不满情绪的滋生，而当个体排他代替集体排他居于主导地位后，政治不满情绪就失去了生存的土壤。②尽管以生产资料所有为基础的这种将资产阶级完全置于工人阶级对立面的集体排他仍然存在，而且只要尚未触动资本主义生产方式，这种排他就会始终存在，工人阶级产生对现状的政治不满情绪会始终潜在地存在着。但随着个人排他的凸显，随着个人主义价值观的盛行，工人阶级这种对资产阶级产生的敌视不满情绪会受到削弱。英国学者罗丝玛丽·克朗普顿也认为个人主义盛行，工人阶级作为阶级如果过度地关注个人利益而忽视集体利益，那么会导致生活碎片化的现象，进而使在当下发展阶级意识简直成为不可能。③贝克（Beck）甚至认为个体化、个人主义的普遍流行已经瓦解了集体认同曾经增长的基础。④拉尔夫·达仁道夫也认为工人阶级曾经的团结互助以及集体行动正逐渐"被一种个人奋斗的努力所取代"⑤。

特别是 20 世纪 70 年代末以来新自由主义再度盛行，政府在意识形态导向方面和具体措施的实施方面都试图将社会问题归结为个人的原因，将

① ［英］安东尼·吉登斯：《资本主义与现代社会理论》，郭忠华、潘华凌译，上海译文出版社 2013 年版，第 46 页。

② 参见李强《社会分层十讲》（第 2 版），社会科学文献出版社 2011 年版，第 113 页。

③ 参见［英］罗丝玛丽·克朗普顿《阶级与分层》，陈光金译，复旦大学出版社 2011 年版，第 2 版序言第 3 页。

④ 同上书，第 2 版序言第 36 页。

⑤ 参见张世鹏《当代西欧工人阶级》，北京大学出版社 2001 年版，第 30 页。

其解决方式也归纳为个人能力的提高。例如对待贫困问题，通过转移贫困作为资本主义制度缺陷所不可避免的本质探讨，摒弃对那些引发不平等因素发生的制度进行调整，转而寄希望于培训、技能提高等以提升个人被社会接纳的能力。

不仅如此，城市化水平、社会化程度的不断加深也为工人阶级集体意识的形成带来了无形的障碍。随着多样化、"包容性"、多元化领域的不断拓展，个人分化倾向明显增大，进而为个人主义精神的强化创造了条件。法国学者埃米尔·涂尔干具体分析了城市化与个人分化之间的关系，他认为"在大城市里，个人很容易摆脱集体的束缚……之所以如此，是因为人们与公众舆论联系的越紧密，就越容易受到它的监督。当所有人的注意力都集中在每个人的一举一动的时候，如果有人稍有一点儿闪失，就会引起人们的注意，并立即遭到制裁。相反，人们越是能够任意行事，就越容易摆脱这种监控。……群体的范围越大，越密集，集体的注意力就会越分散，越难以窥察到每个人的行踪，随着个人的数量不断增加，人们的精力就很难集中到一起"[1]。随着资本主义生产社会化的不断深化，人们为了维持正常生活必须与无数"陌生人"打交道，需要接触的人越来越多，相应地彼此间相互了解的程度就会下降，"个人之间的联系越来越频繁，越来越密切，集体就越会表现出强烈的好奇心；反之，如果每个独立的个人与很多人发生了关系，那么这些关系就会越来越疏远，越来越简单"[2]。而这些内容对于统一意志与行动都是不利的。

（三）"地位意识"阻碍工人阶级意识的强化

在资本主义生产条件下，工人的严格分割符合资产阶级的阶级利益，"分而治之"历来是资本控制工人最常用的伎俩之一。工人的分化与资产阶级利益的维护二者是相通的，以在生产过程中所处地位不同，以及在分配领域中所获得的不同数值的经济利益对工人阶级整体进行分化和瓦解，无疑是对以生产资料占有情况的淡化，以及由生产资料所有制决定的在生产过程中所处被剥削地位的弱化和模糊。

工人阶级"地位意识"的出现与白领工人的增加以及经理阶层的出

---

① ［法］埃米尔·涂尔干：《社会分工论》，渠东译，生活·读书·新知三联书店2013年版，第255页。

② 同上书，第255—256页。

现等现象有着直接的联系。随着第三产业在西方发达资本主义国家产业结构中所占比例不断攀升，从事第三产业的人数也呈现几何级增长。第三产业从业人员通常所从事的工作以脑力劳动为主，辅之以一定强度的体力劳动。通常他们是在高楼大厦里工作，衣着整洁，领口洁白，使用着较为先进的电子产品。在很多方面都不同于以体力劳动为主的第一、二产业从业人员。因此在不同产业之间，从事第三产业的"白领工人"较第一、二产业的体力劳动者有着一种地位优越感。此外，这种"地位意识"还清晰地体现在白领工人内部。虽然大家习惯上称其为"白领"，但现实中我们也不乏听到"高级白领""金领""灰领"等称谓，这无疑是工人阶级内部分化的表现之一。"金领"通常指企业中的高级管理人员，如高级经理、合伙人等，"灰领"多指从事高新技术领域的科研人员。"高级白领""金领"以及"灰领"多是依据薪资报酬、晋升机会以及生活方式的不同而进行的归类。这部分群体在白领工人队伍中会自然生发出一种优于其他成员的"地位优越感"，从而催生出一种"地位意识"。当然许多高级经理和合伙人也加入了剥削工人阶级的队伍，因此他们在一定程度上也被划为资本家阶级，这里我们并不就个别的例外进行讨论，主要探讨白领工人的绝大多数。之所以在工人阶级内部会产生如此种类繁多的群体，关键在于对工人阶级的分析已经偏离了阶级的层面，而降为阶层的范围。其分析也更多地停留在消费层面，而非真正影响到阶级划分的生产关系层面。所以"地位意识"的生成会强化这种阶层分类的方式，进而模糊工人阶级最本质的阶级定位，模糊阶级划分的标准。事实上，"有一些阶层，他们与社会中的某一阶级保持一种依赖关系，而且在政治上越来越认同于这一阶级。在产业的管理工人中，被马克思称之为'专门人才'（officers）的高级管理人员就属于这一范畴"①。"在历史上，阶级构成的同质性程度各不相同：所有阶级都存在其'多种多样的层次'"②。在实现工人阶级整体性，进而促成阶级意识形成的过程中，关键的问题是如何正确分析其中不同层次的内容，找寻彼此的利益共同点，即在承认差异的前提下发现共性。

---

① ［英］安东尼·吉登斯：《资本主义与现代社会理论》，郭忠华、潘华凌译，上海译文出版社 2013 年版，第 51 页。

② 同上。

其实将"白领""金领""灰领"等列入"中产阶级"范畴是对工人阶级阶级归属感的一种分化，也是对工人阶级作为一个整体的弱化。如果从阶级层面进行划分，"中产阶级"队伍中的绝大多数成员都应该是工人阶级的重要组成部分，然而，他们却在各种非阶级评价标准的影响下日益表现出与工人阶级不同的特征，成为不同于工人阶级的新的阶级。这种弱化及分化从多项调查中都可以体现出来。在这里分别以美国国家选举研究所（the American National Election Study，ANES）和综合社会调查机构（the General Social Survey，GSS）的两份调查结果作为主要参考数据。ANES 在 2000 年的调查中问及："你认为自己是阶级成员吗？""如果是，那么你认为自己隶属于哪一个阶级？"在诸多认可阶级这一划分语境的被调研人员中，59% 的受调研美国民众认为自己属于中产阶级，41% 的人认为自己属于工人阶级。而在 20 世纪 50 年代，则有 40% 的人认为自己属于中产阶级，60% 的人认为是工人阶级成员。20 世纪 60 年代至 1992 年，选择中产阶级的比例与工人阶级持平。此外还有近 1/3 的受调研者认为自己并不属于任何一个阶级。GSS 的调查为受调研者提出了更为直接的问题，也提供了更为细化的选项，"如果请你在以下四种阶级类型中进行选择，你更倾向于选择哪一项？分别是：下层阶级，工人阶级，中产阶级和上层阶级"。其调查结果与 ANES 在 20 世纪 60 年代至 90 年代调查结果十分类似，选择工人阶级与中产阶级的比例持平，而且占绝对多数，占比分别达 45% 左右。仅有 5% 的受调研者选择下层阶级，3%—5% 的人选择上层阶级。[1] 可见无论是单纯两种选项，还是更为详细的四种选项，其中对工人阶级产生模糊性认知的阶层划分始终是工人阶级与中产阶级。或许正是因为这种模糊性的存在，从另一个角度也凸显出二者间相似之处的普遍存在。因此，厘清"中产阶级"的概念对于培育工人阶级意识有着直接的影响。

此外，在资本主义经济相对平稳的发展时期，"中产阶级"和工人阶级间差异的弥合是一个仅有起点却缺少终点的过程，换句话说，在可能的情况下资产阶级一方会尽量在他们中间制造"异"而消解"同"。通过一组数据的对比可以清晰看出制造"异"，保持"异"的状况。理查德·森

---

[1]　Annette Lareau and Dalton Conley, eds. , *Social Class: How Does It Work?*, Russel Sage Foundation, Reprint edition, 2010, pp. 28 – 29.

特斯在 1949 年的调查显示，有 49% 的人认为自己属于工人阶级，45% 的人将自己纳入"中产阶级"，而 GSS 在 2000 年至 2004 年的调查也显示了几乎相同的数据。① 50 余年的时间里，无论是经济发展水平，还是工人的收入状况、工作环境等都发生了深刻的变化，但是这种不同归属的划分却依然清晰。可见人们在确定自身的阶级地位时，不仅要考虑自身状况的纵向调整，更多地还会进行横向比较，正是因为"中产阶级"和工人阶级之间差异性的持续存在，才会导致不同阶级归属感的生成。但如果综合评定二者的关系，他们在实际上是日益趋同的，而同资产阶级在收入、财富、社会地位等方面的差异则是日趋悬殊的。由于"中产阶级"和工人阶级之间并不存在本质的差异，因此对"中产阶级"意识更为贴切的表述应是一种"地位意识"，它不同于真正的阶级意识。

（四）社会结构转变对工人阶级意识的影响

从宏观视角来考察，社会结构转变对工人阶级意识会产生直接的影响。从 19 世纪末 20 世纪初开启的由农业社会向工业社会的普遍转变，使曾经从事农业生产的大部分人转而加入雇佣工人的行列。工业社会较农业社会来讲，人的物化程度在不断加重，这里"是一个有组织的世界——等级森严和官僚科层体制的世界——人被作为'物'来对待，因为协调物比协调人容易。""组织机构提出对各个职务的要求，而不是对人的要求。技术的标准是效率，生活方式是以经济学为模式"②。在这种转变过程中，工人的适应与调整对阶级意识产生的影响是不容忽视的。就这一问题许多学者都尝试着进行了分析，莱杰特从工人阶级成员生产、生活状况的变化及其加入工会的情况分析不同的阶级意识表现，从而得出当工人阶级生产、生活状况发生彻底变化，同时他们还加入了某一工会组织时，他们的阶级意识会有非常明显的提升。这是因为在由农业的生产、生活方式向城市工厂生产、生活方式转换的过程中，许多工人阶级成员由于不能有效地适应变化的情况，他们或者因为缺少技术、或者由于在观念上的滞后难以找到适合自己的工作，从而逐渐表现出被边缘化的特征，其自身与其他群体的工资收入差距也越发凸显，无形之中会促使工人的不满情绪、斗

---

① Annette Lareau and Dalton Conley, eds., *Social Class: How Does It Work?*, Russel Sage Foundation, Reprint edition, 2010, p. 29.

② ［美］丹尼尔·贝尔：《后工业社会的来临——对社会预测的一项探索》，商务印书馆 1984 年版，第 142 页。

争情绪增加。当工人以工会组织成员出现时，他会感觉到自身力量的强大，特别是在其所关注的经济问题方面工会所发挥的不可低估的作用，更使工人认为通过工会组织可以顺利实现自身的利益要求，从而增强了对工会的认可和依赖，进而为工人阶级联合意识的培养创造条件。因而也体现出了社会结构转变对工人阶级意识产生的影响。

四　文化价值因素对工人阶级意识的影响

（一）资产阶级价值观对工人阶级意识的影响

工人阶级在资本主义强大的文化攻势下会受资产阶级所推崇价值观念的影响，并可能在一定程度上认可这种价值观。在资本主义仍然具有较强生命力并不断向前发展的过程中，代表资产阶级的主流意识形态会对工人阶级意识进行全方位的"围剿"。试图使统治阶级的意识形态发挥文化主导权的作用。葛兰西这样来解读文化主导权，认为这是指"一个阶级或全体对其他阶级或群体以得到他们'积极同意'而不是强制的方式所取得的在文化——意识形态上的主宰地位"[1]。资产阶级试图将一种暂时存在的资本主义生产关系主观上视为"永恒的自然规律和理性规律"[2]，淡化社会主义生产关系对资本主义生产关系的潜在替代性。资产阶级所推崇的这种价值观念对于维护其统治地位、提高利润率无疑是最为有益的。这样折射到对从事不同工作工人的态度方面就产生了明显差异。例如他们更加推崇高等技术工人等所谓"中产阶级"的价值观，并为其营造一种相对受尊重的社会地位，使得这种身份得到较为普遍的认可和追随。对那些处在社会底层的工人阶级成员来讲自然会产生一种对身份地位的渴望，进而淡化阶级意识的内容。[3] 事实上，作为科学的社会主义理论对工人阶级具有天然的吸引力，这主要是因为科学社会主义理论深刻揭示了工人阶级受剥削、生活贫困的本源，彻底的理论必然会有强大的说服力，工人阶级也很容易理解并愿意接受这一理论。然而，尽管"工人阶级自发地倾向社会主义"是客观存在的，但是占据统治地位的资产阶级思想却通过多种手段"自发地而又最猖狂地使工人接受它"[4]。

---

① 陈昕：《救赎与消费》，江苏人民出版社 2004 年版，第 26 页。
② 《马克思恩格斯文集》第 2 卷，人民出版社 2009 年版，第 48 页。
③ 参见李强《社会分层十讲》（第 2 版），社会科学文献出版社 2011 年版，第 128 页。
④ 《列宁选集》第 1 卷，人民出版社 1995 年版，第 328 页。

资产阶级不仅会树立起符合其利益的价值观，而且会构建一个庞大的价值体系，系统地灌输这些价值观给工人，而工人在资本主义制度下则处在这种价值体系的从属地位，从而如帕金（Parkin）所言，这种价值体系为工人阶级意识的形成构筑了一道壁垒，其中的核心内容是促使工人阶级对现状的认可和迎合，进而调整自己的意识以符合资产阶级意识的需要。

事实上，马克斯·韦伯在《新教伦理与资本主义精神》一书中也阐释了相关的内容。他认为对于资本主义来讲，内化着一种独特的精神，那种"为事业而不停地劳动已经成为'生活上不可或缺的'一部分。事实上这就是唯一确切的动机"，与此同时也渗透出这样一种观念，即"从个人幸福的观点来看，此种生活方式是如此的非理性，在其中，人是为事业而活，而不是反过来（事业为人而存在）"①。这种资本主义内生的"精神"不仅是资本主义发展的动力因素之一，而且也内化为、上升至资本主义的"灵魂"层面。特别是在所谓的"自由""民主"思想的推动下，更使其具有明显的吸引力和感召力。可见，在西方发达国家阻碍工人阶级意识生成的因素中，与这种已经树立、培养起来的根深蒂固的"精神"有着直接的关系。

（二）资产阶级媒体对资产阶级主流意识形态的捍卫

资产阶级媒体在传播主流意识形态方面的作用在于捍卫资产阶级意识形态的功能，促使工人阶级形成假想的即"想象的共同体"。"想象的共同体"当中并不包含真正意义上"阶级"的内容，而倾向于共同的爱好、共同的特征、共同的关注点，甚至包括对某一事件共同的态度。从而淡化了以生产资料占有形式为基础的阶级划分。资产阶级会充分运用其经济上的优势占领意识形态领域的优先权，使得工人阶级不能清晰地认识社会的本质及改造社会应采取的行动，阻碍工人阶级意识的生成。正如葛兰西对意识形态领导权所特别强调的，资本主义领导权的存在，导致无产阶级"认识不到资本主义社会的矛盾本质，也不会懂得改变它的可能性。因为资本家的意识形态去领导权的必要部分，即使他们把自己的利益说成是整

---

① ［德］马克斯·韦伯：《新教伦理与资本主义精神》，康乐、简惠美译，广西师范大学出版社 2010 年版，第 44 页。

个社会的利益"①。事实上，任何一种占据主流意识形态或位居意识形态
领导权的价值观都会与全体社会成员形成一种主动或被动的互动。生活在
资本主义制度下的工人阶级无疑会受传媒途径、宣传手段等影响，通过心
理学机制的内化过程，不断吸收和接纳霸权价值观，并在此价值观的基础
上塑造自己的内心世界和外部行为。福柯曾指出，"现代媒体已经直接成
为社会权力网络的一个重要组成部分，它本身就是一种权力系统，并同整
个社会的权力网络保持不可分割的关系。所以现代媒体的作用，即从属于
权力网络的内在斗争逻辑，也从属于政治权力的斗争利益及走向，而且还
直接为权力斗争的需要，特别是为政治、经济及各种垄断势力的利益服
务"②。资产阶级思想通过收音机、电视机、网络、报刊等一系列传播媒
介，极力制造无关紧要的、表面上的、不触动资本主义制度核心内容的现
象和要素，使这些现象和要素在统治阶级与工人阶级之间保持一种平衡状
态，从而掩盖、转移工人阶级对核心利益问题的重提。马尔库塞也特别强
调这一点，认为资本主义社会实现对意识的控制，其"决定性的差别"
恰恰表现在"把已有的和可能的、已满足和未满足的需要之间的对立
（或冲突）消去"，也即凸显"阶级差别的平等化"③，以此模糊工人的阶
级意识。正如考克斯所认为的，大众传媒的出现和成熟使不同阶级之间，
特别是工人阶级与资本家阶级之间的"异源化"④在不断削弱。还不止如
此，资产阶级会利用其控制信息的能力实现对工人阶级实现现实的监控，
安东尼·吉登斯认为，所谓的"监控"是指"在政治领域中，对被管辖
人口的行为的指导，尽管作为行政权力的基础，监督的重要性决不是只限
于政治领域。监控可以是直接的，但更重要的特征是，监控是间接的，并
且是建立在对信息控制的基础之上的"⑤。无疑监控也是资产阶级对意识
形态领域进行操纵与控制的一种极其常用的手段。进而使工人阶级普遍认

---

① ［英］戴维·麦克伦莱：《马克思以后的马克思主义》，中国社会科学出版社 1986 年版，
第 252 页。
② 高宣扬：《福柯的生态美学》，中国人民大学出版社 2005 年版，第 322 页。
③ ［美］赫伯特·马尔库塞：《单向度的人——发达工业社会意识形态研究》，刘继译，世
纪出版集团·上海译文出版社 2008 年版，第 8 页。
④ ［美］斯科特·拉什约翰·厄里：《组织化资本主义的终结》，征庚圣、袁志田等译，江
苏人民出版社 2001 年版，第 123 页。
⑤ ［英］安东尼·吉登斯：《现代性的后果》，田禾译，黄平校，译林出版社 2000 年版，第
51 页。

可这种意识形态，形成相对屈从的观念，认为"在官僚组织的支配下，绝大多数人群都对那些影响其日常生活进程的决策变得无能为力，这种现象的确成为我们所面临的不可抗拒的力量"①。

意识的影响往往是潜移默化的，正所谓"润物细无声"。资产阶级意识形态对工人阶级意识的影响经历了一个漫长而悠久的过程，呈现的方式仿若"温水煮青蛙"，虽然青蛙怡然自得地生活在水中，但却丝毫没有察觉到水温的升高，丝毫没有察觉到它们已经被引向了一种无法逃避的劫难之中。传播过程中技巧发挥着越来越重要的作用，马尔库塞曾认为："今天，不仅是依赖这种技术手段，使人服从他人正成为永世存在的东西，并得以不断扩大，这一切都是由于它本身就是一种技术手段。这就为政治权力的完全合法化及其扩展提供了更多根据。现在，它已经扩展到所有文化领域②。或许"役于形"的方式更容易让人发觉，更有助于人们形成利益共同体，但是"役于心"的统治则着实显得隐蔽，令人难以察觉。而主流媒体恰恰是在"役于心"这种方式上扮演着极其重要的角色。媒体的作用通过谢·卡拉—穆尔扎的判断似乎可见一斑，谢·卡拉—穆尔扎着重探讨苏联以及俄罗斯改革后果的相关问题，其著作《论意识操纵》从多个角度阐释了影响意识的多重要素，以及这些要素是如何对人们的意识起作用的。他认为，在传媒对意识的操纵中，"只要对事业有利，当局会准许造反者去摧毁市政府甚至总统宫殿，但却从来不会让他们进入电视中心"③。

毋庸置疑，媒体在维护资本主义秩序及资产阶级统治过程中扮演着极其重要的角色，包括图书、广播电视等传统媒体在内的这些生产、传播文化思想的地方在很大程度上已经沦落为垄断资本主义的一个组成部分，而且是维系垄断资本主义的必要内容。为了能够更好地说明这个问题，这里就媒体对西方选举中的作用作进一步的分析。透过美国媒体在选举中所扮演的角色及发挥的作用，进而折射出资产阶级通过媒体对民众意识的导向及阶级意识的弱化趋势。媒体在政党角逐过程中的重要地位在近半个世纪

---

① ［英］安东尼·吉登斯：《资本主义与现代社会理论》，郭忠华、潘华凌译，上海译文出版社 2013 年版，译者序第 9 页。

② ［俄］谢·卡拉—穆扎尔：《论意识操纵》，徐昌翰、宋嗣喜、王晶等译，社会科学文献出版社 2004 年版，第 42 页。

③ 同上书，第 69 页。

不断提升，这从广告收入中高额的政治广告费用来源就能清晰说明。例如在美国，"20 世纪 60 和 70 年代，候选人所做的电视广告只构成了全部电视广告收入份额中很小的一部分；到了 90 年代中期，这一数字仅升至 2%；但在 10 年后，这一数字就增加到了 5%—8%；而到了 2012 年，这一数字就变成了 20%"①。纵观美国广播电视行业可以看出，从事信息发布、传播的组织日趋集中化、垄断化，致使在高度垄断的广播电视行业中占据主动权的是为数不多的几家企业，他们彼此之间的"默契"致使民众很难听到不同的声音。当然，构筑这种"默契"的核心力量是金钱，金钱在选举中充当着定海神针的作用，如果某个政党的候选人在竞选中企图减少在广播电视节目、政治广告方面的开支，那么这无异于冒着失败的风险而进行"单方面裁军"。正因如此，所以在竞选过程中，充斥于民众耳畔及视域的是两大主流政党的候选人的较量。或许正是因为这种直白的对第三方政党的排斥使民众逐渐认识到选举中的局限性以及媒体鲜明的导向性，但是面对这种局限性及导向，民众又普遍地表现出一种"无奈"和"犬儒主义"，换句话说，民众虽然认识到了"谎言"的存在，但却无力终止"谎言"。而与之相对地，控制着主流媒体的垄断资本主义文化机构却在有意地强化着人们的这种"无奈"和"犬儒主义"，促使他们远离对社会制度的深邃思考和行动，反而培育对现状的适应和接受。这种"文化机构"扮演着"过滤器"的职能，过滤掉统治阶级不希望在民众中传播的信息，而保留那些已经为民众所谱写好的内容。正如 1955 年弗洛姆在《健全的社会》一书中所述："最终，就像其他人一样，他（异化的产业工人）处于我们整个文化机构——广告、电影、电视、报纸——的影响之下，很难避免被整合，尽管可能整合得比他人更慢些。"② 而今，这种整合的强度和速度都有了更为强劲的提升。

此外，社会舆论及相关媒体在传播过程中不断地对政治领域作过于泛化的理解，甚至将其同社会领域相混淆，这就在很大程度上对"政治"本身所关涉的内容起到了淡化和漠视的作用。也就是说，"许多关涉到社会领域、日常领域的一些内容，曾经只是作为政治领域的影响对象而出

---

① ［美］罗伯特·麦克切斯尼、约翰·尼古拉斯：《政治广告的牛市》，郭莲译，《国外理论动态》2014 年第 6 期。

② ［美］约翰·贝拉米·福斯特、罗伯特·麦克切斯尼：《垄断资本的文化机构》，宋阳旨译，《国外理论动态》2014 年第 6 期，第 34 页。

现，但现在他们却构成政治认同、政治主张的内容"，进而"使政治从传统的相对狭窄的领域（如国家、政党、公众组织等）转向了非常宽泛的且不可控的社会领域"①。换句话说，20 世纪 80 年代以来，随着"政治"范畴的不断扩张，"政治"领域与"社会"领域的混淆日趋明显，在这种情况下，"政治"最核心、最本质的内容在不断被稀释，不断被淡化，相应地，人们对"政治"的关注，不过是徘徊在真正的政治大门之外。而与核心的政治制度等内容渐行渐远。"政治"范畴的模糊，"政治"与"社会"的混淆，既无助于阶级、阶层的划分，也无助于看清阶级的变化。一些并不关涉阶级的问题却被视为划分政治认同，进而上升为划分阶级的标准，这只会带来错误的判断。

（三）西方教育在一定程度上对工人阶级意识的削弱

西方教育对工人阶级意识起到了一定程度的弱化作用，此处以大学教育为例。关于这方面的内容很多西方学者也都有关注，以迈克·霍特（Mike Hout）为例，他看到了资本主义国家的教育在侵蚀阶级划分、淡化工人阶级意识方面的功效。事实上，资本主义条件下教育的变革在一定程度上是为满足资本主义制度发展的需要，因而从这一角度来看，它们对工人阶级及其阶级意识都产生了广泛而深入的不利影响，确切地说是一种负面的、削弱式、破坏式的影响。与此同时，适应资本主义生产方式的教育变革也有其系统性特征。追溯 20 世纪初期教育的变化同样可以从劳资关系的矛盾和尖锐程度中获得启示。以美国为例，19 世纪末 20 世纪初工人阶级处于运动相对活跃和频繁的时期，这一阶段，劳资冲突在美国随处可见。例如 1894 年 5 月普尔曼车厢制造工人为抗议政府拒绝就解雇裁员等举措与工会进行谈判时，迅速组织起有 15 万人参与的全国大罢工；1919 年 400 万矿工掀起波及全美的罢工实现了美国历史上第一次工人运动的高潮。这些大规模的罢工和抗议行为充分说明劳资关系的尖锐以及工人积极抗争的实践。劳资矛盾不断升级必然引起生产过程中抵抗情绪的增加，进而导致生产率下降。但在泰勒制实施以前，工人对生产过程的熟悉程度和对生产细节的把握程度远高于管理者，因而工人对生产过程具有客观控制力，同资本抗衡的力量也相对较强。资产阶级为了改变这种局势，最

---

① Geoff Eley and Keith Nield, "Farewell to the Working Class?", *International Labor and Working – Class History*, No. 57（Spring, 2000）, p. 9.

大限度地提高劳动生产率，将泰勒制生产方式引入其中。泰勒制在组织生产过程中作用的发挥必然促使一个掌握科学管理技能的专职管理群体形成。他们的出现抽取了工人对技术的熟练掌握，代之以"计划室"对工作及细节的重新分配。为了适应这种生产管理模式的需要，麻省理工学院、哈佛大学、纽约大学、芝加哥大学等知名学府纷纷开设工程教育、商学教育、金融学教育等课程，以期将大学教育与生产过程所需的管理人才结合起来，共同促成泰勒制的普及和发展。这种以资本主义生产方式为根基的教育发展模式一方面为生产过程补充所需的劳动力资源，另一方面固化了管理者与被管理者之间的界限，制造了工人内部的分裂。

达仁道夫和拉尔夫·密利本德（Ralph Miliband）虽然在对待马克思主义相关理论方面以及在对待资本主义和工业社会之间关系方面存在较大的差异，但二者同样认为在资本主义发展中后期其阶级矛盾和冲突已经不再像初期那样显现了，还不断得到缓解。在这一过程中教育发挥的作用功不可没。达仁道夫认为教育促使社会更加趋向于公平，教育无形之中充当了社会流动的助推器。他认为，"教育是通往平等的主要车轮，它促进了流动性和'精英式'社会秩序的形成"①。密利本德认为恰恰是教育发挥着制造同意的功能，使工人阶级更多地认可、顺从于现存社会现状，使社会变革的可能性不断削弱。他认为在资本主义社会存在着一种"同意工程学"，它可以释放出巨大的能量，进而培育起人们对现状的顺从态度。而且他还特别提到，"部分制度也参与了营造有利于资本主义延续的意识形态气候，这尤其体现在教育制度上"②。

对于这个问题，英国历史学家艾瑞克·霍布斯鲍姆在 2010 年接受《新左翼评论》期刊的采访时，也特别提到教育在西方国家分化工人阶级中所起的作用。依据受教育程度决定所从事工作性质的优与劣，工作职位的高与低，也就是常说的英才管理制度。这种制度在美国和英国表现得格外突出，将工人阶级作为整体反对资本家阶级的阶级意识转化为普遍的工人阶级内部的敌视和竞争。

---

① ［英］安东尼·吉登斯：《社会学：批判的导论》，郭忠华译，上海译文出版社 2013 年版，第 32 页。

② 同上。

鲍尔斯和金蒂斯在分析工人阶级阶级地位提升受到阻碍的诸多因素中，将目光锁定在学校教育方面，提出了著名的美国教育"再生产"理论，认为"学校再生产社会中的主导生产关系，包括社会流动性的再生产意识，这种意识使人们相信，没能提升阶级地位的人应该责备自己，而不是其他人。毕竟，如果社会提供了晋升的机会，而个人没有获取打开这些机会大门的资格，或者在爬上权力和社会流动的阶梯后却没有达到要求的话，资本主义不应为此负责"①。这样就有效地将上升空间受阻归结为个人因素，或者是个人的努力不够，或者是缺少对机遇的把控能力，又或者是自身对知识掌握的熟识程度有限，等等，总之很好地规避了对国家、对社会制度以及生产关系层面的追溯。其结果是有效地分化矛盾的集中点，进而淡化阶级意识的相关内容。

随着 20 世纪 70 年代末 80 年代初新自由主义的盛行，这种试图将工人阶级利益受损的原因归咎于个体因素的现象日趋普遍。对于工人因受到冲击而致贫致弱的现象，许多解释显得非常荒谬，例如认为这是工人过多生育造成的。"如果工人能够接受更多的教育，不要生育小孩，或者最起码不要未婚生育，那么他们就不会陷入贫困。之所以处于贫困境地，是工人们自身造成的，为此，社会没有理由去帮助他们。"② 沃尔夫冈·施特雷克（Wolfgang Streeck）也认为在新自由主义条件下，市场经济以一种"科学知识"的面目出现在公众面前，告诉生活于其中的人们，"所谓的公平是市场的公平，在公平的市场环境下任何人都可以通过个人的努力获得他们所应得的财富"③，而不应该虚妄地强调所谓的权利。那种试图通过政府干预来实现公平正义的手段是不可行的，一切公正皆源自市场之中。

法国社会学家皮埃尔·布迪厄通过"再生产"理论来解读教育对阶级意识所形成的影响，他认为"教育通过掩饰以技术选择为外衣的社会选择，通过利用把社会等级变为学校等级从而使社会等级的再生产合法

---

① ［英］保罗·威利斯：《学做工：工人阶级子弟为何继承父业》，秘舒、凌旻华译，译林出版社 2013 年版，前言第 14 页。

② Fred Magdoff and John Bellamy Foster, "The Plight of the U. S. Working Class", *Monthly Review*, http：//monthlyreview. org/2014/01/01/the－plight－of－the－u－s－working－class.

③ Wolfgang Streeck, "The Crisis of Democracy Capitalism", *New Left Review* 71, September－October 2011, http：//newleftreview. org/II/71/wolfgang－streeck－the－crises－of－democratic－capitalism.

化，为某些等级提供了这种服务"①。于是社会可以有效地"将入学机会伪装为成功的机会"，进而实现对下层的"合理性"淘汰。正如前文也有提及，在将导致社会分化元素有效地实现从制度、体制层面向个体层面转化的过程中，教育门槛的设立发挥了重要作用，可以称之为阶级秩序再生产不可或缺的环节之一。从而将对问题深层次的探析转化为浅层次现象层面的追溯，远离阶级意识的内核。

综上所述，虽然资产阶级的阶级意识是不彻底的，甚至是虚假的，但其在浅层次上达成了对一种共同利益的认可，即"使工人处于从属地位，付给他们尽可能低的工资"②。而这种认可恰恰能促使他们联合起来，以联合的力量共同对付工人阶级。与之相对地，列宁所提出的工人联合起来所指向的那种共同利益却受多种因素的影响在不断淡化。

综上所述，工人阶级意识是一个十分复杂的整体，导致阶级意识发生变化的原因同样纷繁多样，其中任何一个因素的改变都会在一定程度上发挥牵一发而动全身之力。因而导致工人阶级意识弱化的原因是综合的，需要作全面分析。

---

① 皮埃尔·布迪厄：《再生产》，转引自李三达《阶级秩序的再生产》，《读书》2014 年第 3 期，第 71 页。

② 参见《列宁专题问题——论无产阶级政党》，人民出版社 2009 年版，第 9 页。

第四章 当前西方国家工人阶级
意识新觉醒

西方国家工人阶级意识伴随当前资本主义危机的发生逐渐表现出新的觉醒。一方面，我们不应夸大这种觉醒，认为工人阶级意识在经济危机之后已经形成了整体的阶级意识这是不正确的。这种判断对于理论研究和指导实践都是毫无裨益的，反而会引发错误的推断和鲁莽的行动。另一方面，我们也同样反对那种忽视工人阶级意识变化的言论。认为西方国家的工人阶级在经历了严重的资本主义危机之后，在阶级意识层面并未发生任何变化的观点同样站不住脚。正确判断当前西方国家工人阶级意识的状况，特别是在危机发生之后工人阶级意识的新变化，有助于为唤醒工人阶级意识提供正确的实践路径，同时也为正确判断工人阶级意识的发展前景提供基本依据。

第一节 当前西方国家工人阶级意识出现局部复苏

当前西方国家工人阶级意识表现出一些新的特征，出现了局部复苏，集中体现在有利于工人阶级意识成长的因素不断增加。本节还特别以波及全球的"占领华尔街"运动为例，试析其对工人阶级意识产生的新影响。

一 当前促进西方国家工人阶级意识的有利因素

（一）资本主义缓解危机的空间不断缩小

资本主义的发展在不断缩小解决资本主义固有危机的空间，封堵缓解危机的可能性路径。曾经资本主义摆脱生产过剩危机的途径似乎可以选择，例如通过扩大本国尚未开发的市场以缓解资本主义固有矛盾。美国学者桑巴特提出美国之所以没有社会主义，其原因之一在于本国国土面积广阔，广大的西部边疆地区成为防止工人阶级激进主义思想和行动发展的"安全阀"①。其次，不断拓展新的国际市场以开辟缓解危机的新路径。资本主义强国曾经凭借武力不断通过战争等野蛮形式征服殖民地国家，使其成为他们相对过剩商品的销售市场和廉价原料的供应地，为资本主义强国的发展提供动力，暂缓生产过剩危机。但今天在以信息技术革命为推动力的全球化背景下，生产效率不断提高的同时劳动力资源的需求却在不断缩小，结构性失业人数不断上升。同时，即使对就业工人来说也面临消费水平相对下降的困境。加之世界市场已经开发完毕，世界各国几乎无一例外地融入世界市场体系之中，再度寄希望于开拓新的疆域以缓解危机无异于缘木求鱼。在这种情况下，资本主义过度积累带来的大规模生产过剩现象必然无法有效缓解，危机发生不可避免。此外，由于新自由主义盛行，凯恩斯主义的国家干预与调整政策似乎不如福特主义时期运用自如，资本绑架政府的现象相对突出，通过政府单方面调节工人工资以扩大工人购买力缓解生产过剩的方式逐渐受到限制。可见，资本主义矛盾在全球化条件下会以更加清晰的方式暴露出来，从而有助于工人阶级认清资本主义本质上的固有矛盾，以及资本主义生产条件下的异化现象。毕竟，"工人生产的财富越多，他的生产的影响和规模就越大，他就越贫穷。工人创造的商品越多，他就越变成廉价的商品。物的世界的增值同人的世界的贬值成正比"②。

（二）"中产阶级"再度无产阶级化

贫富差距日益悬殊，位列金字塔顶层的人口收入在不断攀升，而底层的占据人口绝大多数的民众收入不仅没有增加，反而开始下降。以美国为例，1%处于金字塔顶的人口其收入自1979年起在整个国民收入中的比重上升了78%，而80%处在金字塔底层的人口收入却下降了15%。③ 工人阶级内部，同一生产部门，正式雇员与非正式的临时雇员在经济待遇方面存在很大差别。以发达资本主义国家为例，20世纪70年代中期以来非正式雇员的人数不断增加，弹性就业现象极为普遍，非农业就业领域中的非

---

① 参见［德］W. 桑巴特《为什么美国没有社会主义》，赖海榕译，社会科学文献出版社2003年版，译者前言第15页。

② 《马克思恩格斯文集》第1卷，人民出版社2009年版，第156页。

③ 参见［英］菲尔·赫斯《"自在"还是"自为"：工人阶级的阶级意识瓦解了吗?》，《马克思主义研究》2009年第10期。

正式雇员在 15 个欧洲国家中达到 30% 强，在美国该比例也高达 25%。[①]
据联合国发展计划署（The United Nations Development Programme）相关调
查表明，贫富差距不仅表现在发达国家内部，更鲜明地表现在发达国家与
发展中国家之间。一项数据显示，1990 年美国人口平均收入是坦桑尼亚
人口平均收入的 38 倍，2005 年则达到 61 倍。据保守估计，全球最富有
的 500 人所占有的财富总和超过了全球最贫穷的 4.16 亿人口的财富总
和。[②] 可见，虽然生产力在科技的推动下取得了前所未有的快速发展，创
造了举世瞩目的财富总量，但是在分配领域却远远偏离公平与正义，不断
扩大的贫富差距就是很好的证明。在这种情况下工人对资本主义现状的认
识会更加深刻，对资本主义的分配方式也会持坚决批判的态度。因此，像
哈贝马斯所预言的"自从生产力的不断提高依赖于科技进步以来，生产
力再也不是解放的潜力，再也不能引起解放运动了"[③] 的设想并不足以印
证现实尖锐问题的彰显。毕竟，一方面是国际剥削程度的加深，另一方面
是西方国家工人阶级状况的相对下降，这种状况的持续，将伴随"中产
阶级"无产阶级化的进程同时展开。

（三）世界范围内的劳动力在分散中有集中

分散主要表现在生产领域不同，其集中的地点也有所不同。例如在北
美、欧洲、日本等西方发达资本主义国家主要集中生产技术含量较高的产
品，而其他与消费品直接相关的一些技术含量较低的产品，其生产则主要
集中在发展中国家。可见在世界范围内以商品技术含量高低为标准在发达
国家与发展中国家之间形成了一定范围内的分工。但就西方国家本身而
言，工人阶级在某一国家或者某一地区又表现出相对集中的特点，他们所
从事的工作及其技术含量在某种程度上具有相似性。此外，依据资本的逐
利性会寻求劳动力价值相对低廉的地区，但并不一定是最为低廉的地方，
因为资本除了需要廉价的劳动力，还需要权衡市场环境等多种因素，以作
出最有利于资本增值的选择。事实上，受生产过程复杂性的制约，以及对

---

① Andreas Bieler, Ingemar Lindberg and Devan Pillay, "The Future of the Global Working Class:
An Introduction", in Andreas Bieler, Ingemar Lindberg and Devan Pillay, eds., *Labour and the Challenges of Globalization*, London: Pluto Press, 2008, p. 10.

② Ibid.

③ ［德］尤尔根·哈贝马斯：《作为"意识形态"的技术与科学》，李黎、郭官义译，学林
出版社 1999 年版，中译本序第 7 页。

生产环境、工作人员能力等各方面的不同要求，生产的转移主要集中在一些特殊的领域，一些倾向于对劳动力数量要求较高的企业。一些如金融业、半导体行业等，资本基本上在发达国家内部流动，此外即使是追随廉价劳动力，也几乎局限在发达国家之间。① 可见，虽然在发达国家与发展中国家之间存在较为严格的分工，但是在西方国家仍然存在着相对稳定的生产领域，工人在这一特定领域是相对集中、相对稳定的。

（四）西方资本主义"自由"与"民主"理念遭到质疑

面对经济危机，西方各国工人阶级利益在资产阶级政府转嫁危机的过程中受到重创，经济状况的改变使人们在意识形态领域的认识发生了相应的变化。毕竟，"物质生活的生产方式制约着整个社会生活、政治生活和精神生活的过程。不是人们的意识决定人们的存在，相反，是人们的社会存在决定人们的意识"②。此外，监听丑闻的暴露，更促使工人阶级对象征资本主义精神的"自由""民主"理念产生怀疑。

西方国家在"自由"与"民主"方面奉行双重标准，使人们对这一价值本身产生了质疑。以美国为例，"自由、民主、人权"始终是其所倡导并极力在世界范围内宣扬推广的重要内容，诸如此类的理念均以"普世价值"的面貌呈现在人们面前。然而当这种价值理念与美国所追逐的利益发生冲突时，则会在刹那间变得黯然失色，其抽象性与虚假性昭然若揭。20 世纪 70 年代中后期，当新自由主义逐渐凸显之时，其智囊人物哈耶克对"自由"的理解似乎已经成为不容触碰的底线，他认为"个人具有自己有保障的私人空间，在这一空间内，有许多事情是别人无法干预的。"然而当所谓的"自由"遇到"棱镜"360 度全方位监控时，主流舆论又以个人自由让位于国家安全为由颠覆曾经的许诺。可见对"自由"的解读完全取决于美国政策的需要，至于其真正内涵的讨论已经变得不再重要了。一方面是对别国维护正常网络秩序行为进行大肆抨击，认为这是对话语权的侵犯，是对言论的封锁和思想的控制，而另一方面却无所不用其极地对本国民众及其他国家公民进行监听。鲜明的双重标准必然在一定程度上引起民众对资本主义现状的质疑，这种质疑态度的出现或愈演愈

---

① Bill Dunn, *Global Restructuring and the Power of Labour*, New York：Palgrave Macmillan Press, 2004, p. 191.

② 《马克思恩格斯文集》第 2 卷，人民出版社 2009 年版，第 591 页。

烈，在一定程度上显示了工人阶级意识的复苏。因为对现存制度的质疑原本也是工人阶级意识不可或缺的一个组成部分。西方学者拉扎斯菲尔德（Lazarsfeld）就将对现状的不满（symbolic or emotional）以及对对立阶级的不信任（distrust of class enemies）视为阶级意识形成的两个关键环节。① 毋庸置疑，工人阶级意识的形成绝非一朝一夕之事，同样，工人阶级意识也不可能在经济危机之后骤然稳健提升，但是这种对资本主义所宣扬的最核心价值理念的质疑已经为工人阶级意识的复苏翻开了新的篇章。对"民主""自由"的质疑渗透着对资本主义价值观念的重新测评，而这种价值判断是考察工人阶级意识的一个很重要的指标，奥斯卡·格兰兹就明确表示工人阶级意识的形成应该包括"对自身所处阶级价值观念和价值追求的接纳，认识到同一阶级成员的共同阶级属性，同时反对资产阶级的价值追求，对敌对阶级有清晰的认知"②。对于工人阶级来讲，真正民主与自由的实现建筑在消灭阶级的基础之上，"无产阶级必须消灭阶级"，因为这才是"无产阶级的民主、无产阶级的自由"③，同时也是无产阶级平等的真实内容。

二　当前西方工人阶级意识局部萌生的表现——"占领华尔街"运动

2008 年经济危机后发生的"占领华尔街"运动以一种被媒体冷漠和忽视的态势开始，然而却在万众瞩目中收尾。2011 年 9 月 17 日，约 12 名美国大学生在位于纽约的祖科蒂公园，打开帐篷住下，并打出"占领华尔街"的标语。随之这场以反对经济萧条，民众为金融垄断财团埋单、失业以及贫富差距悬殊等问题为主的大规模群众运动在美国乃至世界范围内展开。此次抗议活动波及范围之广堪称近半个世纪所罕见。从纽约到马德里，从伦敦、巴黎、法兰克福到惠灵顿、奥克兰、悉尼，甚至在亚洲也引起了强劲的波动，韩国首尔、日本东京、印尼雅加达等地均掀起了"占领华尔街"式的抗议示威活动。全球有八十多个国家，近千座城市民

---

① Paul F. Lazarsfeld, et al., eds., *Continuities in the Language of Social Research*, New York: Free Press, 1972, p. 41.

② Oscar Glantz, "Class Consciousness and Political Solidarity", *American Sociological Review*, Vol. 23, No. 4, 1958, p. 376.

③ 《列宁全集》第 37 卷，人民出版社 1986 年版，第 100 页。

众参与了此次抗议活动。

在"占领华尔街"抗议行动开始之时，民众的行为并没有引发当局重视，因为自2008年经济危机爆发以来，针对缩减政府开支、减少民众社会福利的行为而展开的群众示威游行、罢工等活动在全球范围内已经屡见不鲜。然而此次"占领华尔街"运动终因其深深触动了民众内心的感悟以及对现状的深度不满，最终演变成一场全球范围内的大规模群众抗议行动。

直至2011年11月15日，在警方凌晨的清场行动中，"占领华尔街"运动才得以暂时平息。但民众内心对现状的不满并没有因此而熄灭，2011年11月17日，美国纽约证券交易所外近千名示威者聚集于此，试图阻止纽交所的正常运行。示威者与警察发生正面冲突，部分示威游行者被逮捕。一场轰轰烈烈的"占领华尔街"运动结束了。但这种结束只是民众意识觉醒的一个开始，因为这是一场沉睡已久的无产阶级对资产阶级统治不满的抗议。虽然其中还有很多不足，例如缺乏统一的行动纲领和指挥者，缺乏具体要求，但经过"占领"行动的洗礼，更多的人体会到美国等发达国家所谓的"民主""平等"与"自由"不过是一层虚假的面纱，民众逐渐将注意力集中到经济乃至制度层面的内容，这无疑是此次行动的巨大意义所在。

（一）"占领华尔街"运动凸显了资本主义社会的阶级对立

参与"占领华尔街"抗议行动的民众打出了鲜明的口号，如"我们代表99%美国人"，"我们都在同一条船上"，"公司、银行、政府应该承担责任，停止让我们为你们的错误埋单"，"革命的一代"等。这些口号明确将矛头指向1%的美国人，控制了美国40%的财富的美国人。[①] 抗议者认为他们代表了99%的绝大多数，由不同种族、不同肤色的抗议者在缺乏统一领导的条件下坚持抗议行动，支持他们的最强劲的动力是他们将拒绝容忍1%美国人的贪婪和腐败。他们试图用阿拉伯之春的方式达到行动的目标并鼓励运用非暴力方式最大限度地保护参与者的安全。[②]

"占领华尔街"抗议行动的主要力量是学生群体，经济危机影响下，

---

① 参见盛媛《"占领华尔街"之火烧向全球》，《第一财经日报》2011年10月17日第A04版。

② http://www.occupywallst.org.

美国大学生毕业之后不仅由于高额的学费而欠下很多债务，同时毕业后又不能顺利找到工作，致使很难实现自身经济独立。通过学生在"占领华尔街"抗议行动中的表现可以看出他们对当前美国经济制度的不满。工人联合参与到"占领华尔街"抗议行动，并成为坚强主力之一。此外，和平主义者、老兵团体、政府职员、移民权利组织以及美国共产党和美国共产主义青年同盟也参与到这场抗议行动中来。① 因为他们清楚地认识到他们属于全美99%的成员，与占全美1%的最富裕阶层存在着根本的对立。

　　经济危机使金融寡头和国家机器的密切关系暴露无遗，抗议民众直接将斗争矛头对准华尔街，说明他们已经意识到导致本次经济危机的罪魁祸首，意识到应该为此次经济危机承担责任的肇事者。无论是中产阶级还是无产阶级在此时此刻已经将自己融入一个群体当中，他们有着共同的利益诉求，也意识到需要相互扶持。正如马克思所说，资本主义社会使社会的阶级结构简单化了，整个社会分化为资产阶级和无产阶级，发达资本主义国家通过各种手段和方式离间无产阶级，但是他们终究处于社会阶级结构的同一端，即被剥削阶级。本质上他们不占有任何生产资料，是通过出卖劳动力以维持自身和家庭生存所需。

　　(二)"占领华尔街"运动的积极意义与局限

　　"占领华尔街"运动有着较为明确的目标诉求，具体说来包括浅层次和深层次两个方面。其中浅层次的要求即解决民众就业问题，改变贫富差距悬殊的现状，让经济危机的制造者承担应有的责任，拒绝转嫁危机；深层次的要求即改变美国不公平不合理的政治经济制度。不难看出，美国民众，更确切地说是美国无产阶级对经济危机的发生及其解决途径的认识已经从边缘走向了中间地带，从对削减财政赤字的关注转向了贫富差距悬殊问题的解决。与此同时也提出要求改变美国的政治经济制度，这说明他们已经在向引起问题的深层次原因进行试探了。

　　但也应看到，种种诉求多是停留在一种口号或标识上，缺乏深层次的剖析和具体的实施措施。这说明美国99%的民众还处在抗议的初始阶段，对社会矛盾根源仍缺乏深刻的认识，同时对解决问题的方式和方法也处于

---

　　① "U. S. Young People Show Their Discontent with Capitalism", by Lisa Bergmann, http://www. cpusa. org/u‐s‐young‐people‐show‐their‐discontent‐with‐capitalism.

朦胧的酝酿当中。回顾历史,发生于 20 世纪 60 年代以法国"五月风暴"为代表的欧洲发达资本主义国家的学生和工人运动也提出了明确的口号,某种意义上讲其口号更为深刻和直接,例如"消费社会不得好死,异化社会不得好死,我们要一个新的独创的世界,我们拒绝一个用无聊致死的危险去换取免于饥饿的世界","不要改变雇主,而要改变生活的被雇佣"①。学生抗议运动在经济运行良好的发达国家发生的根本原因在于,他们"感到学校变成了资本主义制度训练它所需要的技术知识分子的工具和武器,学生变成服从学校的物化关系的劳动产品",而工人阶级之所以也加入抗议运动中来,是因为"他们把学生看作像他们自己一样,是资本主义等级制度异化制度的牺牲者"②。无论是"占领华尔街"运动还是"五月风暴"都触及了发达资本主义社会的现实问题和矛盾。所不同的是,"五月风暴"并不是由经济问题所引起,相反是在物质丰富的广大知识分子、学生群体中展开的,进而吸引工人的参与。透过当时的口号可以看出,他们是对资本主义制度使人异化的根源提出抗议,要求改变现实社会。与之相比,"占领华尔街"运动则将斗争矛头直指占全美 1% 的金融寡头。运动发生的原因是受经济危机影响,进而导致失业率不断攀升,社会贫富差距悬殊等问题。当然,学生、青年人在"占领华尔街"运动中也发挥着积极的主力军作用。例如 2011 年 10 月 8 日,一个由 40 名学生组成的代表团抵达华尔街抗议肯塔基贝雷(Berea)大学,试图代表阿帕拉契地区的工人阶级及其贫困民众。他们克服学校行政部门对游行资金的冻结,另行组织捐赠,实现了抗议活动的顺利进行。③

但是客观地讲,无论从道义、文化层面,还是从经济层面对资本主义政治经济制度提出挑战,都足以说明资本主义社会存在着自身无法克服的弊端,在资本主义制度下,雇佣劳动阶级处在被剥削、被异化的生产和生活中的现实并没有得到真正的改变,也不可能在资本主义制度下实现彻底的改变。当然,纵使"五月风暴"和今天的"占领华尔街"抗议行动都提出了相应的要求,也看到了问题发生的深层次原因,但在具体策略方面都显得比较匮乏,因而并没有取得理想的效果。

---

① 徐重温:《西方马克思主义》,天津人民出版社 1982 年版,第 8 页。

② 同上书,第 10 页。

③ http://www.wsws.org/articles/2011/oct2011/vide - o19.shtml.

（三）"占领华尔街"运动激发工人阶级意识

"占领华尔街"运动将关注的视角由削减财政赤字转向关注收入分配不均，这是民众认识进一步深化的表现。当然，以那些失业的青年人为代表的一个群体，他们的利益诉求以及阶级意识程度都很有限，对导致现实贫富差距的根源还缺乏正确的认识和深刻的理解。但是并不能因此而否定"占领华尔街"运动的意义。此次抗议行动将人们的目光由统一的削减政府赤字转向敌我分明、界限严密的贫富差距悬殊的两个群体，这是无产阶级意识逐渐觉醒的萌芽。特别是在"占领华尔街"运动刚刚开始不久，就形成了一场席卷整个欧美地区的大规模示威行动。

有 37% 的美国人支持"占领华尔街"运动，对政治现状不满的人数多达 58%。[①] 民众已经意识到，也深刻感悟到华尔街的金融大鳄与国家机器密不可分。无论是民主党执政还是共和党执政，他们的背后永远都站有金融财团组织，因而凡是触动统治阶级利益的政策均难以在国会中获得通过。

透过"占领华尔街"运动可以看出无产阶级的阶级意识已经逐渐显露出来。第一，无产阶级隐约认识到所谓的"自由""民主""平等"并不能真正解决美国现实贫富差距显著、两极分化严重的问题；第二，无产阶级已经意识到斗争的矛盾应从经济领域转向政治领域。正如恩格斯在《英国工人阶级状况》中所说的，工业革命"把工人完全变成了简单的机器，剥夺了他们独立活动的最后一点残余。但是，正因为如此，工业革命也就促使他们去思考，促使他们去争取人应有的地位"。[②] 科技革命的进步使得工人阶级的生产生活地位更加固定化、单一化，在这种情况下也激发工人去思考，进而促使阶级意识的萌发，维护自身的利益，争取应有的地位。

（四）"占领华尔街"运动是工人阶级的"实践课堂"

"占领华尔街"运动从某种意义上说是工人阶级的课堂，正如恩格斯在《英国工人阶级状况》中对罢工的高度肯定，"占领华尔街"运动过程中，工人阶级也在为伟大的、最坚决的斗争做准备。单纯的"占领华尔

---

① 参见《"占领华尔街"嘉年华要散了》，《人民日报》（海外版）2011 年 11 月 19 日第 6 版。

② 《马克思恩格斯文集》第 1 卷，人民出版社 2009 年版，第 390 页。

街"抗议行动也许并没有取得明显的成果,但是普通民众的诉求已经充
分地表达出来了,普通民众联合的力量也得到了充分展现。他们的斗争对
象也似乎更加清晰地呈现在眼前。

"占领华尔街"运动不仅在美国引起了广大民众的支持和参与,在欧
洲乃至世界各地都得到了回应。这也再一次证明,随着资本在全球范围内
汲取利润,世界范围内的无产阶级已经成为共同受剥削的对象,他们共同
承受着经济危机造成的严重后果,同时,他们也有着共同的利益诉求。可
以说资产阶级已经在全世界范围内联合为一个整体,共同剥削工人,面对
经济危机的重磅打击,一致将经济危机的恶果转嫁给工人阶级。在这种情
况下,预示着整个工人阶级只有通过联合才能更好地争取自身的利益,提
升应对团结的、作为一个整体的资产阶级的能力。

至于联合的问题,马克思和恩格斯在《共产党宣言》中曾说道:"工
人斗争的真正成果并不是直接取得的成功,而是工人的越来越扩大的联
合。这种联合由于大工业所造成的日益发达的交通工具而得到发展,这种
交通工具把各地的工人彼此联合起来。只要有了这种联系就能把许多性质
相同的地方性斗争汇合成全国性的斗争,汇合成阶级斗争。而一切阶级斗
争都是政治斗争"①。"占领华尔街"抗议行动中,民众充分利用网络的便
捷,在短时间内吸引了大量人群,并踏出国门,在全世界范围内得到响
应,从而增加了抗议行动的影响力。

"占领华尔街"运动在持续了两个月之后形式上似乎落下了帷幕,但
是运动中民众所表现出来的对现实政治经济制度的不满、对现实生活状况
的不满以及对资产阶级转嫁危机、垄断财团持续受益的不满情绪将继续在
民众心中激荡。这场在全美国乃至波及世界各地的抗议行动是工人阶级与
资产阶级深层次矛盾在经济危机背景下的突出表现。工人阶级在逐渐觉
醒,在期待着联合,希望通过联合的力量消解自身受剥削的状况。当然,
工人阶级真正摆脱资本家对剩余价值的榨取还要经历一个十分漫长的过
程,但是他们绝不应该放弃对资本掠夺行为的反抗,不应错过任何机会利
用偶然的实际使生活得到暂时的改善。如果不这样做,工人阶级"就会
沦为一群听天由命的、不可挽救的可怜虫"②。事实上,工人阶级每一次

---

① 《马克思恩格斯文集》第 2 卷,人民出版社 2009 年版,第 40 页。
② 《马克思恩格斯文集》第 3 卷,人民出版社 2009 年版,第 77 页。

为争取改善生活条件，提高工资而进行的斗争，都"同整个雇佣劳动制度有密切的联系"①。正视"占领华尔街"抗议行动将有助于正确认识当前发达资本主义国家存在的种种矛盾，正确分析矛盾双方斗争的焦点，以及对唤醒工人阶级意识所起的重要作用。

第二节　当前西方国家工人阶级意识新觉醒的具体表现

围绕工人阶级意识本身所包含的内容，来审视当前西方国家工人阶级意识的具体情况，可以看到当前西方国家工人阶级意识新觉醒主要体现在以下四个方面。

一　阶级归属感增强与阶级自觉

西方国家工人阶级的大多数曾一度将自身归于"中产阶级"行列，他们一味地回避"工人阶级"。事实上不仅仅是回避"工人阶级"的称谓，在一定程度上关于"工人阶级"消失论、工人阶级中产阶级化的声音也比比皆是。米歇尔·茨威格曾援引这样一个案例，清晰地反映出"阶级"在西方国家中的地位。在大学校园里，当一名学生对他的教授坦言，他有意组织工人阶级进行联合斗争时，教授对他的主张嗤之以鼻，并说，现在唯一可以找到 class（阶级；班级）的地方是在校园里。② 可见，一些人认为现在已经不存在工人阶级了，更无从谈及工人阶级的联合，"中产阶级"似乎已经成为不可逆转的一股阶级力量。但在资本主义危机发生之后，西方工人阶级逐渐认识到"中产阶级"这一易碎的铠甲无力阻挡危机的重磅袭击。工资下降、工厂倒闭、持续的失业状况都是他们必须面对的现实。以美国为例，即便是失业率有所回落，目前数值为 7.9%，但也并不足以反映工人的实际就业情况，更无力说明工人的工资收入、工作稳定性以及生活状况已经好转的现状。事实上，如果将那些目前从事临时性工作并希望能够找到正式工作，以及那些已经对找工作毫无希望的人计算在内，那么失业比例可高达 14.4%。③ 危机

---

① 《马克思恩格斯文集》第 3 卷，人民出版社 2009 年版，第 77 页。

② Michael Zweig, *The Working Class Majority: American's Best Kept Secret*, Cornell University Press, 2000, p. 1.

③ http://monthlyreview.org/2013/03/01/class-war-and-labors-declining-share.

面前，他们共同受到资本的冲击，承受着危机带来的巨大损失，最终成为危机的牺牲品，这些都促使西方国家工人阶级开始重新思考自身的阶级定位问题。

倾向于将自己归入"中产阶级"行列的多是一些白领工人，不过在新自由主义统治下，白领工人日益明显的"去技能化"和"蓝领化"趋势已经使"中产阶级"队伍在不断松动。所谓的白领工人，即那些从事办公室工作的人员，在资本主义的发展过程中经历了两个相对显著变化的阶段。19世纪早期，办公室工作人员多为管理层，他们通常与资产所有者存在着或多或少、或亲或疏的联系，因此他们的上升空间是相对宽泛和凸显的，其人数与规模也相对有限。19世纪末20世纪初则表现出截然不同的特性，办公室职员在这一时期与管理层之间的关系已经日益疏离，其与资产所有者之间的关系就更加难以企及了。普通的办公室职员成长为一名高级管理人员，进而跻身资产阶级行列的道路已经不再畅通，上升空间也变得极其有限、极其艰难。不仅如此，人们常常习惯将白领工人称为脑力劳动者，但这些脑力劳动者究竟是能够主导生产过程，还是能够决定生产的内容呢？显然二者都不是。在白领工人内部已经出现了脑力劳动者与体力劳动者的分化。或许在办公室职员刚刚出现的19世纪早期白领工人更多地倾向于脑力劳动，他们要参与到企业的管理当中，其收入、晋升空间以及与雇主的关系等方面都优于蓝领工人，而自19世纪末20世纪初开始，白领工人的工作性质已经渐渐发生改变，20世纪70年代中期以来，白领工人中的体力劳动者成为主要构成力量，他们更多地从事着机械的、枯燥的、不断重复的工作，已然与典型意义上的体力劳动者无异，不过是办公场所有所变更。白领工人与蓝领工人的趋同已经日益成为一个不容否认的事实，其同质性、相似性元素在不断呈现。

科技革命的日新月异为资本对社会的控制提供了更为有利的条件，相对资本日益增强的控制职能，工人在生产组织过程中的影响日渐式微。他们中的大多数人所从事的工作更趋于程序化、公式化，对技术的要求日渐下降。由于技术含量降低，这些从业人员的工作职位就很容易被其他成员所取代。在这种情况下，这些"白领工人"与资方的谈判能力明显下降，因为即使发生大规模的罢工，资方也会比较容易找到人员予以填补空缺。事实上，21世纪以来发生的经济危机中，失业人数更多的并不是蓝领工人，而是白领工人。白领工人在危机中受到的冲击与影响更为明显和严重。所以，我们有理由相信，当前资本主义制度下，白领工人与蓝领工人日益走向趋同，而绝非日渐疏远，他们在生活方式、工资待遇等方面都有很多相似的表现。他们永远都有着共同的名字即"工人阶级"。目前已经有一些调查数据显示，工人阶级的归属感在不断提升。例如，英国国家社会研究中心 2007 年 1 月公布的一项调查数据显示，在西方媒体普遍宣称"中产阶级""告别工人阶级"的时候，英国"令人惊讶地"仍有 57% 的人认为自己属于工人阶级。[①] 或许"告别工人阶级"是虚妄的，而"告别中产阶级"却得到越来越多人的认可，特别是曾经将自身纳入"中产阶级"队伍的工人。

二 联合意识增强与集体行动

西方国家工人阶级的联合意识在全球经济危机发生之后有着较为明显的表现。具体地说，可以将工人阶级的联合意识从这样三个层面来加以阐释。一是行业内部工人的联合；二是一国境内跨行业工人的联合；三是国际工人彼此间的联合。

首先是行业内部工人的联合。关于行业内部的联合，我们可以在澳洲航空公司员工罢工的过程中看到清晰的演绎。此次罢工的主要目标是实现工资待遇的提高，以及抗议资方将大量业务转向低收入国家的行径。澳洲航空公司三大工会组织即飞行员工会、运输工人工会和航空机械师工会于 2011 年 10 月 29 日共同宣布罢工行动开始。

其次是一国境内跨行业工人的联合。经济危机爆发后，西方资产阶级政府为摆脱财政困境出台了一系列损害工人阶级利益的救市举措，为此引发了各国工人普遍的不满和抗议。2009 年 1 月 29 日，法国就发生了有 250 万人参加的全国性联合大罢工。全国各地的工人都被组织起来，其中既包括私营企业从业人员，也包括公共服务部门从业人员，此外失业者和退休人员也加入其中，他们纷纷举行罢工和示威游行，仅 29 日当天就发生了 200 多场示威游行。之所以此次工人罢工能够在全国范围内同时掀起，工会的有效组织起了重要作用。参与并组织此次罢工的法国工会达八

---

① 参见 [英] 菲尔·赫斯《"自在"还是"自为"：工人阶级的阶级意识瓦解了吗?》，《马克思主义研究》2009 年第 10 期，第 141 页。

个之多，它们分别是工人力量总工会（FO）、法国总工会（CGT）、法国工人民主联合会（CFDT）、基督教工会联盟（CFTC）、法国干部总工会（CGC）、团结工会（Solidaires）、统一教师工会（FSU）以及法国警察工会（Unsa）。在罢工前，八个工会的代表成员举行罢工动员会议，并就大规模统一行动达成共识。联合的工人在罢工中喊出了"拒绝为危机付出代价"的口号。可见工人已经认识到他们是本国政府摆脱经济危机的牺牲品，在资产阶级政府面前他们有着共同的利益需要捍卫，而可以最大限度影响政府决策的行为就是联合的集体行动。

最后是国际工人彼此间的联合。实践证明，工人阶级联合意识的凸显不仅表现在某一地区工人阶级的团结，还表现在国际范围内工人阶级彼此的支持。此处以发生在美国威斯康星州保卫公共部门工会的斗争为例来加以说明。危机发生后，工人阶级利益普遍受到损害，无论是公共部门还是私营部门的工人都难以逃脱为危机埋单的命运。也正是共同的遭遇，使工人能够逐渐认清离间公共部门与私营部门工人阶级的种种谣言和借口。他们共同行动起来开启了保卫公共部门工会的斗争。不仅如此，美国威斯康星州工人的抗议行为还赢得了位于埃及开罗工人们的支持，开罗工人打出"同一个世界，同样的苦难"的标语。[①] 面对资产阶级所卖弄的对工人进行"分而治之"的法宝，工人阶级需要经历一个较长的时间，并经过无数次的历练才能突破。这一过程既需要主观阶级意识的不断增强，也需要客观斗争经验的不断积累，特别是在危机发生之时，在资本对工人加强进攻之际，这一过程会以加速度的形式向前推进。令人欣慰的是，工人阶级的联合斗争意识已经开始慢慢彰显。

三　抗议行动增多与斗争冲击力

在新自由主义占主导，特别是资本主义经济全球化席卷世界的背景下，西方国家工人阶级组织及工人的抗议行动始终处于一种被抑制乃至被打压的境地。但是，资本主义危机发生以后，西方国家工人阶级的抗议行动普遍增多，其范围和程度都有所扩张。具体来说，西方国家工人阶级抗议行动的升温主要从以下三个方面表现出来。

---

① 参见［美］萨伦·史密斯《资本主义危机再次打开工人运动的大门》，《马克思主义研究》2011 年第 12 期，第 121 页。

　　首先，抗议规模不断扩大。经济危机发生后，数百万人参加的大罢工在西方各国频繁出现，例如 2012 年 11 月 30 日发生在英国的世纪大罢工，参与者多达 200 万人。美国的"占领华尔街"行动更是波及全球。在法国，来自公共部门的工人抗议政府以"国家将会破产"为由所采取的削减养老金待遇的"省钱"措施的施行。此外，德国、西班牙、希腊等国家的工人阶级也举行了频繁的罢工和示威游行，反对政府采取一系列以损害工人切身利益为前提的改革方案。2014 年 11 月 16 日，在比利时首都布鲁塞尔约有 10 万名工人示威游行，抗议政府延长退休年龄、切断工人工资收入与通胀比例之间的关系，以及一系列试图转嫁危机的紧缩政策。此外，工人阶级已经逐渐认识到资产阶级一方通过资本流转、劳动转移以及弹性雇佣等非典型雇佣模式对工人展开了全面进攻。2014 年 10 月 25 日，在韩国民主劳动组合总联盟（Korean Confederation of Trade Unions）的组织下，全国派遣工人举行大规模集会示威，提出"从今天开始，社会必须发生改变"的口号，要求争取临时雇员的权利，抵制弹性就业等新型剥削工人方式对工人及工会组织的变相打压。

　　其次，工人阶级的抗议行动虽然多以和平、非暴力方式进行组织和开展，但不时也有暴力事件发生。在希腊、法国以及英国等国的大罢工中都发生了示威者与警察之间的冲突，甚至多次出现人员伤亡事件。

　　最后，西方国家工人抗议行动的升温还体现在工人抗议行动中所提出的要求上。已经有事实表明，工人在反对政府规避经济危机所采取的转嫁危机措施时，也日渐对本国政府提出质疑。法国大罢工中，工人将目标直指萨科齐政府，提出政府不能在经济危机面前仅仅救助政治家及银行财团，必须考虑工人权益，减少工人受到的损失。希腊工人在希腊共产党的号召下更是发出了"组建工人政府"的声音。那种政府通过各种政策、雇主通过各种方式扭转工人对问题解决路径的选择，从对整体、对工人阶级的关注，转向对个体、对某个人的关注，最终"将失业、非充分就业归因于个人能力的缺失和不足，远离对国家制度、国家操作层面存在问题的疑虑与探究"① 的方式，已经渐渐不被工人所认可。2009 年 3 月 28 日，发生在德国柏林的有十几万人参加的针对资本主义危机的示威大游行，示

---

① Thomas Dunk, " Remaking the Working Class: Experience, Class Consciousness, and the Industrial Adjustment Process", *American Ethnologist*, Vol. 29, No. 4 （Nov. , 2002）, p. 883.

威群众提出了鲜明的反对资本主义的口号，如："危机，你的名字叫资本主义！""你的危机，我们不埋单！"众多左翼力量参与到这场抗议中来，其中一个名为"社会主义的选择"（SAV：SozialistischeAlternative）的组织，在其报刊中刊出《24 小时罢工》《社会主义是可以实现的》以及《经济危机＝资本主义危机：为社会主义而奋斗》等文章①，将矛头直接指向资本主义制度本身，并主张用社会主义代替资本主义。

　　资本主义危机的爆发以及资产阶级政府化解危机的手段，使工人阶级逐渐认识到如果他们不发出自己的声音，不起来反抗，那么他们无疑将成为危机最终的受害者。列宁曾说，"在工业繁荣时期，厂主得到很多利润，却没有想到分一点给工人；但是到了危机时期，他们倒要把亏损转嫁给工人"②，关于这一点，在经历了一次次危机之后工人感触越发深刻。经历了危机的一次次洗礼，经历了罢工这个对工人阶级来讲重大的"军事学校"的学习，工人阶级对资产阶级政府的认识、对资本主义制度的认识以及对自身力量的认识都会有一个新的评价和定位。

　　在对西方国家工人阶级的抗议行为作出评述时，应该始终坚持客观的评价标准，不宜作出过于乐观的判断。如果将此次危机的发生视为工人阶级革命的转折点，视为资本主义制度崩溃的前沿，那么只会产生主观唯心主义的论断，无益于对西方工人运动新特点的发现。事实上，此次危机发生后，资本主义制度的自我调节力再一次得到彰显。虽然危机在不断升级，此次危机已经远远超过经济领域的范畴，而涉及资本主义政治、文化、社会等各个方面，是资本主义制度本身造成的一种危机，危机的影响范围也在不断扩大，相应地工人阶级的抗议行为日趋激烈，但是资本主义的自我"消化能力"和"调节能力"也在应对危机引发的棘手事件方面得到印证。但无论如何不可否认，工人阶级的实践抗议行动一方面有助于阶级意识的复苏，另一方面也是阶级意识逐渐觉醒的一种表现。毕竟，工人阶级意识的最终目标是要指向实践，指向对资本主义社会的变革。

四　"马克思热"和"《资本论》热"的出现

马克思主义理论具有鲜明的意识形态导向性，就这一点而言是毋庸置

① 参见刘建军《亲历与思考：柏林反资本主义危机大游行》，《理论视野》2009 年第 6 期。
② 《列宁全集》第 4 卷，人民出版社 1984 年版，第 254 页。

疑的。事实上，为什么在马克思主义发展的历程中，经历了如此多的被查禁、被封杀就足以说明这个问题。正如列宁曾经引用的一句格言所说，"几何公理要是触犯了人们的利益，那也一定会遭到反驳的"，更何况马克思主义学说本身就是"为教育和组织现代社会的先进阶级服务，指出这一阶级的任务，并且证明现代制度由于经济的发展必然要被新的制度所代替"①，因而其发展的艰辛程度尽在预料之中，也非情理之外。经济危机的发生促使马克思主义重新回归到更多人的视野之中，《资本论》再次受到追捧，据德国卡尔·迪茨出版社统计，《资本论》在危机发生当年的销售量是上年的近 3 倍，2008 年的销售量是 1990 年的 100 倍。马克思投入毕生精力创作的《资本论》近乎是一本百科全书式的著作，充分揭示了资本主义制度走向衰退，被更高级的社会形式所替代的必然性。当前新自由主义理念下的资本主义运行模式与治理理念已经不能担负起化解危机的重任。资本主义经济危机更多地折射出制度的危机，而制度危机无力通过资本主义自身调整得到根本解决。自然，资本主义自身还有着十分强大的自我调节能力，盲目地唱衰资本主义无助于客观认识资本主义的现状。但是"马克思热"及"《资本论》热"的出现说明人们已经开始在试图对经济危机的发生寻找另一种不同于西方主流媒体的解读，将危机的发生归咎于金融监管不力、福利政策出现短板等方面的内容都不足以提供令人信服的答案。越来越多的人开始尝试从制度层面去解读，探究资本主义制度究竟出现了怎样的问题。因而从这个角度上讲可以看出工人阶级意识逐步彰显回升态势。

倘若将西方国家对社会主义、共产主义、共产党组织的抵制与无限抹黑相结合，就会更加珍视"马克思热"与"《资本论》热"这一新现象。因为西方国家主流意识形态不断向民众输送社会主义国家的专政，甚至将社会主义与法西斯主义相提并论，极尽污蔑之能事，即便是在学术研究领域所谓的"自由"也是不能兑现的。美国学者格雷弗·弗在谈及他在美国从事研究的一些经历时说，许多从事相关研究，并和他的观点相近的学者都面临着被大学解聘的危险，显然这是因为与主流意识相冲突的结果。他本人之所以能够从事相关研究，是因为他在外语学院讲学，而其所从事的研究与他所讲授的内容并不重叠，因而才得以通过对证据的考证进行相对

---

① 《列宁专题文集·论马克思主义》，人民出版社 2009 年版，第 148 页。

独立的研究。但即便如此，仍有许多要求解聘他的声音。或许正是在这一背景下，"马克思热"与《资本论》热"才格外引人关注。工人阶级意识逐渐走向成熟是一个漫长的过程，而在这一过程的起步阶段，对"直接为教育和组织现代社会的先进阶级服务"，并指出这一阶级历史任务的学说的关注是必经环节。所以即使不能通过这一点就得出工人阶级意识出现复苏，但起码可以说明现实已经为工人阶级意识的复苏开启了一扇窗。

第三节　工人阶级政党及工会组织在工人阶级 意识觉醒中的积极作用

全球化时代，一方面，资本家阶级在世界范围内寻找工会组织程度较低的地区。资本可以在全球范围内寻找最佳立足点开工设厂，而工人阶级则需要被动地适应资本的要求。往往资本家会寻找工人工资相对较低且工会组织相对落后的地区注入资本，以最小的成本获取最高的收益。另一方面，资本家阶级运用各种手段瓦解已有的工会组织。资本家阶级善于在工人阶级中间制造各种纷争，例如制造两套不同的工资制度、用工制度，在工资待遇和享受的社会福利方面分化工人，使工会难以组织起更多的工人入会；资本家阶级通常还会对曾经加入工会的成员给予工资上的歧视待遇，即低于从事同等工作的其他工人的工资，为此打消工人加入工会的愿望。这些都对削弱工人阶级意识起了重要影响，一定意义上可以说是起决定性的作用。另一个十分重要的因素是西方国家工人阶级政党，特别是西方共产党组织力量的相对弱化、影响相对下降，也使在捍卫工人阶级意识方面缺乏有效的力量和组织。

一　西方国家工人阶级政党与工人阶级意识

政党与工人阶级意识的关系一方面如卢卡奇所理解的，"共产党是无产阶级阶级意识的明确的历史形象，是在组织上具体化了的最高的意识和行动阶段"。"党的作用正是在于不断使阶级在尽可能更高的水平上达到统一。共产党不应该以宗派的方式代替无产阶级去行动，而必须设法通过阶级的行动去推进群众的阶级意识的真正发展。"[①] 也就是说，工人阶级

---

① ［匈］卢卡奇：《历史与阶级意识》，商务印书馆 1999 年版，译序第 9 页。

意识的觉醒需要工人阶级政党作用的充分发挥。另一方面工人阶级意识的形成也会反过来促使政党更加稳步地发展，进而发挥其特殊的历史作用。政党组织在阶级意识灌输方面起着重要作用。工人阶级政党的特点及其成员组成决定了真正的工人阶级政党是有着先进阶级意识的政党，同时他们也有能力将这种阶级意识灌输给工人阶级。单纯工人阶级的力量还不足以与资产阶级力量相抗衡，必须通过工人阶级政党组织唤醒工人阶级的阶级意识，通过联合的力量才有可能扭转目前资强劳弱的态势。

我们深知"理论一经掌握群众，也会变成物质力量"，但理论如何掌握群众，怎样的理论才能掌握群众是首先要解决的问题。正如卢卡奇所强调的，在认识了理论的特殊意义之后，"更重要的是需要发现理论和掌握群众的方法中那些把理论、把辩证方法变为革命工具的环节和规定性。还必须从方法以及方法与它的对象的关系中抽出理论的实际本质"①，以避免"掌握群众"成为一句空话。然而我们知道，理论越是彻底就越具有说服力，也就越能被群众所接受，绝非主观意愿的强行推销。或许当代表少数人利益的政党组织占据主导地位，例如资产阶级通过政党组织对工人阶级进行着思想上的操纵，但这种操纵终将在历史车轮的推动下被移至文物收藏馆，成为见证历史的遗迹。真正具有说服力，而且能够征服民众的理论只有在工人阶级当中才可能诞生，这是因为资产阶级由于其自身的局限，由于其所代表的是少数人的利益，因而不可能对历史发展规律作出科学的解读，他们试图说服人们接受历史的脚步将停滞于资本主义制度，历史将在"自由、民主、人权、正义"的普世价值中终结。相应地，资产阶级为证明其判断之准确，极力使被统治阶级的意识处于一种相对模糊甚至蒙昧的状态，他们需要竭力抑制工人阶级意识的生成。卢卡奇曾说："由于资产阶级的统治不仅是由少数人来执行的，而且是为了少数人的利益的，因此欺骗别的阶级，让它们没有清楚的阶级意识，对于资产阶级统治的存在来说就是一种不可或缺的先决条件。"② 工人阶级自发地形成科学的具有批判性理论的难度可想而知，其现实性也相对渺茫，因此，理论的形成，进而运用理论武装工人阶级的任务自然地落到了无产阶级先锋队，即工人阶级政党的肩上。

① ［匈］卢卡奇：《历史与阶级意识》，商务印书馆 1999 年版，译序第 48 页。
② 同上书，第 126 页。

（一）工人阶级政党与工人阶级意识之间的密切关系

工人阶级政党与工人阶级意识之间存在着紧密的联系，二者存在着相互促进、相互影响，同时也是相互制约的关系。

首先，从政党组建时期看其与工人阶级意识之间的关系。政党组建时期会对工人阶级意识形成积极和主动的影响，政党与工人阶级意识的关系主要表现在，工人阶级意识的淡化和弱化会对工人阶级政党的形成产生阻碍与破坏，同样地，工人阶级组建政党的失败也会促使工人阶级吸取教训，为将来新的组织的产生积累条件。工人之间的竞争会破坏工人的团结和组织，但是"这种组织总是重新产生，并且一次比一次更强大、更坚固、更有力"[1]，工人阶级在组建政党的实践中也会更加团结。

其次，从工人阶级政党成立后看其与工人阶级意识之间的关系。在此，政党的作用体现在如下方面。第一，工人阶级政党有助于培养工人阶级的联合意识和国际主义精神，工人阶级政党特别强调无产阶级的国际性和联合，强调国际主义精神的重要性。第二，政党的作用还体现在共产党强调无产阶级的长远利益和根本利益，强调工人阶级意识应具有的革命性、根本性内容，而不仅仅关注于、满足于、停滞于眼前的、当下的利益。正如马克思和恩格斯在《共产党宣言》中所说："共产党人同其他无产阶级政党不同的地方只是：一方面，在无产者不同的民族的斗争中，共产党人强调和坚持整个无产阶级共同的不分民族的利益；另一方面，在无产阶级和资产阶级的斗争所经历的各个发展阶段上，共产党人始终代表整个运动的利益。"[2] 第三，共产党在唤醒工人阶级意识方面具有教育工人阶级认识到他们自身与资产阶级存在着根本的对立，认识到资本主义社会的主要矛盾，以促使无产阶级的行动。"共产党一分钟也不忽略教育工人尽可能明确地意识到资产阶级和无产阶级的敌对的对立"[3]。第四，工人阶级政党的成立有助于促进工人明确彼此间利益和目的的共同一致性，为实现国际范围的联合创造条件，为国际主义精神的形成创造可能和前提。"各个国家的工人政党都大声宣布，全世界工人的利益和目的是完全共同一致的"[4]。第五，政党对工人阶级意识的作用还体现在，工人阶级通过

---

[1] 《马克思恩格斯文集》第 2 卷，人民出版社 2009 年版，第 40—41 页。

[2] 同上书，第 44 页。

[3] 同上书，第 66 页。

[4] 《列宁专题文集——论无产阶级政党》，人民出版社 2009 年版，第 13 页。

自发的斗争只能形成工联主义意识，即局限于以争取有限的经济斗争为目标，满足于资本主义体制内的改良，而不会上升到对政治权利的争取，对制度层面的要求。因而工人阶级意识不会自发形成，不会随着资本主义的发展而自动生成，正如吉登斯所认为的资本主义的成熟发展并不必然带来工人阶级革命意识的成熟。① 如果缺少相关政治组织的建立及积极的干预，工人阶级不可能自己产生革命的意识，自然就更不会产生真正具有决定意义的革命行动。通过对美国工人阶级意识进行研究，赖特认为正是由于"美国脆弱的阶级组织没能有效调动起超越个人和小团体关切的共同阶级利益"②，致使美国的阶级意识始终处在一个很低的水平。而与美国相比，瑞典则表现出较强的阶级意识，这与瑞典存在强大的工会主义和阶级政治密不可分。布鲁克斯（Brooks）也将美国工人阶级意识遭遇的软弱和无能归结于其本土缺少代表工人阶级利益的政党和运动。③ 普兰查斯同样强调政党对工人阶级意识的影响，这点可以从他关于阶级的概念以及影响阶级形成的因素方面得到证实。普兰查斯将阶级的形成置于"生产方式"和"社会形态"这一背景之下，认为单纯从经济方面来判定阶级的存在是不客观的，他认为为追求经济利益而形成的群体还不符合"阶级"的称谓，最多只可称为"利益群体"，只有当一个阶级不仅将目标锁定在经济利益上，而且进一步通过组建政党向政治权力提出要求时，才可称为真正意义上的阶级。④ 可见，在普兰查斯看来，政党不仅是阶级意识形成的必然因素之一，而且还是构成真正阶级形成不可或缺的条件。第六，工人阶级政党在维护、唤醒工人阶级意识方面的作用还体现在它通过理论、纲领等形式使革命曾经的高潮以及积极意识曾经膨胀的沸点，以一种"永恒记忆"的方式保存下来。在未来的斗争中，"你可以用这一纲领教育下一代，而不必从它介入阶级斗争的具体方式从头开始"⑤。这种方式也在很大程度上弥补了工人阶级意识状况发展不平衡的客观现状，促使工

---

① Anthony Giddens, *The Class Structure of the Advanced Societies*, New York: Haper & Row Publishers, 1975, p. 114.

② ［英］斐欧娜·戴维恩：《美国和英国的社会阶级》，姜辉、于海青、肖木等译，重庆出版集团·重庆出版社 2010 年版，第 84 页。

③ 同上书，第 88 页。

④ 参见李强《社会分层十讲》，社会科学文献出版社 2011 年版，第 88—89 页。

⑤ ［比利时］欧内斯特·曼德尔：《革命的马克思主义与 20 世纪社会现实》，颜岩译，中国人民大学出版社 2013 年版，第 55—56 页。

人的阶级意识能够在条件成熟的情况下，在曾经发展的至高点上取得新的突破，而不至于陷入循环往复的迷阵之中。

工人阶级政党在积极促进工人阶级意识培养和形成的同时，也会受到阶级意识对它的反作用。随着工人阶级意识的发展、新的要求的提出，政党也应实现相应的发展，总之，"要满足正在觉醒的无产阶级的要求"①。事实上，工人阶级政党的成立本身就是工人阶级意识萌生的一种表现。阶级意识的逐渐成长促使工人阶级逐渐意识到组建代表工人阶级利益的政党对工人阶级抗衡资产阶级的力量具有不可替代的作用，相应地，工人阶级政党的成立有助于工人阶级意识的健康、积极发展。在利益认同感与工人阶级政党之间的紧密关系方面，马克思曾说："为了要达到自己的最后胜利，首先还是要靠他们自己努力：他们应该认清自己的阶级利益，尽快地采取自己独立政党的立场，一时一刻也不要由于受到民主主义的小资产者花言巧语的诱惑而离开无产阶级政党保持独立组织的道路。"② 阶级意识对工人阶级政党的影响也可以从詹姆斯·彼得拉斯对欧美工人阶级的研究中看出，他认为"北欧右翼力量壮大的关键因素之一是工人阶级意识形态、政党和领导的衰落"③。可见工人阶级意识的增强有利于代表工人阶级利益的政党获得相对有利的局势和环境，相反当工人阶级意识淡化、弱化之时，也必然是右翼政党和右翼势力得势之际。工人阶级意识到其作为阶级而存在和作为工人阶级完成自身使命组建无产阶级政党是其阶级意识发展的两个不同的阶段，可以视作一种质的飞跃，这一过程是相对漫长的，是需要在实践中不断磨炼，需要工人阶级政党与形成之中的阶级意识相互促进，共同起作用的。

可见，工人阶级意识的成熟程度会促进工人阶级政党的顺利发展，同样工人阶级政党的发展壮大，也有助于工人阶级意识的培养。反之，当工人阶级意识淡化或者处于弱化时期，工人阶级政党通常也会陷入发展的低谷，同样地，当工人阶级政党成为边缘化的或影响日渐式微的政党时，那么工人阶级意识也会受主流资产阶级思想的影响而处于一种淡化状态。具体表现在工人阶级会把自己的选票直接投给右翼或者极右翼政党。究其原

---

① 《列宁专题文集·论无产阶级政党》，人民出版社2009年版，第42页。
② 《马克思恩格斯全集》第7卷，人民出版社1959年版，第299页。
③ ［美］詹姆斯·彼得拉斯：《欧洲和美国工人阶级：右派、左派和中间派》，《国外理论动态》2012年第3期，第50页。

因，一方面是由于工人阶级尚未形成一种阶级整体意识，例如，20 世纪90 年代以后，由于资本在全球范围内的扩张，世界范围内的移民数量增多，发达国家出现了许多外来务工人员，为资产阶级低成本雇用廉价劳动力提供了条件，无形之中加深了本国工人在就业、工资待遇、社会福利等各方面的压力。为此引发发达国家工人对移民的不满和愤恨，他们纷纷将选票投给以"反现行体制"为特征的极右翼政党，因为极右翼政党所提出的反对全球化、反对移民和贸易自由化的主张迎合了工人阶级眼前的利益所需①，将原本属于左翼政党天然选民的部分选票囊括在自己门下。极右翼政党的影响虽然有限，但其发展却处于整体上升趋势，因而成为分散左翼或极左翼政党的力量之一。另一方面，工人阶级尚未认清资本主义社会的本质，将经济利益损失归因于移民所带来的竞争威胁，从而形成彼此间的敌视。

工人阶级对现状的不满是开启其阶级意识的阀门，但是如何引导工人阶级的这种不满情绪，如何解释这种现状引起的原因，如何说服工人阶级认识到引起这种现象的本质在于资本主义制度，在于资本家对工人高强度的剥削，在于雇佣劳动关系，这需要一个无产阶级政党发挥积极而有效的作用。倘若作为工人阶级的政党或者代表工人阶级利益的其他组织如工会等，没有及时作出战略性的部署和调整，或者平时的主张有悖于对资本主义本质和社会主义未来的科学判断，则很难利用工人阶级对现存制度的不满情绪，进而吸引更多的工人接受自己的理论和主张。事实上，极左政党和极右政党都属于"反现行体制"的典型代表，但 2009 年欧洲议会选举的结果，在证明左翼政党整体下滑的同时也衬托出极右翼政党不断上升的趋势。这说明当工人阶级的利益受到损害时，他们对当前执政的政党会存在极大的不满和抱怨情绪，但是他们并没有把选票直接投给左翼政党或者极左翼政党，反而是将选票投给了极右翼那些看似被主流政党所遗弃的政党。②

---

① Daniel Oesch, "Explaining Workers' Support for Right - Wing Populist Parties in Western Europe: Evidence from Austria, Belgium, France, Norway, and Switzerland", *International Political Science Review / Revue Internationale de Science Politique*, Vol. 29, No. 3. 2008, p. 351.

② Daniel Oesch, "Explaining Workers' Support for Right - Wing Populist Parties in Western Europe: Evidence from Austria, Belgium, France, Norway, and Switzerland", *International Political Science Review / Revue Internationale de Science Politique*, Vol. 29, No. 3. 2008, p. 353.

西方学者乔纳森·凯利（Jonathan Kelley）和埃文斯（M. D. R. Evans）曾提出工人阶级在政治方面的追求（其中包括对政党的选择，即认为何种政党能够代表自身的利益，并为实践这种利益而努力）受三种因素影响和制约，分别是：客观上所处阶级位置；主观上对阶级的认识；对阶级冲突的感知和认知。① 但就西方国家来讲，在过去的一个世纪里，似乎客观上所处阶级位置这一因素的影响力在不断下降，而且在不同国家不同地区的不同时间里，这种影响力的下降程度存在很大变化。传统上认为的代表工人阶级利益的左翼政党始终没能获得工人阶级绝大多数的支持，即便是数量上的优势也从未彰显过。由于工人阶级对自身所处阶级地位的客观因素缺少合理科学的分析，必然导致其在主观上难以形成准确的阶级定位，致使工人阶级在主观上的认识与其在客观上的经济地位存在很大偏差，最集中的表现是工人阶级的绝大多数习惯把自身列入中产阶级队伍。以这样的主观认识来判断和选择代表自身利益的政党时必然会疏远明确表达代表工人阶级利益的政党。工人阶级之所以会倾向于将自身划入中产阶级行列，一个很重要的原因是划分标准的差异，他们多是将工资收入、受教育程度、所拥有职位等作为划分阶级的依据。就此现象，博特（Bott）和埃文斯的看法类似，他们认为工人阶级中的一些成员，一方面看到了那些生活水平、工资收入、晋升机会等优于自己的人，另一方面也看到了那些境况还不如自己的人，因而在主观上将自己定位到中产阶级。② 进而把这种视角放大到整个社会当中，认为处于中产阶级的人是多数，而那些最为富裕的和最为贫穷的人都是少数，这就不难理解"拉平了的社会""橄榄型社会结构"等言论的出现，这些言论进一步为工人阶级进入中产阶级的假象披上了一层光鲜的外衣。

最后还应注意到，面对工人阶级分化、碎片化的现状，相应地在工人阶级更多地以某一阶层或团体的名义捍卫自身特定领域的权益而忽视对工人阶级这一阶级本身利益的思考和关注时，工人阶级政党需要承担起整合不同力量的责任与使命。力量的分散化及碎片化导致一系列令人费解现象的发生。例如世界各国逐渐接受同性恋婚姻，但是工人阶级的现实状况却

---

① Jonathan Kelley and M. D. R. Evans, "Class and Class Conflict in Six Western Nations", *American Sociological Review*, Vol. 60, No. 2. 1995, p. 157.

② Ibid., p. 158.

每况愈下；各国对性别、种族给予了越来越多的注视，但是工人阶级整体却在凸显特殊群体的同时日趋走向幕后。可见，或者是以性别划分，或者是以行业划分，或者是以收入、教育程度等划分，又或者是通过对不同事物的关注点之差异加以划分，如女权运动、反全球化运动、反战运动、环保运动等，在为特定的组织和运动内容进行策划的同时，也人为地在工人阶级内部勾勒出不同的界限。为此，打破行业的划分、打破所谓社会阶层的划分就成为凝合工人阶级力量的重要内容。针对工人阶级力量的分散化，第四国际理论核心人物，比利时学者欧内斯特·曼德尔（Ernest Mandel）曾说：“如果他们中的每一方都各自为战，那么，他们就只是在有限和零碎的经验基础上发挥作用”，“他们只能拥有碎片化的斗争、碎片化的经验和碎片化的片面意识”。为此他们所得出的结论就必然是相对片面的，在很大程度上也会因缺少对整体性的把握而得出错误的结论。毕竟，“他们仅仅瞥见了那个现实的零碎一角”[1]。而在整合不同力量的过程中只有工人阶级政党才能完成这样的任务，进而促使工人阶级意识在力量整合的同时实现整体性的发展。因为工人阶级政党注重从阶级的视角对客观现象作出透彻的分析，这也就为整合不同工人群体力量提供了一个丰富的土壤，进而为工人阶级意识在此深深扎根提供了前提与可能。

（二）工人阶级政党培养工人阶级意识的方式与方法

在探讨了工人阶级政党与工人阶级意识之间紧密的、互相影响、互相制约的关系之后，有必要进一步了解工人阶级政党是通过怎样的方式和方法唤醒工人的阶级意识的。当然，其中涉猎的内容必然十分丰富，在此仅简要地概述其中三点内容。

1. “揭露”在培养工人阶级意识方面的重要意义

“揭露”之所以在培养工人阶级意识中有着重要而深刻的意义，其原因在于明确的阶级意识，特别是真正的工人阶级意识不是从现成的某一本教科书中可以学到的，而“只有通过生动的场面和及时的揭露，揭露当前我们周围发生的事情，揭露大家按自己的观点在谈论着的或者哪怕是在窃窃私议的东西，揭露由某些事件、某些数字、某些法庭判决词等等反映

---

① ［比利时］欧内斯特·曼德尔：《革命的马克思主义与20世纪社会现实》，颜岩译，中国人民大学出版社2013年版，第54页。

出来的情况"①，通过对资本主义社会本质和现象的各种揭露，才能为工人阶级意识的形成创造充分而必要的条件。在此以希腊共产党为例，他们对资本主义经济危机本质的揭露对唤醒工人阶级意识具有积极的作用和意义。2008 年全球经济危机爆发，随后希腊陷入严重的债务危机，面对债务危机，政府打出所谓"爱国主义"旗帜，希望工人通过牺牲自身利益帮助国家渡过难关。然而，这不过是希腊政府将资产阶级制造的经济危机转嫁与工人阶级的一种方式。希腊共产党号召工人对政府的行为举措要有清晰的认识，并于 2011 年 6 月 28 日至 29 日举行为期 48 小时的全国大罢工，抗议泛希腊社会主义运动控制的议会商讨并试图实施以侵犯民众利益作为挽救危机举措的通过。6 月 27 日，也就是在希腊决定举行 48 小时大罢工的前夜，全国工人战斗阵线（PAME）在雅典卫城挥舞着旗帜，上面写着"人民是力量的源泉，永远不会屈服。组织起来，联合抗争"。希腊共产主义青年团（KNE）总书记 Theodoris Chionis 在 2011 年 6 月 7 日举行的全国会议上发表讲话，也特别强调"那些无偿占有工人阶级创造剩余价值的资产阶级是我们共同的敌人，因此无论从事何种工作，只要不占有生产资料，那么无疑处于被剥削的地位，各行各业的工人应联合起来，成为攻破资产阶级的一个个强大的堡垒"。或许希腊共产党的声音尚未被更多的人聆听到，或许希腊共产党的声音未被更多的人认可，但是，这种从本源上探索劳资关系以及解决劳资矛盾的尝试是值得肯定的。在西方国家共产党普遍处于低潮，在国际共产主义运动仍处于低潮的状况下，希腊共产党的理论主张和行动是值得钦佩的。

2．保持自身理论的完善与创新

英国学者柯尔在描述 19 世纪二三十年代的英国工人运动状况时曾说："工人阶级中相当一部分人之所以采取这种进取的态度，无疑是由于他们对自己的力量有了新的认识，而这种认识的基础一则在于工会的发展，一则在于他们意识到政治变革即将到来，此外，在相当大的程度上也在于新的一代领导人对工人宣传的新经济理论"②。虽然那时的英国尚未建成一个能够真正领导工人阶级进行革命的政党，即便工会的力量也有待进一步

① 《列宁选集》第 1 卷，人民出版社 1995 年版，第 355 页。
② ［英］G. D. H. 柯尔：《社会主义思想史》第 1 卷《社会主义思想的先驱者（1780—1850 年）》，何瑞丰译，俞大畏校，商务印书馆 1977 年版，第 106 页。

发展，但工人接受和认可的理论的创新与传播在唤醒工人阶级团结并进行反对资本主义现状的革命过程中发挥着十分积极的作用。一个真正代表工人阶级利益的政党必须有科学理论的支撑，同时这一理论还必须得到工人、得到普通民众的广泛支持和认可。此外，理论不可停留于对未来的憧憬，还应包括对现实问题，特别是对突发的、棘手事件的态度、认识以及所采取的应对策略。在这一问题上西方主流左翼政党，社会党为工人阶级政党在注重理论完善和创新方面提供了经验与教训，可以说为工人阶级政党的建设树起了一面镜子。

作为左翼政党的社会党在欧洲国家正经历着发展的低谷期，即使是在2008 年世界经济危机发生之后，也没有带来预想中的社会民主党走出低谷的扭转态势。究其原因，与社会民主党向右翼政党靠拢的政策和主张不无关系。具体说来，面对经济危机，社会民主党缺乏准确而深刻的"政治表述"，也没能提出取得民众认可的应对危机严重后果的可行性方案。加之放弃最根本性的目标，与右翼政党的主张在很多方面表现趋同，使之失去自身的特点和对民众的号召力。而与之相反，右翼政党却在一定程度上挥舞起曾经属于社会民主党等左翼政党的标识，主张在经济危机条件下加大国家的政策干预力度，对一些特殊行业实行国有化政策，展开切实的政府援助措施。① 可见作为工人阶级政党其自身的理论必须随着工人阶级事业的发展，随着资本主义不同发展阶段进行适当的调整和阶级应对，既注重长远利益，同时也不应忽略对现实利益的把握，确保理论在指导实践方面具有一定的张力和灵活性。但是万变不离其宗，作为工人阶级的政党始终需要维护和代表工人阶级的利益。

3. 积极推广共产党的理论和主张

我们之所以特别强调共产党理论主张的推广和普及，其原因主要体现在以下两个方面：第一，党的理论和主张可以使民众对代表其利益的共产党组织形成较为清晰的认识；第二，党的理论和主张是一个政党得以形成的前提和基础。工人阶级政党的理论和主张集中体现在党的纲领之中，因此有必要加强对政党纲领的宣传。正如列宁所说，"一个新的纲领毕竟总

---

① 参见轩传树《欧洲左翼政党现状分析——基于欧洲议会选举的研究》，《社会科学》2010 年第 1 期，第 31—32 页。

是一面公开树立起来的旗帜，而外界就根据它来判断这个党"①。如果工人阶级成员对工人阶级政党的理论主张都不了解，那么这个政党也就不可能真正代表工人阶级的利益。工人阶级政党正是在同工人的生活实践、斗争实践、革命实践的过程中产生和发展的，和工人阶级在任何一方面的疏远都是对自身基础的一种瓦解。

经济危机发生之后，西方国家工人阶级生活状况受到了明显冲击。工人阶级对现政府的不满已经是不容争辩的事实。但是至于解决办法，以及通过何种方式、依靠谁来破解当前的困局，工人并没有形成明确的利益导向。一方面是对现政府的不满，另一方面其他政党也没有太多的导向性。究其原因，可以援引希腊共产党对问题的分析。他们认为其中一个不可规避的因素是民众对共产党的理论和主张缺乏了解，认识不深。因而在实际开展的罢工和游行示威活动中，希腊共产党主张加大宣传力度，通过口语相传、发放传单等多种形式，加大希腊共产党的影响。当然，作为西方共产党中较为传统的希腊共产党，或许他们的策略与主张并不具有典型性和普遍性，但无论如何，我们没有理由因此否定他们在探索如何唤醒工人阶级意识方面所采取的具体举措和经验积累。

西方国家共产党已经逐渐认识到理论宣传和推广的重要意义。目前，西方主要资本主义国家的共产党运用网络时代信息传递便捷与及时的特点，已纷纷建立起自己的官方网站。通过对各国共产党网站的浏览，我们不难看出，他们为网站的维护付出了很多努力。网站上提供的信息可以做到实时更新，更难能可贵的是，他们不仅对当前发生的影响工人阶级利益的事件进行报道，而且还会对相关内容进行客观分析，表明共产党的态度以及试图采取的行动策略。共产党组织定期召开的各项国内及国际会议，在网站都有翔实的跟踪报道。通过这种方式，充分宣扬共产党的理论和主张，以及他们对具体问题的看法。经济危机发生后，西方主要资本主义国家共产党和工人党在第十一次、十二次、十三次国际共产党工人党会议上纷纷阐释了他们对资本主义危机发生原因的分析、对工人阶级的斗争支持以及对社会主义未来的向往。当然，真正地使共产党的理论主张得到工人阶级的认可，还需要一个过程。在这个过程中，共产党组织还需进一步完善党的纲领，使其与工人阶级现状，资本主义发展现状，以及社会主义运

---

① 《马克思恩格斯文集》第 3 卷，人民出版社 2009 年版，第 415 页。

动现状更为紧密地结合起来，进而加强对理论的宣传和推广。

（三）当前西方国家工人阶级政党面临的问题

当前西方国家工人阶级政党还面临着一系列的问题，例如阶级政治制度化、对阶级性的淡化和抹杀以及边缘化问题等。

1. 阶级政治制度化

西方国家工人阶级政党阶级政治制度化突出体现在两个方面。第一，局限于议会内斗争。工人阶级政党原本应属于一个变革的、相对激进的政党，但是在"全民党"的披风之下遮掩了不同阶级之间的分歧与冲突，也使工人阶级政党和工人阶级之间失去了直接的联系。这对工人阶级意识的形成是极其不利的。第二，趋向于选举型政党。这是工人阶级政党阶级政治制度化的又一个十分明显的特征。事实上，如果西方工人阶级政党将目标锁定议会选举，并信守议会内斗争的行为方式，那么也就不符合真正意义上的阶级政治了。当下西方国家许多曾经的工人阶级政党已经转变为"全民党"，实际上转而成为改良主义的政党。他们在资本主义国家制度范围内进行活动，因而阶级政治逐渐退化，日趋融入一种"制度化"的过程中。例如他们主要是为参与议会选举而进行合法斗争，甚至在一定意义上远离了议会外的合法斗争。约翰·维斯特加德（John Westergaard）认为在西方国家曾经以捍卫工人阶级利益为目标的政党当前"在很大程度上被制度化地驯良和变得温和了"[①]。也正如达仁道夫所得出的结论，资本主义社会的矛盾在日趋走向"制度化"，虽然存在着各种冲突和对现状的不满，但是其抗议行为是在可以预测的制度限制内进行的。

2. 淡化阶级意识

2008 年以来，以美国次贷危机为开端并波及世界范围的经济危机，促使西方国家工人阶级采取各种行动抗议政府通过削减工人工资、福利待遇等方式进行的救市举措。原本经济危机条件下工人对资本主义弊端的认识较平时会更为深刻，对资本主义制度的不满情绪也会在较短的时间内迅速增加，为左翼力量和左翼思潮的兴起创造一个好的条件和机遇。但现实情况与理论推测却存在出入，西方左翼政党在危机选举中频频失利，在工

---

① ［英］戴维·李布赖恩·特纳主编：《关于阶级的冲突——晚期工业主义不平等之辩论》，姜辉译，重庆出版社 2005 年版，第 195 页。

人不满情绪与日俱增的同时并没有形成有效针对资本主义制度的挑战。西方共产党由于其自身在国内处于相对边缘化的位置，更难以发挥突出的作用。之所以出现左翼政党失利的状况与其阶级性日趋淡化不无关系，许多西方国家的左翼政党为赢得更广泛民众的支持，改变代表工人阶级利益的政党性质，进而宣称为全民的政党。或许这种方式可以使他们在短暂的时间内获得较多的支持，但是从政党长远发展来审视，其局限性显而易见。由于缺乏鲜明的代表性，很多国家的左翼政党并没有在转型成为全民党后取得理想的民众支持率。例如，英国工党在竞选中所获得的选票从未超过50%。"阶级""政党"等内容本身是有其不可跨越的界限的，超越这一界限，相应的分析就会失去原本的意义。当政党为了扩大其代表性，增加其所代表的党员人数，进而将政治认同并不十分一致的成员吸纳到党组织中来，或许短时间内弥补了人数方面的劣势，但其所必然付出的代价就是阶级性的削弱。一个成熟的政党必然伴随着阶级性的强化和高度认同，而"阶级"的内容至少应体现在两个方面，一是政治分类的基础；二是政治动员的基础。隶属于同一个阶级，尤其是隶属于同一个政党的成员，他的"身份""认同感"应该是相对稳定的，如果这一"身份"和"认同感"并非是社会环境和相应经历的反映，而且如果一个工人阶级政党的成员被以各种标准分化为零碎的不同组成部分，缺少必要的联合意识以及共同的经历，那么作为一个有效的政治分类，"阶级""政党"又能在多大程度上保留其应有的内涵呢？[1] 因而，坚持阶级划分的原则立场，不要对阶级的范畴作过于泛化、过于社会化的解释是非常必要的。如果背离了这一界限，那么"阶级""政党"也就失去了它的意义。抛开生产关系等根源问题，而从性别、工资收入、掌握技术情况、宗教信仰、受教育程度等方面来进行分析，就会使"阶级"及其成员变得模糊和不定。进而使人们产生对阶级本身的质疑，更无须谈对阶级意识的冲击了。

　　在西方国家，左翼政党的主要代表是社会民主党等组织，共产党则是"左翼中的左翼"。但作为同属于左翼阵营的两大组织之间彼此不可能不受到影响。以社民党为主的左翼政党，他们在政策上的调整，甚至是大幅度的调整，逐渐淡化了左、右翼之间的差异，必然使共产党对民众的吸引

---

　　[1]　Geoff Eley and Keith Nield, "Farewell to the Working Class?", *International Labor and Working - Class History*, No. 57（Spring, 2000）, p. 22.

力也受到削减。例如，社会党放弃了其曾经所追求的社会主义目标，不再将维护工人阶级利益作为其价值追求，本质上倾向于对资本主义制度的赞同，寻求体制内的有限改良。实践中，在一些政策选择上与右翼政党也没有太大差异，甚至相似。这样导致在经济危机工人阶级利益受到代表资产阶级利益的国家严重侵蚀的时候，工人阶级找不到鲜明地代表自身利益的政党，所以在危机时期，当欧洲传统的主流左翼政党普遍在选举中受挫时，一些极右、极左翼政党所获选票却有显著增加。特别是极右翼政党将目标直指外来移民对本国工人就业及福利政策的冲击，从而推行反移民等政策，并在意识形态领域捍卫西方所谓普世的价值观念。这些举措无疑在世界工人之间制造了争端和敌视情绪，从而遏制了客观上已经存在的全球工人阶级在主观上的形成。社会党立场的摇摆不定以及其日趋向中左翼并越发向右靠拢的选择，使他的意识形态缺乏鲜明的特征，因而无论是在资本主义经济发展平稳时期，还是经济危机爆发时期，都无助于工人阶级归属感的培养以及集体意识的增强，甚至对工人阶级意识的形成起到负面的、破坏性作用。而此时作为"左翼中的左翼"的西方国家共产党，其政治生存空间仍没有摆脱"左右为难"的状况。向左看有极左翼政党的存在，向右看有社会民主党的存在。

在这种情况下，西方一些国家的共产党选择将自己向全民党、人民党转移，号称其不仅代表工人阶级利益，而且代表全体民众的利益。也就是说，为了适应选举制度的需求，他们需要争取人数上的优势，为此许多组织将目光逐渐锁定在"人民"层面，而不是"工人"层面。虽然这种策略的选择也在一定程度上缓解了共产党面临的边缘化状况，但并未真正改变这一现状，反而使共产党失去了许多自身所固有的特征，日益社会民主党化，也使工人阶级与工人阶级政党之间的衔接纽带变得纤细而松弛。这样的选择和措施对西方左翼力量总体上来说起到了某种程度的分化作用，毕竟在西方的政治舞台上，社会党也同样划归于左翼政党的行列之中，他们所争取的对象也存在很大程度的重叠。相反，这样的选择和举措对资本主义制度来讲或许更多的是"利"而不是"弊"。因为工人阶级政党与工人阶级之间必然性联系的弱化，使生产关系层面上资本家与工人阶级之间的敌对问题得以遮蔽，至少是缓解，不再以针锋相对的阵势进行布局。正如亚当·普热沃尔斯基所说，"当社会分裂在现象层次上并不对应于生产关系内的位置的形式出现时，资产阶级在关于阶级的斗争中就取得了成功"①。

3．边缘化现象严重

西方国家工人阶级政党由于在整体上普遍缺少与执政党对抗的雄厚实力，因而为了求得生存并试图对国家政策以及其他方面施加影响，他们通常会选择相对缓和的行动策略。例如宣称代表工人阶级利益的政党为了在选举中获得一席之地、提升自身影响力，进而迫不得已选择与其具有竞争关系的政党进行合作。但往往后者占有数量上的优势，或占据选举中的灵活地位，甚至左右摇摆。若是第一种情况，那么在参政后，前者很难按照选举时的方案稳步实践。一定意义上会促进对现有秩序的巩固而不是瓦解；若是第二种情况，工人阶级政党在未来选举或者具体履行职责的过程中会处于不确定或不稳定的合作之中。一旦合作政党转向反对党一方，则会使工人阶级政党陷入被动境地。

具体地说，西方国家工人阶级政党边缘化突出反映在以下三个方面。首先，从选民选择的角度来看，很多选民甚至在极左翼政党与工人阶级政党之间选择前者。因为极左翼政党所采取的如反对移民等措施会对本国的工人产生直接的、立竿见影的影响，特别是在提高工人工资、恢复工人就业等问题上更有明显的效果。在这种情况下，民众会认为共产党的号召似乎更关涉遥远的未来，从而削弱了对工人的吸引力。当然，选民的选择也说明西方国家的共产党有必要将斗争的最低纲领和最高纲领有机结合起来，处理好眼前民众最为关注的问题与长远目标之间的有序延展和结合。其次，从西方国家共产党对国家事务的干预和影响来看也处于边缘化的状态，这与它们在选举中受选民冷落有着直接而必然的联系。最后，从西方国家共产党的观点和主张受重视与接受的程度来看，也仍然处于一种边缘化状态。这三者之间都存在着密切的联系，也可以说是对同一现象不同侧面的反映。

二　西方工会与工人阶级意识

西方国家工会组织的历史可以用源远流长来形容，以资本主义发展较

① ［美］亚当·普热沃尔斯基：《资本主义与社会民主》，丁韶彬译，吴勇校，中国人民大学出版社 2012 年版，第 80 页。

为典型的英国为例，其最早的工会组织可以追溯到 17 世纪末期，工业革命的兴起更是为工会组织提供了蓬勃发展的良好契机，从此工会组织成为一支不容忽视的社会力量，它对本国经济、政治、政党的影响日趋上升。工会组织的发展壮大及其所彰显出来的凝聚力，使其在一段较长的时期成为执政党的座上客，因为工会的支持对政党的平稳过渡及顺利执政具有十分重要的意义。而作为工会组织，其目标早在工会创立之日就已鲜明地呈现出来，即通过工人阶级的联合，通过削减工人彼此间的竞争，加强同雇主斗争的能力，以维护工人自身利益。或许工会斗争多以和平方式为主，但这并不影响工会组织成立的目的。在韦伯夫妇为工会所作的定义中也清晰地凸显了这一内容，他们认为"工会是一种特殊的工人结社，目的是维护或改善工人的劳动生活状况"①。

工会组织力量的强弱可以在政府对其采取的各种策略中分辨几分。1799—1800 年，托利党政府颁布的《反结社法》取缔了包括工会在内的一切工人组织，而这期间正是工人逐渐趋向组织工会的时期，虽然该法案在 1824 年被废除，工人重新获得了结社与罢工的权利和自由，但新出台的一系列法律条文有效地将工人运动限制在一个可控的范围内。资产阶级政府在资本主义制度范围内倾向于对工会组织采取冲突转化的策略，防止超越制度范围的劳资冲突解决路径成为工人化解冲突的首选。资产阶级通过适当的让步以及对工人内部的分化，离间工人彼此间规模化的联合，从而将工人从激进抗议行动拉回谈判桌前，使工会成为一支在资本主义制度范围内运作的社会力量。虽然工会更多地以非革命性组织形式出现，其妥协性、退让性也相对凸显，但它在维护工人阶级利益方面的作用仍较为突出，在促使工人阶级意识方面也发挥着积极的作用。

当然，工会组织也有其局限性，会抑制成熟工人阶级意识的培养，例如工会会员目标具有浅显性特征，他们普遍更看重眼前的物质利益，为了保有掌握在手中现有的财富，从而对相对激进的且存在不确定因素的行为望而止步，带有实用主义色彩，工具性特征明显。此外，工会对政治活动多采取"敬而远之"的态度，然而阶级意识不仅包括对经济内容表示关切，对政治内容的要求同样是阶级意识成熟的重要风向标。所以在评析工

---

① 刘成、何涛等：《对抗与合作——二十世纪的英国工会与国家》，南京大学出版社 2011 年版，第 18 页。

会组织与工人阶级意识之间关系的过程中，既要看到工会对工人阶级意识发展的积极意义，同时也要看到其局限性。

（一）西方工会与工人阶级意识之间的关系

工会组织对工人阶级意识的影响存在正反两个截然不同的方面。首先工会多以部门或机构为单位，或者以某一地区某一行业为单位来维护所属工会组织成员的利益，在一定范围内凝结起工人阶级的力量。但是过多地以地域、行业划界的模式也会导致狭隘的、阻碍工人阶级整体联合的不利因素出现。加之在经济条件相对优越的地区和部门形成工人贵族，工会组织必然会生发阻碍工人阶级意识向深远发展的制约因素。正如葛兰西所言，"今日无产阶级最危险的敌人……是以朋友姿态出现……企图通过工会运动来分裂无产阶级"[①]。但工会的局限性并不足以遮掩其积极而重要的意义，这里只是提示我们应从正反两方面看待工会及其作用。

1. 工会对促进工人阶级意识发展的积极意义

工会的积极作用及其所组织的罢工的意义集中体现在这是"工人消灭竞争的第一次尝试"[②]。工会之所以能够在工人中间得到普遍认可，是因为工人们已经逐渐懂得，"资产阶级的统治正是建立在工人之间的竞争上，即建立在由于一些工人和另一些工人的对立而产生的无产阶级的分裂上"[③]。可见工人组建工会恰恰证明了工人主观上希望克服彼此之间的竞争和分散，以期实现工人阶级成员之间的联合与互助，将斗争目标指向工人阶级共同的敌人。

工会斗争、议会斗争的意义还体现在，虽然工会斗争、议会斗争不能彻底改变资本主义制度本身，但在资本主义范围内进行的这种斗争依然有十分重要的意义："工会斗争和议会斗争被看作是逐步引导和教育无产阶级走向夺取政权的手段。"[④] "工会斗争和政治斗争的社会主义意义就是为了实现社会主义，把无产阶级即社会主义革命的主观因素准备好。"[⑤] "通过工会斗争和政治斗争可以使无产阶级深信，通过这些斗争切切实实改善

---

① ［奥］卡尔·考茨基：《考茨基文选》，王学东编，人民出版社 2008 年版，第 26 页。

② 《马克思恩格斯文集》第 1 卷，人民出版社 2009 年版，第 454 页。

③ 同上。

④ 《卢森堡文选》上卷，人民出版社 1984 年版，第 102 页。

⑤ 同上书，第 102 页。

它的状况是不可能的，最后夺取政权则是不可避免的。"① "工会斗争和政治斗争的伟大意义在于它们使工人阶级的认识和意识社会主义化。"② 它是"教育工人阶级去进行无产阶级革命的手段"③。通过工会组织将工人阶级联合起来有助于工人阶级意识的发展，莱杰特（Leggett）对底特律工人的研究中就提供了相应的数据。同样是经历了从农业生产、生活方式向城市工厂生产、生活方式转变的工人，如果有较为完善的工会组织，那么他们中形成相对激进的平等意识及斗争观念的比例可达70%，相应地，如果缺少工会组织，只是凭借阶级成员个体的认知，其形成这种激进平等意识及斗争观念的比例则下降为57%。④

工会可以被视为无产阶级团结的年幼时期，这一时期不仅有助于工人阶级联合意识的培养，而且有助于增强工人与资本对抗的力量。马克思1869年在致约翰·拉德劳的信中曾说："1847年，当所有的政治经济学家和所有的社会主义者在唯一的一点即谴责工联这一点上意见一致的时候，我却证明了工联的历史必然性。"⑤ 可见考察工会也必须以唯物史观的视角，将其还原于当时产生的历史环境，工会的形成在工人阶级发展史上具有不可磨灭的功绩，即便现在也是如此，只是工会仍有其自身的局限需要正视。如果缺少了工会对工人的组织以及着重于对工人阶级经济利益的捍卫，工人的发展状况或许会陷入更为艰难的状态。正如曼德尔（Ernest Mandel）所认为的，放弃了这种为经济利益、为日常经济问题而进行的斗争，那么工人将沦为道德堕落的奴隶，倘若如此，工人的革命性根本无从谈起。因为"倚仗这群道德堕落的奴隶，你将永远不可能进行一场社会主义革命，甚至连基本的阶级团结都做不到"⑥。也正是因为工会在促使工人阶级意识变化方面的积极意义，曼德尔毫无掩饰地说，他"喜欢把工联主义的意识称为工人阶级的基本阶级意识，它虽然不会导致对于资本主义旷日持久的日常反抗，但正如马克思多次指出的，对于未来某一

---

① 《卢森堡文选》上卷，人民出版社1984年版，第102—103页。

② 同上书，第103页。

③ 同上。

④ John C. Leggett, "Uprootedness and Working–Class Consciousness", *American Journal of Sociology*, Vol. 68, No. 6（May, 1963），p. 689.

⑤ 《马克思恩格斯全集》第32卷，人民出版社1975年版，第588页。

⑥ ［比利时］欧内斯特·曼德尔：《革命的马克思主义与20世纪社会现实》，颜岩译，中国人民大学出版社2013年版，第54页。

时刻反对资本主义的工人造反来说，它不仅是绝对必要的，也是不可避免的"[①]。

工会斗争的结果无论成功还是失败，对工人都是一种经验的积累，同时也为工人正确认识劳资关系问题提供了必要的感性材料。在工会斗争的过程中，工会组织扮演了工人阶级的"导师"，教育工人仅仅凭借工会自身反复的谈判和斗争并不能从根源上摆脱劳资关系的冲突局面。工人阶级不得不为经济利益与资方进行周而复始的交涉，任何一次成功的谈判以及资方的妥协和退让都不足以为类似问题提供永久的解决方案，因为一旦有了机会，资本就会加大对工人的反击，迫使工人放弃已经取得的斗争成果。无数次的经历使工人越发感到工会组织的行动能力和影响范围终究是有限的，并不足以对资方形成根本的冲击。然而这些会促使工人进一步去思索、去探寻能够解决问题的方式。随着客观条件的日渐成熟以及工人阶级认识的日渐深刻，逐渐为工人阶级意识的形成做好了铺垫。

2. 工会在促进工人阶级意识发展方面的局限

工会对工人阶级意识的形成既有其积极的一面，也有消极的一面。就工会本身的职能而言，"它是站在工人一边实现资本主义工资规律即按照劳动力当时的市场价格出卖劳动力的手段"[②]。暂且不论当资本加大对工人的进攻时迫使工会认同固定工资的相关政策，单纯就资本主义工资规律本身而言，这也远远超出了工会所能充分控制的范围。"工会不能消灭工资规律。工会在最好的情况下也只能让资本主义剥削在当时'正常'的界限内进行，但决不能取消这种剥削，哪怕是逐步地取消也做不到。"[③]可见，工会组织在工人阶级完成自身使命过程中所扮演的角色更多地驻足于改良举措，超越这一界限把工人推向更加革命的队伍、推向否定资本主义制度的实践中，工会组织的影响力就显得十分有限，因为它的最终目标指向对资本主义制度范围内工人现状的有限改善，更多地指向日常生活的范畴，而不是阶级地位的改变。然而，社会主义目标的实现"决不是在工人阶级的日常斗争作为一种趋势所固有的"，而"只能是资本主义经济日益尖锐化的客观矛盾所固有的"，同时还是"工人阶级主观上认识到绝

---

①　[比利时]欧内斯特·曼德尔：《革命的马克思主义与20世纪社会现实》，颜岩译，中国人民大学出版社2013年版，第54页。

②　[德]罗莎·卢森堡：《卢森堡文选》，李宗禹编，人民出版社2012年版，第20—21页。

③　同上书，第21页。

对必须用革命手段来消灭这些矛盾所固有的"①。工会日常斗争形式和内容的多样化及其所取得成果的现实性，使其对工人阶级具有较大的吸引力，因为斗争的成果会直接反映在工人现实生活中，工人可以即刻感觉到其带来的收益。为此，工人充分认可工会在与资方谈判中通过聚集工人力量所彰显出来的影响力。但遗憾的是，工会组织的要求通常止步于此，事实上，也正是因为工会组织并未触碰到制度层面的问题，并未逾越资本利益的底线，才使得资方在一定程度上作出适当的让步。但是工会的"止步"会直接制约工人阶级的利益诉求，更无从谈及变革现有制度的认知培养。或许正因为此，曼德尔在肯定工会作用的同时，即认为"工人必须为他们的当前要求而战"，进而也指出，"这些为了当前要求的斗争并不会自动和自发地引导他们去质疑资产阶级社会的存在"②。而在这方面，工人阶级先锋组织、工人阶级政党的存在就变得越发重要和不可替代。

此外，工会组织在远离根本变革举措的同时，在引领工人阶级捍卫自身经济利益等方面的组织形式和内容也存在一定局限。例如工会组织及其所采取的行动方式以及斗争目标通常具有以下一些特点。一是多局限于某一行业、某一领域或者某一地区的工人联合。因而工会斗争的联合力量是有限的，不能在真正意义上形成全国、全世界工人的联合，而仅仅是在职业、行业范围内实现局部联合与斗争；二是倾向于经济层面，对政治层面很少涉及，甚至不问政治。因而其斗争范围局限于资本主义制度之内，其斗争目标意在争取经济领域的有限改善，总的说来是改良主义范围内的斗争；三是具有某种程度的"因循守旧的积习"③，这也成为工人阶级意识生成的阻碍因素。在工会自身存在的两面性方面，拉尔夫·密利本德认为，工人阶级通过工会组织加大了与资本家阶级一方的谈判力度，特别是在关于工人工资和福利待遇等方面，工会通过对工人较好的组织实现对工人经济利益的维护。但是另一方面也逐渐将工人阶级同资本家阶级的斗争局限于经济领域，局限于资本主义现有秩序范围内的斗争，在阶级冲突的制度化范围内开展有限的斗争。

---

① ［德］罗莎·卢森堡：《卢森堡文选》，李宗禹编，人民出版社2012年版，第34页。

② ［比利时］欧内斯特·曼德尔：《革命的马克思主义与20世纪社会现实》，颜岩译，中国人民大学出版社2013年版，第54页。

③ 《列宁全集》第39卷，人民出版社1985年版，第30页。

事实上在夸大工会职能方面有许多较为突出的争论，伯恩斯坦就是代表之一。他所主张"最终目的算不了什么，运动就是一切"的基础之一就是坚信工会组织可以通过组织劳工开展持续不间断的运动使资本利润率不断下降，进而使剩余价值消失于其中，从而使工人获得平等的工资。不难看出，伯恩斯坦认为工会组织足以成为资本主义向社会主义过渡的推动力，更确切地说是自然生长力。既然是自然生长力也就无须对社会主义对资本主义的目标性替代给予过多关注，因为只要抓住当下的运动，随着时间的推移，社会主义就会随之降临。这样就使工人阶级远离斗争的最终目标，相应地在工人阶级的意识之中就会缺少对剥削现状的根源性认知，也就很难出现在阶级意识指导下的具有革命性内容的行动。可见，夸大工会在工人运动中的作用也会对世界社会主义运动的推进形成阻碍。

工人阶级意识的形成在客观上晚于资产阶级意识的一个重要原因在于资产阶级意识是对现实社会的反映，他们的目标在于维系资本主义制度，在为资本主义制度的永续存在寻找支撑，而工人阶级意识则需要在正确反映现实社会的基础上，指向未来不同的社会制度，他们的目标在于改变现状，在于制度性的变革。而就单纯的工会主义而言，"他们的视野超越不了资本主义社会的界限。这些工会把它们的目的局限在有限度的经济目标上"。它们"一般地几乎不注意政策问题，当它们注意政策时，那是在自由党的领导下，并且通常是为了争取达到使工会摆脱法律的限制的有限目的"。①

正确审视工会的积极作用与工会自身的局限有助于科学认识工会在社会发展中的作用。虽然工会有自身的局限，但这并不影响其积极作用的发挥，以工会组织局限于经济利益而否定工会的意义是不可取的。奥地利经济学派主要代表人物路德维希·冯·米瑟斯在其代表著作《自由与繁荣的国度》中从捍卫自由主义的角度出发，极力反对工会就工资水平与资方进行议价和干预。米瑟斯认为工人的工资是根据市场运行机制的客观规律决定的，高于某一标准则会导致生产成本上升，从而减少该产品的生产，或该服务的提供，进而导致供不应求。若低于某一标准则自然会引起

---

① ［美］威廉·福斯特：《三个国际的历史——一八四八年至一九五五年的国际社会主义和共产主义运动》，李潞等译，生活·读书·新知三联书店 1961 年版，第 51 页。

劳动力向其他领域的流逝。因而工会试图通过外界手段进行干预以实现工人工资的增长是非理性的。进而得出结论，否定工会在维护工人经济利益方面的作用。① 显然，米瑟斯忽视了工会在维护工人经济利益方面的积极作用，反而将失业率的增加归因于工会等外力"强加在劳动力市场上的增加工资的举措"②。这种将工人工资的降低归因于工会斗争是不具有说服力的，明显渗透着对工会职能的全面否定，渗透着对工人联合斗争的诋毁，进而削弱工人阶级的联合意识，淡化工人的阶级属性，使工人远离阶级意识的相关内容。相应地起到了对资本主义现有制度的肯定，以及对工人不满情绪的抑制和分化的作用。

（二）当前西方国家工会面临的主要问题

1. 工会组织相对分散

工会的力量源自集结了数量广泛的工人，其在领导工人运动方面还有很大的发展空间。工会组织曾在维护工人阶级的经济利益以及通过院外游说等政治手段促使有利于工人阶级的相关政策获得通过等方面发挥了积极的作用。而今天，由于工会力量的分散导致工人彼此的竞争远胜过合作。以加拿大为例，八个主要的行业性工会组织代表了参与工会工人总数的2/3 强，另外四个多行业的混合型工会代表着从业于私营部门的工人阶级利益，其吸纳了私营部门工人参与工会总数一半以上的成员。③ 具体来讲，加拿大的保健工作者在很多省份都被分化为 3—4 个工会组织成员，这其中并不包括护士以及其他技术人员，因为后者另外有自己的工会组织。在安大略湖，针对保健工作者而组建的工会分别有加拿大公共雇员工会（the Canadian Union of Public Employment）、安大略湖公共服务雇员工会（the Ontario Public Service Employees Union）、服务雇员国际工会（Service Employees International Union）等。④ 工会组织的分散成为工人联合的阻碍因素，不利于调动工人的整体力量。工会组织分散化的现状也说明即便有令人夺目的入会率也不能真实反映工人的集体谈判力。在加拿

---

① 参见［奥］路德维希·冯·米瑟斯《自由与繁荣的国度》，韩光明等译，中国社会科学出版社 1995 年版，第 113 页。

② 同上书，第 115 页。

③ Andreas Bieler, Ingemar Lindberg and Devan Pillay, eds., *Labour and the Challenges of Globalization: What Prospects for Transnational Solidarity?* London: Pluto Press, 2008, pp. 18 – 19.

④ Ibid., p. 171.

大，尽管工人的入会率保持相对稳定，但他们与雇主的谈判能力、对政府政策的干预和游说能力都在下降。这与工会组织和力量的分散不无关系。工人的集体参与意识通过加入工会的比例可以得到一定的彰显，但是单纯的入会率只是为工人更有效的斗争提供了条件，确切地说是必要而非充分条件，高入会率不等于有效斗争的事实。相反，当工会组织过于分散的时候，特别是一个公司内部、一种技术行业之内工会组织力量的分散，不仅难以形成工人有规模的联合集体行动，反而会给雇主一方提供劳资谈判过程中胜券在握的筹码。

　　2. 工会人数逐渐下降

　　工会作为工人阶级集体力量的一种标识，它所吸纳的成员人数直接决定了其行动中的影响力和本身的号召力。正如卢森堡所认为的，工会那种"使工人阶级自然增长社会财富比例的作用，由于遇到受失业威胁的中间阶级的无产阶级化和劳动生产率的增长这两个孪生过程，而注定要受挫"①，随着中产阶级的无产阶级化倾向更为明显，工人阶级队伍的人数会不断扩张，工人阶级之间因就业而展开的竞争也会更趋激烈，失业人数的增多会将工会推向一种相对困难的境地。与此同时，即使就业工人在新自由主义政策的推动和影响下也出现很多新的特点，特别是在就业形式方面，非正式雇员的数量不断增加，而相对稳定的全日制工人数量不断减少。在加拿大，临时雇员增加的速度远远快于正式工人增长的速度。2006年5月至2007年5月，临时工人数量增加了4.1%，而全日制工人数量的增加幅度仅为1.2%。② 加之新自由主义在全球范围内的冲击，西方国家私营企业的数量不断增加，进而受雇于私营企业的工人数量也在迅速增长。但是私营企业工人加入工会的比例，以及工会组织对私营企业员工的重视程度、影响力度和组织效率却显得相对低下。20世纪80年代以来，加拿大工人入会比例明显下降，由1981年的40%降为1999年的32%。私营企业雇员加入工会的比例更加偏低，由29%下降至19%。此外，就职于私营部门与公共服务部门的非正式雇员被组织起来的程度也有明显不

---

　　① ［英］戴维·麦克莱兰：《马克思以后的马克思主义》，东方出版社1986年版，第56—57页。

　　② Andreas Bieler, Ingemar Lindberg and Devan Pillay, eds., *Labour and the Challenges of Globalization：What Prospects for Transnational Solidarity?* London：Pluto Press, 2008, p. 162.

同，前者为13%，后者为69%。① 德国工会组织面临同样的问题，20世纪90年代以来，德国正式雇员数量不断减少，非正式雇员不断增加。1991年至2005年，正式的全日制工人数量减少了600万人，近21%，而非正式的临时雇员数量增加了近2倍。德国工人加入工会的比例也由20世纪七八十年代的32%、35%，下降至2003年的不足23%。② 可见在现有工会组织中，在现实工会组织成员中仍以全日制正式雇员为主，而人数不断攀升的非正式、临时性雇员并没有被很好地组织起来，然而后者却日渐成为资本雇佣劳动一种新的、趋于主流的方式。

3. 工会组织范围相对有限

就西方国家工会来讲，虽然他们已经意识到20世纪80年代工会组织力量不断下降，并尝试寻求多种措施挽救这一下滑态势。但实践中仍缺少普遍可行的主张。例如日本工会组织虽然看到了非正式雇员人数增加的趋势，并试图采取措施将非正式雇员组织起来，但是他们却严重忽视移民的力量，导致本国工人与移民工人之间存在着明显的竞争和敌视，以致移民本身成为本国工人维护自身权益的障碍之一。因为当本国工人试图通过集体谈判与资方达成某种有利于工人阶级利益的举措时，资方完全可以抛开工人的要求于不顾而求助于外来移民，以此瓦解工会谈判能力，导致工会在应对劳资关系方面显得软弱无力。

可以说，移民数量在不断上升，但工会尚未采取十分有效的方式将他们纳入其中，有力地组织起来。事实上，由于移民工人所受移民国家法律的保护十分有限，也几乎享受不到相关的福利待遇，从事工作的性质也多以非正式的、临时性工作为主，因而雇主在可能的情况下愿意雇用这种相对廉价的劳动力。而工会如果忽视这一强大的力量就很难在与雇主谈判时为工会成员赢得更大的权益。毕竟雇主有条件选择更为低廉的劳动力，从而压缩工会维权的空间。可见，倘若工会能够将移民组织起来，那么一方面可以为维护工人经济利益增加谈判的筹码，另一方面也可以使工人意识到无论是本国工人还是移民工人，他们所处的地位在本质上是一致的。如果联合起来将促使整体利益得到有效保障，如果分裂则只会给雇主一方带

---

① Andreas Bieler, Ingemar Lindberg and Devan Pillay, eds., *Labour and the Challenges of Globalization: What Prospects for Transnational Solidarity?* London: Pluto Press, 2008, pp. 164 – 166.

② Ibid., pp. 183 – 186.

来更大的利润空间，加强对工人的剥削力度。总之，充分注重移民力量，并将其合理组织起来有助于工人国际主义精神的培养和认知。当然，面对移民工人从事工作的临时性、非正式性特点，将其全面组织起来难度很大，目前有些国家的工会组织已经尝试将移民工人按居住地或工作地为圆心进行组织。虽然尚未形成成熟的组织模式，也没有出现比较成功的实践模式，但工会对移民群体的关注表明其在工人阶级联合上所做的努力，以及正在进行的努力，这些都有助于加强工人对工会组织的认可，有助于工会吸纳更多的成员加入其中。

与此同时，资本跨越国界的流转也使工会改变以地区为界来组织工会，实现工人更大范围的联合。在瑞典，工会组织曾采纳的以本国范围为界，反对移民和外来劳工的举措较为成功地保护了本国工人的经济利益。但是随着资本主义组织生产过程的国际化，瑞典工会以国界作为划分工人利益的标杆已经落后于资本在国际范围的自由流转。资本在空间上的转移，新型主导产业的增长点都将为以国别为界的工会组织形成巨大的挤压空间，弱化工会在维护工人利益方面的能力。资本的全球流转，使得跨国公司的发展遍布世界各地。资本通过其流动特征，在全球范围内寻找最佳的投资场所，寻求那些增值最为迅速的投资环境。资本的全球流转无形之中限制了工会组织与资方谈判的范围和程度。例如，一旦总公司所在地的工会组织过于强大，工人联合抵制资本的情绪过于激烈，资本就会加大对分布于其他地区子公司的投入，以瓦解工人的斗争。在这种情况下，工会取得行动成功的唯一选择是联合子公司的工人共同抵制资本对劳工的剥削，也即在世界范围内寻求工人相对规模的联合，进而在实践中培养工人的联合意识，在斗争中培养工人的国际主义精神。工人阶级联合意识以及国际主义精神的培养都不会一蹴而就，而是需要在日常的点点滴滴，在工会引领工人的方方面面，逐渐使工人意识到只有联合、团结一致才能获得足够力量应对资本的挑战。

4. 目标制订方面存在一定偏差

西方国家工会组织及其成员在很大程度上认为资本主义制度本身存在难以克服的弊端，并产生了相对浓厚的不满情绪。但是，对于通过何种方式、以何种途径改善或替代现实世界则存在着相当广泛的争论，并没有形成统一认识。以德国工会及其成员为例，他们普遍认为"另一个世界是可能的"，即承认资本主义存在着需要加以否定的因素，但对于社会主义制度尚未形成普遍的认可。可见，在对引起全球化新自由主义盛行的根源探究方面，还存在很大的努力空间，包括工会成员在内的工人阶级还需进一步加深对资本主义的认知。也正是因为工会对资本主义本质的认识存在不足，导致其在目标制订方面存在一定偏差。

　　工会只有将维护工人阶级的利益视作首要目标才可能得到工人的认可，获得工人的支持，进而激发工人加入工会的意愿，从而壮大工会基础。无论工会采取何种措施都应在长远上考虑到这一目标才不至于使其具体措施偏离正常轨道。倘若所采取的措施与此目标相背离，结果必然会招致工人的抛弃，具体表现就是工人入会率下降，集体号召力和谈判力减弱。在加拿大，部分工会尝试与新民主党相关政策进行嫁接，通过对新民主党（New Democratic Party）的支持以期实现自身力量的增强。不仅如此，"工会为迎合新民主党，还经常打压工人提出的维护相关福利政策的要求"①，然而新民主党本身并不代表工人阶级的利益，也不会因为工会的妥协而发生任何改变。这种举措不仅不会增强工会组织的力量，反而会使工人阶级成员失去对工会的信任，降低加入工会的愿望，否定工会在维护工人阶级利益、促进工人阶级团结和联合中应有的积极作用。最终必然导致工人阶级联合意识的削弱，对当前制度采取一种妥协态度，弱化工人阶级的革命性。

　　相对于上述提到工会存在的问题之外，更为凸显的是在一些西方国家，有些工会不仅表现出严重的民族主义情绪，特别是对外籍移民雇员的排斥，而且工会组织已经完全失去了其应有的捍卫工人阶级利益的职能。他们选择站在企业与政府一方，成为资本家阶级对工人阶级剥削的助推手。例如，澳大利亚建筑林业采矿和能源工会（the Construction Forestry Mining and Energy Union，CFMEU），面对 2008 年经济危机所带来的冲击时，就建筑林业采矿和能源工会自己的统计数据，有 68000 个建筑业岗位被削减，引发大量企业裁员，特别是移民工人受到的损害最为严重。② 然而，位于昆士兰州，包括三菱集团在内的大型煤矿关闭、削减雇员正是在建筑林业采矿和能源工会的监督下完成的。为了将投入控制在最低，以获得利益的最大化，工会不惜以工人经济利益和生命安全为代价，最大限度

---

　　① Andreas Bieler, Ingemar Lindberg and Devan Pillay, eds., *Labour and the Challenges of Globalization*：*What Prospects for Transnational Solidarity*? London：Pluto Press, 2008, pp. 161 - 162.

　　② Terry Cook, "Australia Union Ramps up Nationalist Campaign against Guest Workers", http：//www. wsws. org/en/articles/2013/02/04/aust - f04. html.

地降低工人的工资，取消工人作业过程中的必要安全设施。可见，建筑林业采矿和能源工会完全没有发挥工会的职能，它在事实上已经成为企业和政府的附属机构或职能部门。

5. 工会领导力量向右偏移

工会的组织方式以及工会与资方、政府的关系，导致一些工会领袖表现出官僚主义倾向，他们无论在工资收入方面还是在社会地位方面都较普通工人有明显提高。这样在工人阶级内部就培育出了所谓的"工人贵族"，许多学者甚至已经将这样的工会领袖排除在工人阶级的队伍之外。肖特韦尔（Shotwell）在其撰写的《谁将领导美国工人阶级？》一文中也对工会的作用提出了质疑，以全美汽车工人联合会（UAW：the United Auto Workers）为例，他认为该工会在一定程度上已经成为企业的下级合作伙伴，前主席荣·盖特尔芬阁（Ron Gettelfinger）是一个社团主义者，他坚信工人的未来与企业的未来息息相关。在福特公司的一次分部门会议上，当工会成员试图采取行动以提升谈判力度、维护工人利益时，荣·盖特尔芬阁则拼命解释工人作出牺牲是何等的必要和不可避免。[1] 事实上，在美国，工会官员的待遇远远高于其他许多国家，更是高于本国普通工人的收入，俨然已成为工人贵族的主要成员。有针对性地对工会领袖左翼进行消融是资本反对劳工运动中一项很重要的内容，早在《塔夫脱—哈莱特法案》颁布之时，就明显扭转了1936年《大萧条时期国家劳工关系法》颁布后带来的工会组织蓬勃发展的势头，并进而要求工会领导必须承诺他们不是共产党员，同时也不得加入共产党组织，不得加入任何有颠覆性质的组织。

工会领导力量向右偏移与工会组织官僚化及工会领导贵族化有直接的关系，而工会组织官僚化以及工会领导贵族化的现象之所以较为普遍的存在又与资本家阶级对工会组织的干预以及工会组织的整体结构密不可分。二者在对工会的影响方面起着相互衔接的作用。通常工会领袖对工会未来发展都有着非常重要的影响，而资本家阶级恰恰通过对工会领袖的影响与渗透实现对工会发展方向的引导。因而在警惕雇主阶级对工会产生负面影响的同时，工会内部同样需要适当进行结构方面的调整和

---

[1]　Michael D. Yates, "Who Will Lead the U. S. Working Class?", *Monthly Review*, http://monthlyreview. org/2013/05/01/who – will – lead – the – u – s – working – class.

完善，避免工会领袖官僚化现象的出现。美国学者利普塞特在对工会组织官僚化现象的调研中发现美国国际印刷工人工会有着相对理想的运行机制，在这里并没有出现在其他工会中多见的官僚化问题。利普塞特从历史与结构方面进行分析，认为工人成员对工会组织本身的高度认同有助于防止寡头政治集团在工会内部的形成①，在一个相对民主的环境下，在正确处理了民主与集中关系的条件下工会组织可以获得相对理想的发展，并最大限度地发挥工会组织的作用。可见，面对工会领导力量向右偏移的现象，工会本身需要进行适度的结构调整，最大限度地避免营造官僚政治的土壤。

（三）当前西方国家工会组织在培养工人阶级意识方面的努力

1. 普遍注重工人阶级联合意识的培养

西方国家工会组织受新自由主义主导的全球化影响，自20世纪80年代以来不断受到资本在世界范围内流转的冲击，工人阶级力量呈现明显分散化和碎片化趋势，导致工会组织集体谈判能力受到极大削弱，在劳资谈判中日渐处于劣势和妥协退让的境地。当然工会组织也普遍意识到以某一行业、某一地区甚至某一国家范围内进行对劳工的保护已经不足以实现和资本对峙的可能，只有谋求更广范围的联合才有望增加与资本谈判并取得有效成果的胜算筹码。为此各国工会试图扩大联合的基础，增加工会自身的力量。在日本，工会组织面对非正式、临时性雇员日渐增多的现状，他们积极主张吸纳非正式雇员加入正式雇员组成的工会组织，从而弥补正式雇员人数减少所带来的空缺。此外日本工会看到第二次世界大战后婴儿潮时期出生的一批工人，他们已经逐渐步入退休年龄，在不久的将来劳工短缺问题自然会浮出水面，因而他们试图利用这一机会将非正式、临时性雇员转入正式雇员队伍中来。在德国，工会组织在捍卫已有工会组织行动能力的同时，强调工会应积极发挥政治方面的作用，激发工会主义运动的兴起，并将其与反全球化运动、和平运动等社会运动相结合，更好地促进工人阶级的团结行动。在加拿大为应对工会分散化的弊端，加拿大工人议会（Canadian Labour Congress）已经开始加强对各地区性工会号召和组织的力度，在各大城市中心设有劳工委员会，以便统一执行加拿大工会议会的决定，统一行动并采取相应举措。

工会组织逐渐注重对工人阶级联合意识的培养也是在吸取历史教训的基础上展开的。例如，具有代表性的美国工会组织美国劳工联合会（American Federation of Labor，AFU）和美国产业工会联合会（Congress of Industrial Organizations，CIO）成立之初在维护工人阶级利益方面起了重要作用，但随着冷战对峙的开始，反共势力增强，左翼力量受到严重挑战和打压，随之出现工会组织日趋衰落的态势。美国劳工联合会与美国产业工会联合会合并后，其所代表成员在1955年达到顶峰，之后便不断下滑，所代表的工人成员数目也越来越小。工会组织越发代表着有限数量的工人群体而非一个整体。这样，工会组织在具体的行动中，特别是随着工会维护工人利益的能力以及与资方谈判的能力不断削弱，工会组织越发难以调节工人阶级不同群体之间的矛盾。面对工人阶级内部多元化的倾向，工会组织显得束手无措。因此，工会组织的联合以及对工人阶级联合意识的培养理应成为工会组织未来发展的重要内容。工会组织首先应解决自身的定位问题，究竟是仅代表工会组织成员的利益，还是代表工人阶级整体的利益；究竟是通过损害其他工人的利益以维护成员的利益，还是向雇主一方争取权利，以削弱雇主权利维护其成员以及工人阶级整体的利益。

2. 缓解工人阶级内部矛盾，增强阶级归属感

西方国家各国工会组织普遍看到了新自由主义主导的全球化在工人阶级内部制造的各种差异和纷争，其中包括本国工人和外来移民之间的纷争，掌握核心技术的工人与核心技术外围工人之间的纷争，公共服务部门与私营部门雇员之间的纷争，正式雇员与非正式雇员的纷争，等等，这些差异和纷争成为阻碍工人阶级联合及彼此认同的因素之一。以正式工人和非正式工人为例，他们之间的差异表现在很多方面，首先，工资待遇不同，从事相同性质和数量的工作非正式雇员所获得的工资数额远低于正式雇员。2006年前后，日本政府做了一项调查，结果显示只有14.5%的非正式雇员可以获得与正式雇员相同的工资待遇，12.8%的人只能获得后者的90%，24.4%的非正式雇员只能获得正式雇员工资的80%，28.4%的人只能获得70%的工资收入。[①] 其次，所享受的福利待遇不同，非正式雇

① Andreas Bieler, Ingemar Lindberg and Devan Pillay, eds., *Labour and the Challenges of Globalization: What Prospects for Transnational Solidarity?* London: Pluto Press, 2008, p.145.

员几乎难以享受到除工资以外的其他相关待遇。再次，晋升的机会也存在很大差异，通常非正式雇员并不被考虑在晋升人员的范围之内，即使有，数量也极其有限。差异与纷争日渐上升必然导致工人阶级内部竞争趋势凸显，从而影响工人阶级作为整体的凝聚力，进而淡化其阶级归属感。西方国家工会组织逐渐意识到问题的严重性，并积极采取措施缓解工人内部矛盾，缩小工人阶级内部差异。例如日本最大的工会组织 RENGO 自 2000年起开始将非正式雇员的组织工作作为重要工作之一，虽然截至 2003 年，仅有 3% 的非正式雇员被组织起来，但可喜的是，这一比例从 1999 年开始一直在不断上升。① 事实上，为应对资本主义生产组织方式在劳资雇佣协议方面所造就的正式雇员减少、非正式雇员增加的现状，各国工会普遍坚持将非正式雇员组织到工会之中的行动策略，一方面可以缓解客观经济环境造成的工人内部差异，另一方面也为工会增强自身行动能力和行动效力创造了条件。

　　工会对非正式雇员、临时性工人的联合也可以很好地维护工会曾经的主体即那些正式雇员的权益，否则资产阶级一方必然利用非正式雇员的廉价特征排挤正式雇员；与此同时还有助于工人阶级意识到无论是与资方签订正式雇佣合同，还是临时合同，他们本质上的地位是相同的，并不因雇佣时间的长短、雇佣关系的稳定与否改变被雇佣的地位和性质。有助于工人阶级对自身阶级属性的认同，从而增强联合意识。毕竟工人内部的分化只会削弱工会的行动能力，只有在相对广泛的空间将工人有效地组织起来，才可能发挥工会自身的价值，最大限度地维护工人的权益，从而为吸引更多的力量加入工会创造更多的可能。

　　工人内部的纷争和矛盾激化不仅会削弱工人自身的力量，进而削弱工人阶级组织工会的力量，还会为资产阶级一方提供更多的高强度剥削工人的机会。雇主一方通过减少正式工人的数量，雇佣更多的非正式、临时性工人以减少劳动力成本支出，通过雇用外来移民以打压本国工人提出的增加工资要求，削弱工人阶级整体与资方抗衡的能力。面对雇主采取的对工人分化的举措，正式雇员、本国工人也逐渐意识到，如果不将非正式雇员、外来移民联合起来，组织成一股合力，就很难应对资本对工人权益的

---

① Andreas Bieler, Ingemar Lindberg and Devan Pillay, eds., *Labour and the Challenges of Globalization：What Prospects for Transnational Solidarity?* London：Pluto Press, 2008, p. 146.

挤压。工会在联合、组织工人方面所做的努力，进而通过工人的联合取得与资方谈判的优势，维护工人阶级的利益，会使工人感受到联合的强大力量。或许每一个工人的力量是渺小的、有限的，但一旦联合起来，组成真正意义上的工人阶级，他们的力量将是巨大的。

3. 明确工会努力目标，增强工会凝聚力

明确工会努力目标，特别是使工人阶级了解工会以维护工人阶级利益为出发点的奋斗目标是工会集结工人力量，凝聚工人力量的重要前提。倘若工会在维护工人经济利益方面不断妥协、退让，甚至在一定程度上站在资方一边共同遏制工人的反抗情绪和抗议行为，那么必然导致工人逐渐淡化加入工会的意愿，进而走向更加分散的状态。工会组织对工人阶级的最大吸引力表现在对工人经济利益的维护以及在号召工人阶级进行联合行动方面。例如面对弹性劳动时间制在西方国家的逐渐推行，工会加大了反对力度以维护工人现有经济状况。弹性劳动时间制的特点在于对工人劳动的评价不以劳动时间为标准，转而以劳动结果为考核指标，从而以合法的表象掩盖对工人绝对剩余价值生产所创价值的剥削。工人在有限的期限内通过加班延长劳动时间以完成预期任务，但却不会从中获得相应的加班费用。工会看到了这种机制对工人利益的侵犯，这种制度在试图取消工人加班费用的同时，也在很大程度上降低了工人的平均工资。

工会组织凝聚力的提升需要不断增加其洞察工人运动的敏感性，应对工人阶级罢工、示威游行等实际斗争中的具体要求给予特别关注。工人阶级罢工是针对提高工资，还是针对外包等生产组织方式的变化，又或者是针对生产过程产生的质疑，其中所蕴含的内容对企业所有者、对雇主的影响是截然不同的，其中的利害关系需要工会组织给予充分而深刻的阐释，从而使工人的认识不断提升，在参加实际斗争的同时不断为理论素养的培育创造条件。

第五章 西方国家工人阶级意识面临的挑战及前景展望

纵观前文所述内容，已经对工人阶级意识的历史和现状作了较为详细的概述，本章将着重关注工人阶级意识发展的未来。科学展望工人阶级意识未来发展前景，需要正视工人阶级意识在未来发展中面临的各种挑战。这些挑战过去存在、现在存在，将来在很长一段时间内还将继续存在。

第一节 西方国家工人阶级意识发展面临的挑战

西方国家工人阶级意识面临的挑战是复杂而多重的。包括福利主义、大众消费主义、新自由主义、后工业主义及后现代主义等都会给工人阶级意识的形成制造巨大挑战。这些挑战在不同时期发挥着不同的作用，彼此间是一种逐步递进的关系，对工人阶级意识的瓦解层层推进。虽然在不同时期，挑战工人阶级意识的主要因素略有不同，但总体来讲，他们对工人阶级意识的影响均有存在，只是表现形式和程度有所不同。福利主义、大众消费主义对工人阶级意识的影响和冲击最为集中地体现在 20 世纪资本主义"黄金发展"时期，这一时期对工人阶级意识的侵蚀是极其巨大和严重的。工人阶级"分享"到资本主义生产的部分成果，工资待遇、福利待遇等都有明显提高，工人普遍认为告别了工人阶级的队伍，而成为"中产阶级"的一员。六七十年代也是工会最强大的时候，工会在捍卫工人阶级经济利益的同时也积极促进了集体主义的成长，虽然这种集体主义已经转变为对资本主义本质认可的体制内的谈判与斗争。而到 70 年代中期以后，资产阶级一方对工人阶级采取积极主动的进攻态势，打压工人力量，通过解散工会等一系列手段消解、消融工人阶级意识。随着经济全球化的开启和日益推进，工人阶级日趋分裂、分散、分化的现状，加之工会组织的发展陷入"瓶颈",工人阶级曾经为同一目标而行动的集体主义观念也在不断被侵蚀,甚至在一定程度上已经销蚀。与新自由主义影响齐步的是后工业主义的跟进。后工业主义的挑战本身就存在对工人阶级主体性的否定,认为马克思所指出的资本主义条件下阶级日趋简单化、日益分裂为两大对立阶级即资产阶级和工人阶级的预测已经过时了,当今社会"新阶级"的不断出现证伪了马克思的推断。后现代主义的挑战更是将工人阶级的意识转向文化、消费等领域,使其远离阶级划分标准。可以看出这三种挑战是环环相扣,步步为营,使工人阶级一步步远离阶级的划分、一步步瓦解工人阶级意识生成的条件。

一　福利主义、大众消费主义对工人阶级意识的挑战

福利主义、大众消费主义盛行于第二次世界大战之后。英国社会学家贝弗里奇在1942年发表了其关于社会福利的相关报告后,福利一词开始受到西方多国的追捧,各国普遍开始推行覆盖内容相对全面、覆盖范围相对广泛的福利政策。福利主义政策的实行和推行本质上是为了缓解资本主义发展中不可克服的矛盾,即资本的无限积累与工人阶级的有限购买力之间的矛盾,在客观上改善了工人阶级的生活状况。伴随着生产效率的提高,资产阶级愿意拿出利润的一部分用以满足工人的需要,缓解工人阶级的贫困化状况,提升其购买力。第二次世界大战后至1973—1975年石油危机发生之前,工人阶级的收入与消费水平较战前都有明显提高。以瑞典、德国以及意大利为代表的部分西欧国家,工人阶级的私人消费开支增加了一倍甚至两倍以上。[1] 与此同时,资方在意识形态上不断向工人灌输这样一种虚假认识,即密利本德所说的,只要对资本有利就是对大家有利。[2] 但是福利主义的实现并不是资产阶级施舍的结果,而是工人通过斗争争取来的。正是由于工人对资本家阶级不断激增的不满情绪和抗议行动,使资产阶级不得不作出经济上的适度让步,缓和日益尖锐的劳资冲突。并在经济让步的基础上,建立起劳资谈判协商机制,将工人斗争限制在资本主义制度的可控范围内,在不触及资本家阶级根本利益的基础上实

---

[1]　参见黄素庵《西欧"福利国家"面面观》,世界知识出版社1985年版,第152页。

[2]　参见周穗明《后马克思主义关于当代西方阶级与社会结构变迁的理论述评》(上),《国外社会科学》2005年第1期,第32页。

现有限的经济改善。

事实上，福利主义政策对工人阶级的影响并不仅仅体现在淡化工人的阶级意识上，它在促使工人接纳现有阶级秩序以及社会形态方面同样有着深刻的影响。仔细探寻构建福利制度的缘由，我们大致可以归纳出这样几点原因。首先，劳动力是价值的创造者，是源泉，因而为了保障剩余价值的稳步增长，需要在社会不确定因素增加的条件下为工人提供适当的福利制度作为保障；其次，社会财富的创造、资本的有序积累需要一个相对稳定的社会环境，面对资本主义生产关系的固有矛盾，面对劳动力市场需求量的膨胀与紧缩，需要维持一个相对稳定的劳动力后备军。而当劳动力市场需求紧缩时，有必要为失业者或非正式就业人员提供相应的最低生活保障，不至于在劳动力市场需求膨胀时难以应对；再次，福利制度也是资本主义彰显其文明发展程度的必然结果，更确切地说这是资本主义国家与社会主义国家在制度优势竞争中的必然选择。之所以第二次世界大战后福利制度在西方资本主义国家普遍得以建立，这与冷战时期同苏联等社会主义国家进行的较量不无相关。可见，福利制度的选择很大程度是为了捍卫资本主义制度，福利制度在"阶级妥协""阶级化解"的旗帜下使社会冲突在一定范围内得到了缓解，为资本主义社会的发展带来了一段相对平稳的发展期。但也正是在福利政策的实践中，人为地、潜移默化地在工人阶级内部制造了差异。

许多时候谈及福利制度，人们的第一反应便是资本家阶级向工人阶级的让步，是工人斗争的胜利，工人成为福利制度的天然受益者，但事实却并非这样简单。福利制度仿若一把双刃剑，在为工人阶级普遍带来相对稳定收入的同时，也在不同国家工人阶级间以及一国工人阶级内部制造了隔阂。随着时代的变迁，世界各国普遍地建立起福利制度，但不同国家民众所享受的福利待遇却有着天壤之别，建筑于不同经济实力基础之上的福利制度，无论是它的覆盖面，还是福利水平，发展中国家的工人较发达国家的工人而言，都处在明显劣势地位。因而发达国家与发展中国家的工人彼此间形成的敌视与隔阂也在所难免。此外，就西方国家一国内部来讲，也不可能实现工人阶级整体作为福利制度的受益者，安东尼·吉登斯在谈及福利制度时曾说，"福利制度不仅仅证明了不可能实现财富和收入的再分配；福利国家在某种意义上实际上成了帮助扩大中产阶级利益的手段。阶级妥协并非直接存在于资本和工人阶级之间；它是一种巩固社会秩序中间部门的妥协。"① 但是"中产阶级"究竟包括哪些工人阶级成员呢？他们的范围是在扩大还是在缩小？就这些问题来讲始终存在着模糊的、不确定的边界，但不难看出，吉登斯也看到福利制度的受益者只是工人阶级中的一部分成员，而非工人阶级整体。这样在工人阶级内部人为制造了两种相去甚远的力量，离间工人阶级整体，分化工人阶级联合的力量，进而削弱工人阶级联合意识，从而抑制工人阶级意识的生成。

　　社会福利政策是实现冲突制度化的手段之一。社会福利等政策实际上为资本主义社会提供了解决贫困人口增加以及社会公平失衡带来的冲突与矛盾的争论平台。通过平台的搭建把那些极易引起革命行动的问题限制在可控的范围内，从而有效实现矛盾与冲突的制度化。"实质上，资本家阶级内部在这个问题上的争吵，包括关于将要采取的福利措施的规模、范围和由谁来主持的分歧意见，提供了进行政治煽动的场所，劳动居民也被卷了进去。这种争吵还提供了革命运动的代替品。"②

　　纵然就福利制度本身来讲，应该试图平衡财富分配不均的状况，实现财富由有产者向无产者进行转移，但是在资本主义国家践行的福利制度是不可能作出如此让步的。因而真正意义上再分配的目标并没有在资本主义国家实现，财富分配不平等的状况也没有得到实质上的扭转，反而有所扩大。西方资本主义国家贫富悬殊的现状，财富日趋积聚在少数人手中的现实就已充分说明了这一问题。福利政策的推进恰恰是建筑在社会财富普遍增长基础之上的，是源于生产力水平的提升、源于科技创新所带来的成果，而非财富内部趋向公平的转移。此外，"福利措施的目的是解决已经发生的事，而不是切断事情发生的根源"③，这就决定了福利制度的发展不可能从根本上化解资本主义社会两大对立阶级之间的矛盾。主观意愿地将其视为化解资本家阶级与工人阶级根本矛盾冲突的手段，更多地会形成工人阶级对福利制度本质的误读以及对劳资关系的错误认识。

　　再来看大众消费主义，大众消费主义最早起源于美国，随着全球化的

---

　　①　[英] 安东尼·吉登斯：《超越左与右：激进政治的未来》，李惠斌、杨冬雪译，社会科学文献出版社 2009 年版，第 113 页。

　　②　[美] 哈里·布雷弗曼：《劳动与垄断资本——二十世纪中劳动的退化》，方生、朱基俊、吴忆萱等译，张伯健校，商务印书馆 1979 年版，第 253 页。

　　③　[英] 安东尼·吉登斯：《超越左与右：激进政治的未来》，李惠斌、杨冬雪译，社会科学文献出版社 2009 年版，第 116 页。

推进，已经在世界范围内得以普及。大众消费主义兴起于 20 世纪 70 年代末 80 年代初，从本质上来讲，"它的出现是为了帮助资本走出积累困境，使资本积累摆脱 20 世纪 70 年代的危机，重新恢复资本积累的动力"①，从而为资本积累打开一扇更加宽阔的大门，因此在很大程度上甚至可以说，消费主义是对资本主义的一种拯救。当福特主义的生产方式、当流水线上的各种产品已经普遍走入人们的生活之后，市场的饱和度已然开始彰显。当人们驾驶的汽车尚且还可以使用，当人们所使用的洗碗机依旧正常运转的时候，他们是没有理由更换新的产品的。但是，资本的积累无法接受"等待"与"停滞"的脚步，为此如何创造出更多的消费需求，如何人为地开拓出新的增长空间，这成为迫切需要解决的问题。为此，消费主义日渐凸显。资本所有者促使标准化生产不断向个性化生产过渡，其目的非常明确，那就是刺激消费。例如，20 世纪 80 年代，沃尔夫斯堡（德国北部城市）的大众汽车公司没有任何两辆汽车是一样的。在这个过程中，汽车变得越来越复杂，也越来越昂贵，并且行业利润复苏的新产品策略已经成功实现。消费主义的出现使人们的需求从共性的、一致性的、团体性的消费转向个性的、独立的、自我表现的消费。市场在这个过程中不断去挖掘消费者的个人偏好，准确把握他们的个人喜好，甚至通过各种数据的推断和预判把握消费者可能的选择，生产出那些消费者本身甚至都从未设想过的一系列的产品，市场逐渐地由被动地提供商品变成了更为积极主动地引导消费。②

哈里·布雷弗曼在系统阐释 20 世纪中劳动的退化时曾以安布罗斯·克劳利的大型联合铁工厂为例，该公司保有一种特别的"法典"："这家公司有一名医生，一名牧师，三名教师，还有一项济贫、养老金和丧葬计划。公司老板克劳利打算通过教导和告诫来支配他属下的人们的精神生活，使他们变成他这部机器中的自愿和顺手的齿轮。他的明确打算是，这些人的整个生活，甚至包括他们很少的业余时间（正常工作周是八十小时）在内，都应当围绕着使工厂有利可图这一任务"③。可见，将工作时间与业余时间都纳入资本运行的体系之中，是实现资本利益最大化的一种

---

① Wolfgang Streeck, "Citizens As Customers", *New Left Review*, 76, July – Aug. 2012, p. 40.

② Ibid., p. 32.

③ ［美］哈里·布雷弗曼：《劳动与垄断资本：二十世纪中劳动的退化》，方生、朱基俊、吴忆萱等译，商务印书馆 1978 年版，第 62 页。

途径，相应地，也是实现对工人剩余价值榨取最大化的方式之一。将有限的所谓业余时间溶解在导向性的消费之中，以期实现商品在流通领域的顺利过渡。

消费主义对工人阶级的影响是异常深刻的，首先，工人本身成为过度消费的牺牲品，受广告等媒介的干预和影响，工人在消费层面的判断也失去了完全的自主性，甚至在很大程度上是不自主的。他们的消费更多地是为了满足资本积累的需要，因而面对一些显然已经达到消费饱和状态的商品，资本所有者为了创造新的利润增长点，会人为创造出更多的、但在实际使用效能上却无本质差别的商品充斥于人们的视野当中，通过一系列的媒介传递，不断增加这类产品在民众面前的曝光度，从而使人们认为这是生活中不可或缺的一种商品。这就在很大程度上支配着民众的消费范围，甚至主导着人们的关注点。"广告信息"在传播过程中表现出鲜明的双重不对称性，分别是信息数量的不对称以及信息地位的不对称。信息数量不对称体现在广告所释放出来的信息及影响力与信息接收方所作出的积极信息反馈严重失衡。前者的力量远大于后者，二者很难相提并论。信息地位不对称体现在前者为信息制造者，而后者为信息的被动接收者。在很大程度上可以将"广告信息"视为一种商品，这种商品的影响面较实体产品的制造商影响更大、覆盖面更广。尽管在接收"广告信息"这一商品时无须当即与之进行货币的交换以完成支付。暂且不论在广告引导下许多人会成为潜在的消费者，进而成为实际的消费者。更为重要的是"广告信息"消耗着人们的选择空间和选择余地。对于信息的被动接收者来说，他们始终处于那些信息"强者"、信息制造者所罗列的选择题之中而难以摆脱。"广告信息"这种商品与其他实体商品的最大不同还在于，对于其他商品来讲，人们尚且有选择"是"与"否"，"拒绝"与"接受"，"买"与"不买"的机会，但是对于"广告信息"而言，则人们已然被剥夺了选择的机会，而只有"接收"一条路径。一项数据显示，在美国，有超过1500亿美元的花销是在广告宣传上，而全世界投入在广告方面的资金总额为4500亿美元。①

其次，如果说上述内容是消费主义在物质方面的突出影响，那么消费

---

① Jerry Mander, "Pricatization of Consciousness", *Monthly Review*, http：//monthlyreview.org/2012/10/01/privatization－of－consciousness.

主义对工人阶级更为深刻地影响还体现在文化精神产品的缔造方面。这一点集中体现在文化产品的创造者身上，他们所创造的作品在很大程度上失去了独立的品质，而成为资本对民众意识形态进行导向和控制的工具。正如布莱希特所提出的，"艺术家和知识分子不是文化机构的掌控者，相反，他们的工作完全从属于文化机构和资本主义的目标，因此文化机构不在他们的掌控之内"①。也就是说，在一定程度上，艺术产品的创作者扮演着剥削者同盟的角色。

最后，消费主义对工人阶级意识的影响还表现在将个性的内容发展到极致，注重个性和差异性的内容，与之相对地则是对共性的突破。毫无疑问，正如德国社会学者沃尔夫冈·施特雷克所提到的，"多样化的消费带来了迄今为止不曾有过的对个人社会特性及其身份的表达机会"。"大量增加的消费品的多样性、可选择性，促使后福特主义时期的人们怀有各种对商品的需求，在这个过程中，人们内心的偏好、个性化的内容达到了充分的彰显，突出的是自我认同和自我表现，而相应地是疏远了各种社会组织。"② 而这些对于工人阶级的联合意识、整体意识都会形成巨大的冲击和影响。

应该说福利主义的直接表现以及大众消费主义的前提均是工人收入的增加，虽然在经济危机时期工人收入会有明显下降，但总体而言工人阶级收入的总趋势是有明显增长的。但如果单纯从经济收入的角度分析不同阶级，会在一定程度上形成这样的共识，即工人阶级和中产阶级的收入都在不断上升，似乎随着时间的推移，可以实现生产和生活方式的普遍改善，社会公平与正义也会自发生成。但事实上对阶级的考察从经济收入方面来进行是远远不够的。米歇尔·茨威格认为倘若从权利分配的角度进行追溯，则会发现工人阶级的权利并未发生丝毫改变，他们并不曾因为收入的增加而拥有更多的权利，其中既包括对生产过程控制的权利，对政治的影响能力，也包括对文化的主导能力。例如，对于一名临时会计人员，他与雇主之间仍保持着 20 世纪初期的附庸关系；而对于经济领域的精英来讲，

① ［美］约翰·贝拉米·福斯特、罗伯特·麦克切斯尼：《垄断资本的文化机构》，宋阳旨译，《国外理论动态》2014 年第 6 期，第 32 页。
② Wolfgang Streeck，"Citizens As Customers"，*New Left Review*，76，July – Aug. 2012，p. 35.

他所占有的政治权利仍等同于 19 世纪 20 年代，甚至还不及那时的权利①。还有类似于员工股份持有计划的执行等，都不可能实现工人在生产领域的决定权。从权利分配的角度也能够较为容易地判断出中产阶级的地位日益趋同于工人阶级的特征。"无产阶级中产阶级化"的表述似乎应反过来才能更好地描述工人阶级的真实情况，即"中产阶级无产阶级化"。面对众多"无产阶级中产阶级化"的声音，坎布里亚大学学者菲利普·邦德得出了不同的结论，他认为中产阶级已经日渐融入无产阶级的队伍中，"当全世界新的特别富有的阶级在外国避税地区存放有 11 万美元时，中产阶级的工资已经再也养活不了自己了……40 年前，一个技工的工资足以养活他自己、他的妻子和家人。而现在，即使一对中产阶级夫妇都工作，也无法使家庭收支平衡"②。美国学者茨威格认为可以将影响资本主义社会主体性内容的诸多因素划归为显性因素和隐性因素两种，然而真正起决定性作用的是隐性因素。一些人们已经习以为常的根本性内容，如社会结构、社会运行模式、为社会群体提供的各种机会等，它们背后均潜藏着不可见的力量。当然，这些隐性的力量并不总是深藏在幕后，当有碍于资本主义制度运行和发展的因素出现时，这种力量就会从幕后走向前台。③ 例如，工人阶级对关涉资本主义制度的根本性内容发起挑战时，不可见的力量即刻就会清晰地呈现在眼前。资本统治方式的隐蔽性特征，在很大程度上蒙蔽了工人对制度本质特征的认识，从而对工人阶级意识的形成制造障碍因素，这无疑是影响工人阶级意识的一个重要原因。

具体地说，福利主义、大众消费主义对工人阶级意识的挑战主要表现在以下三个方面。首先，减少了社会主义对工人阶级的吸引力；其次，增加了工人对资本主义的容忍力。这一时期关于工人阶级"中产阶级"论，工人阶级"融合论"，工人阶级"同化论"，告别工人阶级，工人阶级要求"非政治化"的声音不绝于耳。西方马克思主义重要的一支法兰克福学派代表人物马尔库塞在《单向度的人》中指出正是由于资本主义劳动

---

① Michael Zweig, *The Working Class Majority*：*American's Best Kept Secret*, Cornell University Press, 2000, p. 10.

② ［英］费尔·赫斯：《全球化与工人阶级主体危机》，徐孝千译，《国外理论动态》2011 年第 5 期，第 26—27 页。

③ Michael Zweig, *The Working Class Majority*：*American's Best Kept Secret*, Cornell University Press, 2000, p. 12.

生产率不断提高，工人阶级的物质生活条件不断改善，使得工人阶级逐渐认可资本主义制度，转而成为资本主义制度的肯定部分，丧失了其批判资本主义的能力，为资产阶级的思想和意识形态所固化；最后，普遍实现了工人斗争的制度化，即在工会组织范围内进行有序的斗争。工会组织成为平衡工人与资本家之间利益关系的调节剂。以平息劳资冲突为出发点的资方、工会、政府三方协商机制在客观上增加了工会谈判力度。客观地说，这一时期工会组织在维护工人阶级利益方面发挥了较为重要的作用，其组织谈判能力不断增强，也正因此，资方和政府为确保工会权力的行使不至于影响资本积累和获利的规模，要求对工会权力进行有效的监督和制衡，这种情况下，国家层面上的"自由法团主义"发挥了相应的作用。工会的左侧是工人阶级，右侧是资产阶级，亦即工商企业者。工会一方面限制工人的权利以维护资本家阶级的既得利益以及对资本积累的需要，确保将工人斗争控制在一定范围内，另一方面限制资本家权益的过分扩张以维护工人的经济利益。

可见福利主义、大众消费主义对工人阶级意识在总体上起着消极弱化的作用，他们将工人阶级与资产阶级体制外的斗争转向体制内，认可资本主义的发展模式，同时也将代表工人阶级利益的工会组织活动局限在经济、资本可控范围之内。

二　新自由主义对工人阶级意识的挑战

凯恩斯主义在经历了 20 余年的蓬勃发展之后终因资本主义经济难以缓解的滞胀问题而遭到质疑，并日渐走向衰落，从而为与之相抗衡的另一种发展理念即新自由主义的卷土重来创造了机遇。虽然此时的新自由主义与 19 世纪末 20 世纪初所倡导资本主义经济自由发展理念在本质上并无二致，但是在与凯恩斯主义博弈的过程中，新自由主义已经变得更趋成熟，以一种不可被战胜之势充斥着公众视野，并直接影响着人们的物质生活与精神世界。透过新自由主义理论的成长过程我们不难看出，任何一种思想理论如若被公众普遍接纳和认可都需要一种持之以恒的推动力，使之不断得以丰富和发展。何以新自由主义在沉寂了 30 年之后仍然能够再度复兴，既离不开它的对手凯恩斯主义在理论上的缺陷以及在实践中的失误，同时也离不开新自由主义思想捍卫者的坚持以及对理论的拓展。

新自由主义对工人阶级意识的影响一方面体现在新自由主义理论的核

心内容对工人集体意识的削弱上。从理论角度分析，新自由主义在本质上强调基于个人利益的利己主义，否定集体主义，认为自由市场经济条件下"利己心"的存在是维持"交换"活动正常进行的关键因素。可以说围绕"经济人"假设，新自由主义为工人阶级传递这样的信息，即对利益的考察要以自身为基础，以维护个体利益的需要为出发点，并进而认为个人利益的实现是社会公共利益实现的前提和基础。个人利益的实现与公共利益的实现二者之间存在着紧密的联系，但是在新自由主义理论的分析与判断中对前者的强调是十分凸显的。特别需要说明的是，虽然在新自由主义和凯恩斯主义的角逐中表现出趋同的现象，但新自由主义仍旧坚持自由放任的主导地位，而政府的调控作用仅在较小的范围内进行，起辅助作用。这种自由放任的理念导致新自由主义在面对资本主义国家出现财富分配严重不公平的问题时多是以机会均等为借口掩饰生产资料占有形式的不公正这一根源。另一方面，新自由主义对工人阶级意识的影响还集中体现在新自由主义条件下资本运行方式以及生产过程对工人阶级力量的削弱上，进而分化工人作为一个阶级的存在，淡化其阶级归属感及利益认同感。这种削弱的方式最直接的表现是对工会组织的打压。新自由主义者认为工会组织是最大的垄断组织，它的存在和壮大直接威胁着市场经济的顺利运行，工人的工资待遇只能够在市场中自发的形成，而不应由工会组织代表工人阶级的要求予以提高，否则只会扰乱市场的正常运行和生产效率的正常提升。

如果说战后至20世纪70年代国家和资本对工人的攻击尚且是隐蔽的，对工人阶级采取安抚为主打击为辅的策略，那么20世纪80年代，当新自由主义盛行的时候，国家和资本对工人的攻击则成为公开的，转而以打击工人及工会力量、工人阶级政党为主，安抚为辅，极大地削弱了工人通过斗争获得的权利。劳资冲突在这一时期由体制内的妥协与合作发展为体制内的对抗和斗争。新自由主义对工人的直接打压客观上会推进工人阶级意识的生成，然而有效唤醒工人阶级意识的组织——工会及工人阶级政党却招致新自由主义的严重冲击，力量大为削弱。此外，由于新自由主义席卷全球，试图将全世界都纳入资本的循环体系。在全球范围内谋求实现资本最大化的资源配置将资本向工人组织程度较低、劳动力廉价地区转移，瓦解工人的集体行动能力。总之，新自由主义盛行之际，工人阶级缺乏有效的组织这一问题体现得非常明显，那些曾经以维护工人阶级经济利益为主的工会组织，在新自由主义条件下遭到直接的打压，会员人数不断缩减，组织谈判能力不断下降。与此同时，受资本在全球化范围的运行，工人的分散化现象日趋明显，联合行动能力逐渐削弱。

三　后工业社会对工人阶级意识的挑战

工人阶级作为工人阶级意识承载的主体，通过对工人阶级的否定进而否定阶级意识的存在及其发展的可能性，这是否定工人阶级意识存在论或主张阶级意识消失论最为常见的方式之一。而其中较为典型的代表则是"后工业社会"对其所提出的挑战。美国社会学家丹尼尔·贝尔首先提出了"后工业社会"的概念，随着其代表作《后工业社会的来临——对社会预测的一项探索》的出版更是使人们对社会变迁带来阶级结构变化给予了更多的关注。丹尼尔·贝尔将社会划分为前后衔接的三个阶段，分别是前工业社会，工业社会和后工业社会。如果说前工业社会是"同自然的竞争"，工业社会是"同经过加工的自然界竞争"，那么后工业社会就是"人与人之间的竞争"①。从根本上讲，后工业社会是通过产业结构的调整、生产方式的变迁而彰显其特殊性的。随着后工业社会的到来，传统意义上的典型的工人阶级形象发生了变化，经典作家基于工业时代对工人阶级状况所作的具体分析似乎对今天来讲已经不再适用。工业社会的工人阶级不仅从事着相似的生产，有着相近的生活方式，而且还有着相同的劳动环境和生活环境，他们的一切都清晰地标识着他们拥有共同的身份，即工人阶级。但是随着分工的日趋细化，后工业社会里从业的工人面临着全方位的分化，社会阶层变得日益复杂和多样化，工人阶级的标识也在逐渐模糊。诸多西方马克思主义学者所提出的新阶级理论也是对后工业社会阶级变迁的一种反馈，试图在变化的客观现实中找到新的力量源泉。如普朗查斯所提出的"新小资产阶级"理论，马尔库塞提出的"工人阶级一体化"理论，高兹提出的"新工人阶级"理论，等等。

从宏观角度来分析，对工人阶级主体的否定主要有以下两方面的内容。

（1）客观上通过工人阶级在构成等方面的变化进而推论工人阶级在

---

① 参见［美］丹尼尔·贝尔《后工业社会的来临——对社会预测的一项探索》，高铦、王宏、周魏等译，高铦校，商务印书馆1986年版，第133—134页。

走向衰退，否定真正阶级意识形成的主体。工人阶级衰退论通过瓦解工人阶级意识形成的主体进而否定工人阶级意识的存在。简·帕库斯基（Jan Pakulski）从上层建筑的角度，认为工人阶级特别是马克思所强调的工业无产阶级尚未形成以工会、政党等组织为媒介的对意识形态内容的明确表达，证明了工业无产阶级在不断走向衰落，阶级政治也逐渐走向消亡。[①]克拉克和利普塞特以工人阶级内部不断出现分化为依据，进而认为他们在对自身地位同质性的认识上日趋淡化，工人阶级日渐走向分散而不是联合的道路，这些现象昭示工人阶级衰落的现实。既然作为主体的工人阶级都不存在了，那么工人阶级意识就会因为缺少无可附着的本体而逐渐衰落进而消失。但事实上，工人阶级结构的一些变化、从事职业的变更、工作环境工作方式、社会福利待遇改善等一系列内容并不足以为工人阶级的衰退提供充足的证据。我们所说的工人阶级是指那些在生产关系方面，不占有任何生产资料，不得不通过出卖劳动力为生的阶级而言的，与之相对立的是占有生产资料的资本家阶级，二者通过雇佣劳动建立起彼此间剥削与被剥削的关系。只要生产资料私人占有的方式没有发生根本性改变，工人阶级就不会消失。资产阶级的存在、资本主义生产方式的存在是以工人阶级的存在为前提条件的。那些以工人阶级衰退论断言阶级意识消失的观点是站不住脚的。

（2）主观上部分学者对工人阶级意识的否定。工人阶级意识无论在理论上还是实践中都面临着非常多且非常艰巨的挑战。在理论上的一种挑战源自社会学研究领域长期存在的一种缺陷，即在对蓝领工人与白领工人的研究中习惯于将主观上的偏见带入问题的分析之中，认为白领工人优于蓝领工人。但在具体调查中会经常遇到与拟定结论相悖的现象。例如在20世纪八九十年代很多蓝领工人认为他们的工作和所创价值都远远优于白领工人，并鲜明提出经理阶层等白领工人他们不过是社会的寄生者。因而蓝领工人对自己的工作满意度较高，并伴随一种优越感。一些社会学家以一种逻辑并不严谨的方式解释这种现象，他们认为这是工人阶级为掩饰自卑心理寻找的托词罢了；或者认为工人阶级背离了传统意义上对优越与卑微的界定，另立一种能使自己获得安慰的解释体系，他们认为工人阶级

---

① 参见［英］戴维·李布赖恩·特纳主编《关于阶级的冲突——晚期工业主义不平等之辩论》，姜辉译，重庆出版社2005年版，第87页。

不可能客观认识到自身的真正地位和价值，而只能以一种虚假的方式对自身状况予以解释。这种观点直接否定了工人能够形成真正阶级意识的可能。① 导致这种对工人阶级意识歪曲的很大因素是一些社会学家在进行调查研究时缺少对工人阶级思想状况的真正了解，缺少对工人生活文化氛围以及他们思维方式的把握，主观上对工人阶级意识作出并非客观的评价。事实上许多学者在对工人阶级主体地位产生怀疑的同时都伴随着对工人主观意识的考察，他们普遍认为工人阶级主体性的形成需要客观环境与主观因素相结合，但现实的资本主义发展模式已经使工人阶级失去形成真正阶级意识的可能，从而无力担当起变革社会的重任。例如马尔库塞就认为，马克思主义者视野中的工人阶级应具有三个特征，即在人数上的明显优势、对现存制度的否定性评判以及工人阶级在生产过程中的相对控制性，就这三者而言，前两个特征已经逐渐在消逝或弱化，唯有最后一点内容尚且幸存。然而，工人阶级之所以成为革命的潜在主体，"其原因不但是因为在资本主义的生产方式下它是被剥削阶级，而且也因为这一阶级的需要和追求要求废除这种生产方式。因此如果工人阶级不再是现存社会的'绝对否定者'，如果它成了这一社会内部的一个阶级（它也有着这一社会的需要和追求），那末仅仅依靠把权力转交给工人阶级（不论是用什么形式），就并不能实现向社会主义——另一种质的社会的过渡"②。

可见，后工业社会理论看到了社会变迁过程中工人阶级结构发生了巨大的变化，并认识到这种变化对工人阶级本身乃至工人阶级意识都会产生巨大的冲击，但是以此而否定工人阶级的客观存在，否定工人阶级形成阶级意识的可能则是过于武断的。无论如何，我们应该看到，后工业社会理论对工人阶级意识的挑战是严峻的，因为它直接针对的是工人阶级意识承载的主体，即工人阶级本身。社会分工的细化在很大程度上是社会进步的一个标志，然而社会分工的细化又会在现象层面带来工人非同质元素的增加，导致工人内部的分化，进而引起对工人阶级作为一个阶级、一个整体的质疑和削弱。在这里有一点内容需要牢记，那就是认同阶级的客观存在是工人阶级意识中一个十分重要的内容。

---

① Jeff Torlina, *Warking Class - Challenging Myths about Blue - Collar*, Colorado: Lynne Rienner Press, 2011, p. 117.

② ［美］H. 马尔库塞等：《工业社会和新左派》，任立编译，商务印书馆 1982 年版，第111 页。

四 "后现代主义"对工人阶级意识的挑战

从"后现代主义"产生的背景进行追溯不难看出，产生于20世纪60年代，并于20世纪80年代发展至顶峰的后现代主义，其出发点是反对资本主义现代化所带来的一系列异化，其中既包括物质领域的异化也包括精神领域的异化，因而它在反映资本主义发展模式所带来的一系列弊端方面具有不可否定的功绩，但是它的一些理论主张却在一定程度上为工人阶级的分化以及对工人阶级之所以成为阶级的基础性问题提出了质疑与挑战，客观上为工人阶级的分化提供了理论支撑。

"后现代主义"对工人阶级意识的挑战突出地表现在其理解历史的方式，即否认对历史的"元叙事"的理解，反对"宏大的叙事方式"，代之以"小型叙事"的方式，这样就在方法论上凸显出一种强烈的个人主义倾向。美国学者阿里夫·德里克曾就此问题说，"后现代主义者强调偶然性和本土化遭遇，强调在这一基础上对概念和人类行为之理解的非确定性。就方法论而言，意味着从宏大的概念和叙事转向关注人种学的细节"①。也就是说抹杀统一性、整体性与确定性的意义，代之以碎片化、相对性与模糊性。可见，具有明显的解释学痕迹的后现代主义强调的是对非本质问题的追问，否定中心性、整体性等内容，强调多元论，注重个性感受与客体的关系。然而，工人阶级是一个整体概念，或曰是一个集体概念，对阶级的理解需要一种集体的视角，虽然通过后现代主义的透视镜可以看出工人阶级个体的差异与变化，并进而看出工人阶级异化的现状以及工人阶级亟待重新整合的需要，但由于后现代主义本身对"中心"及"整体"的否定导致其不可能将这种差异置于根本关涉阶级的领域加以考察，也不可能在有效克服个人主义倾向的进程中凸显工人阶级的集体主义精神。加之后现代主义倡导一种解构的理念，从宏观上否定反映事物内在联系的、并经过实践所检验和证明的"真理"的存在，这样就为解构马克思主义提供了可乘之机，例如以"后哲学文化"闻名的后现代主义代表人物理查德·罗蒂（Richard Mckay Rorty）就否定存在具有普遍指导意义的理论。

---

① ［美］阿里夫·德里克：《马克思主义在当代面临的挑战：后现代主义、后殖民主义、全球化》，于海青译，《马克思主义研究》2007年第11期，第92页。

　　后现代主义所带来的结果必然是从根本上否定阶级等本源内容的价值，代之以语言、文化等内容。后现代主义主张将人们的视线从经济、政治等方面转向对语言、文化等非根本层面问题的关注。在"后现代主义"看来，"社会并非只是类似于语言，而就是语言；由于我们完全受制于我们的语言，所以除了我们完全接受的特定的'论述'外，所有的外在的真理标准、外的有关知识对我们毫无用处"①。之所以后现代主义会提出远离社会本质层面的相关内容，其根源在于经历了资本主义第二次世界大战后发展的"黄金时期"，到了20世纪60年代，似乎那些关涉不同阶级之间的对抗与冲突已然化解，以异化的人群转变成"快乐的机器人"②而告终。工人阶级在这个过程中失去了反抗的力量和意识。正如上文提及的，后现代主义在理论上最显著的特征是对整体性的批判和否定，它的立论基础、它所主张的理解现实世界的方法，以及变革现实世界的举措均是建立在非整体性基础之上的。在他们的视域中，工人阶级并非以整体的面貌出现，而仅是不同的有差异的个体成员的松散结合，后现代主义在有意无意地抽离着工人阶级变革资本主义制度的能力和可能，而将"个人即政治"的观点充斥其中。不难看出，后现代主义敌视、否认那种对事物本源进行探究的理论和主张，认为这些理论是趋于"简单化"和"本质主义"，认为它们在事实上忽略了对个性、特殊性以及差异性的关注。可以想象，对后现代主义来说，马克思主义的相关理论就是为探寻本质而忽视了复杂的个体感受的典型。

　　然而，资本主义已经从客观、微观方面渗透到社会的各个方面。从宏观方面而言，资本早已失去了国界的概念，特别是在全球化背景下，资本主义的影响早已渗透到世界的各个角落。从微观方面来说，人们的生产方式、行为模式甚至思考方式都难逃资本主义固有逻辑的影响。在这一背景下，认识资本、认清资本主义只有从总体上予以把握，才可能得出相对客观、真实的判断。倘若单纯抓住一点不放，甚至认为只要从众多事物中择其一点而观之，就能剖析出整个资本主义的现实，恐怕只能是天方夜谭。更不必说将着眼点片面地置于"语言""文化"等内容，而对经济基础、

---

　　① ［美］埃伦·梅克辛斯·伍德、约翰·贝拉米·福斯特主编：《保卫历史：马克思主义与后现代主义》，郝名玮译，社会科学文献出版社2009年版，第6页。

　　② 同上书，第3页。

阶级划分等根本内容视而不见甚至彻底否定。特里·伊格尔顿毫不留情地指出，这种否定"整体性"的行为，恰恰是无力改变社会的一种退却的表现。认为社会的"整体性"过于复杂，以至于难以认清其本真面目，为此也难以找到变革社会的力量，索性放弃了对社会"整体性"的认可，反而将其视作一种"假象"。而"'理论上的'的假象只会使人们的观点趋于保守，然而难以令人信服"①。

再者，后现代主义对工人阶级意识最具有迷惑性的作用还体现在它对人的主观感受的特别关注上。它认为人的主观体会以及依据自身阅历对客观事物的解读才是客观事物真正的基础或本质，并不存在一个所谓统一化的客观内容与本质内涵亟待人们去发现和把握。正如埃伦·梅克辛斯·伍德对后现代主义特征的揭示，"贯穿于所有这些后现代主义理论的主线是强调世界和人类知识的易变、不完整性。""人本身是变化无常的，我们的身份极其变化无常，以致不可能有什么基于共同社会'群体'（诸如阶级）、共同感受或共同利益的团结、集体行动的基础"②。后现代主义借弘扬个体的特征，个体主观能动性的表征遮蔽人们对客观事物真相的揭示以及对本质的认知，也正是因此增加了后现代主义对工人阶级意识形成过程的阻碍作用。

在后现代主义的主张下，只会将工人阶级对资本主义本身的认识以及对变革资本主义的认识推向这样两种境地，一种是走向一种完全混沌的状态，因为在他们眼中不存在系统的、整体的历史，也不存在能够影响社会的、带有阶级属性的根本力量，呈现在人们眼前的只是处在不断变化当中的、偶然的和片段的元素。另一种则是将人们的认识推向浅显的、表象层面的内容。但无论如何，二者都将导向不可知论的轨迹，相应地，在行为方面则表现出"无所为""安于现状"等特点。也就是说，后现代主义否定"整体性"，否定普遍规律，然而在客观上却形成了认同资本主义制度现状之永恒。在缺少对变革社会主体力量的认知，在放弃了关系到社会变革最本质层面解读的情况下，后现代主义理论的主张者是不可能看到社会变革的希望和前提的。也就只能接受"资本主义的胜利是种普遍的、永

---

① ［美］埃伦·梅克辛斯·伍德、约翰·贝拉米·福斯特主编：《保卫历史：马克思主义与后现代主义》，郝名玮译，社会科学文献出版社 2009 年版，第 24 页。

② 同上书，第 8 页。

恒的自然法则"①。

透过后现代主义所主张的否定理性以及对现代性和主体性的消解，可以反映出后现代主义对现实问题与矛盾的根本解决实际上采取的是一种回避态度。失去了主体性的主体已经不再是真正意义上的主体，反而成为被资本主义所异化的主体，但因此而否定主体本身的客观存在，认为"主体有如写在沙滩上的字迹一般，可以抹去"②，那无疑是对概念的偷换以及误读，并没有解释导致异化的根源，因此必然得出工人阶级主体性地位丧失的结论，进而否定工人阶级作为变革社会制度的主体力量之存在。

五　全球化进程对西方工人阶级意识的挑战

全球化进程对工人阶级意识的变化提供了一个宏观背景因素。全球化的趋势伴随资本主义的发展与扩张越发突出地得以彰显。由发达资本主义国家主导的全球化其涉猎内容十分广泛，既包括经济方面的内容，也包括政治、文化等领域。不同社会制度在全球化进程中正在进行着无声的较量，在此期间经济全球化进程对西方工人阶级意识的挑战变得十分严峻。全球化对工人阶级意识的挑战首先体现在资本主义价值观念在全球范围内的渗透。全球化的推进与深化为资本主义的发展注入了新的活力，特别是在东欧剧变、苏联解体之后，伴随苏联社会主义大厦的轰然倒塌，似乎资本主义的生产关系已经为人类社会的发展画上了"终结"的符号，自由民主制度也被奉为"人类意识形态发展的终点"和"人类最后一种统治形式"。面对资强社弱的总趋势以及社会主义在一段较长时间内处于低潮的现状，工人阶级意识自然出现回落的趋向。

其次，由资本主义所主导的全球化进程的不断推进着重凸显资本主义的生命力以及自我适应和调节能力。客观地说，毫无理由地或者片面地唱衰资本主义及社会主义都是一种主观上的臆断，正如马克思所揭示的，"无论哪一个社会形态，在它所能容纳的全部生产力发挥出来以前，是决不会灭亡的；而新的更高的生产关系，在它的物质存在条件在旧社会的胎胞里成熟以前，是决不会出现的"③。超越西方资本主义国家发展的现状，

---

① ［美］埃伦·梅克辛斯·伍德、约翰·贝拉米·福斯特主编：《保卫历史：马克思主义与后现代主义》，郝名玮译，社会科学文献出版社 2009 年版，第 31 页。
② 段忠桥主编：《当代国外社会思潮》，中国人民大学出版社 2001 年版，第 89 页。
③ 《马克思恩格斯文集》第 2 卷，人民出版社 2009 年版，第 592 页。

抹杀其存在的客观优势一味追逐通过革命的方式在现实资本主义国家实现政治变革是行不通的，"人类始终只提出自己能够解决的任务，因为只要仔细考察就可以发现，任务本身，只有在解决它的物质条件已经存在或者至少是在生成过程中的时候，才会产生"①。阶级意识归根到底是主观认识对客观事物的反应，鉴于资本主义仍然存在着潜在的巨大生命力，作为成熟阶级意识形成标志之一的革命性特征必然会受到极大制约和限制。面对西方资本主义国家发展的现状，试图通过政治变革实现一劳永逸的发展是与历史发展规律相背离的。因而此时的工人阶级意识不免表现出这样的特点，即对资本主义的肯定多于否定；对资本主义的改良主张多于要求对制度层面的更替；对资本主义缺陷的容忍多于不满情绪的宣泄；对资本主义的希望多于对资本主义现存制度的失望。

最后，全球化进程对西方工人阶级意识的挑战还体现在资本对劳工的强势进攻以及在不同地区、不同国家所表现出的差异性特点。就前者而言，资攻劳守的局面伴随新自由主义的复兴而越发凸显，全球化进程的推进为资本对工人的进攻提供了更多的、更为隐蔽的方式和手段，资本的强流动与工人生产过程的分化同时进行着，而作为整体的阶级意识在工人阶级的分化过程中必然趋于弱化。而就后者来讲，借助于全球化进程，资本可以在不同国家与地区分别采取不同的方式进行组织和生产，例如使高新技术产业留驻本国境内，而使高污染、低产能的企业以及劳动密集型产业向第三世界转移，一方面有效缓解因过度产能消耗带来的能源紧张及环境压力，另一方面本国民众可以享受到物美价廉的商品，从而凸显发达资本主义国家在世界经济体中的优势地位，进而使工人阶级认可资本主义相对社会主义的优越性，认可现存世界体系的合理性与可行性。与此同时，发达资本主义国家的工人阶级也分享着本国资本家阶级在世界范围内对他国工人剥削的部分果实，因而对本国资本家阶级产生了明显的依附关系。

六　大数据时代对工人阶级意识的挑战

用"大数据"来描述当今的时代有其客观依据，当然也有许多质疑。但"大数据时代"的出现突出地说明了信息时代给人类社会带来的深刻影响。它的出现不仅改变着人们的行为方式、生活方式，还改变着人们的

---

① 《马克思恩格斯文集》第 2 卷，人民出版社 2009 年版，第 592 页。

思维方式。特别是对思维方式的触动是同工人阶级意识层面的内容相关的，对工人阶级意识产生直接的影响。客观地说，大数据时代为分析工人阶级意识现状以及预测工人阶级意识发展状况都会带来积极的意义，通过对关涉阶级意识的相关内容进行量化考量，可以在很大程度上反映出工人阶级意识的水平、程度。介于大数据时代呈现的全数据模式，即"样本＝总体"，这样就可以避免在问卷调查等过程中仅能获取少数样本群体信息，而可以进行全景式的描述。例如，通过对世界各地工人罢工、游行次数，参与人员多寡，罢工时长，以及所提各种要求的汇总、分析，可以清晰地看到工人运动的现状，哪里出现了暂时的高潮，哪里处于低潮，其未来变化趋势又如何，这些都可以在大数据时代得到较为准确的评估和预测。

但不可否认，大数据时代也为工人阶级意识的培育和发展制造了许多障碍，较为突出地体现在这样两个方面。其一，在大数据时代，许多现象或对未来的预测你可以说出是什么，但却不能解释为什么。奥伦·埃齐奥尼所设计的预测机票价格变化，以帮助消费者在最佳时机购买机票的研究项目"哈姆莱特"；为购书者成功推荐书目的亚马逊等都可以成功实现其所预设的目标，然而这种预测源自对庞大数据的汇总，而非对问题本源性内容的分析。事实上，在这里也不需要做这些工作。因为亚马逊的成功已经证明了"通过数据推荐产品所增加的销售远远超过书评家的贡献。"[1]为此，亚马逊必然会放弃成本较高的由书评家所组成的在线评说。尽管系统并不知道为什么该读者会作出这样一种选择，但它却能在最大程度上推测出该读者会选择什么。然而作出这种推测的方式和依据同书评家所作推测的方式和依据是截然不同的，后者的推测需要"溯源"，需要"既往"，绝不是系统在评估时所依据的诸如潜在的消费者曾浏览过哪些网页，在某一种或某一类书籍上停留了多久，等等，他们需要对著作本身进行分析和解读，把握这本书的核心思想是什么？为了更好地理解该书，读者还应阅读哪些辅助读物、扩展读物等。然而，这样的方式在大数据的系统运算面前却败下阵来，于是似乎"知道是什么就够了，没必要知道为什么"[2]。

---

① ［英］维克托·迈尔—舍恩伯格、肯尼思·库克耶：《大数据时代：生活、工作与思维的大变革》，盛杨燕、周涛译，浙江人民出版社 2013 年版，第 70 页。
② 同上书，第 71 页。

也就是说，大数据时代将人们更多地引向了对未来的关注和预测，而非对既往的探索，对相关性的关注远胜于对因果关系的关注，但是在后工业时代社会结构之深刻变迁的情况下，如果失去从本源上分析问题的能力、动力以及探索的意愿和习惯，那么类似于阶级、阶级意识这样的问题就永远寻找不到根源，寻找不到答案，成为无解的命题。其二，"大数据"最直观地体现信息量的增加，以几何数、超几何数的速度增加的信息量使人们能够更加轻易、便捷地获取更多的数据。但大量的信息也存在严重"碎片化"的问题，纵然通过对各种看似不相关的信息进行整合，可以得出意想不到的结果，并对事物的发展作出令人惊讶的精准预测，但是这种信息整合的能力并不是人人都具备的，也不是多数人所具备，因而这种"碎片化"的大量信息同样会给人们的认知带来难以突破的阻碍。看似畅游在"自由"获取信息的过程中，却深深刻上了"束缚"的烙印。

对于工人阶级意识的复苏来讲，既需要在纷繁复杂的碎片信息中发觉最核心的内容，同时又需要挖掘影响工人阶级意识最根本的元素。如果对于航海家来说，或许"什么"和"哪里"远比"为什么"更重要[1]，但是对于工人阶级意识来讲，如果没有了解"为什么"是不可能理解"是什么"以及未来的走向的。因为前者的答案是清晰的，但后者却随着统治阶级统治方式的变迁、客观环境的变化逐渐走向模糊与淡化。

第二节　西方国家工人阶级意识的未来发展及其重要意义

纵然西方国家工人阶级意识的复苏面临着来自多方面的挑战，但是挑战往往是和机遇同时出现的。而且工人阶级意识的真正成熟恰恰需要冲破这些挑战，换句话说，克服各种挑战是工人阶级意识成熟的必经之路。因此，一方面我们需要看到工人阶级意识复苏过程中的种种不利因素，另一方面也需要在挑战中捕捉机遇，从世界社会主义运动的宏观视角审视西方工人阶级意识的未来。

---

① ［英］维克托·迈尔—舍恩伯格、肯尼思·库克耶：《大数据时代：生活、工作与思维的大变革》，盛杨燕、周涛译，浙江人民出版社2013年版，第180页。

一　工人阶级意识的发展与成熟否定"阶级冲突制度化"

关于"阶级冲突制度化"的争论早已有之，在"工业社会还是资本主义？"的对立性解释中就已经充分表现出来，主张工业社会理论的学者认为，发生在19世纪和20世纪早期的尖锐而激烈的阶级冲突，是"从传统农业秩序向工业社会转变过程中形成的张力的结果"①。这种张力随着资本主义制度自身的逐渐完善和调整可以在一定程度与范围内扩展其覆盖面，进而吸纳和消化阶级冲突带来的影响，将其控制在可以调节和操控的范围内，不至于对资本主义制度形成挑战。特别是20世纪中期以来，随着经济领域工会谈判能力的提升、政治领域公民参与范围的扩大，以及民主自由理念的逐渐深入，都使资本主义国家增添了化解冲突和危机的途径与方式。主张"阶级冲突制度化"的学者如达仁道夫就认为，"自由民主国家的出现，各种工业仲裁形式的建立，包括法律上对罢工权利的正式承认，使工业领域的冲突得到了调节和控制。前者使政治领域中代表各种不同阶级利益的政党的正式组建成为可能，后者则使工业领域中的不同利益得到了类似的承认。由此形成的结果是，卸除了阶级冲突这颗定时炸弹的引信，并使19世纪相对激烈的阶级斗争让位于和平的政治竞争和工业谈判"②。不仅如此，达仁道夫与同样赞成"阶级冲突制度化"的涂尔干都注意到社会流动对化解社会冲突所发挥的巨大作用。尽管拉尔夫·密利本德（Ralph Miliband）等学者已经指出了社会流动的有限性和"小幅度"特点，即很少出现超越所属阶级的跨阶级流动，因而以此来否定阶级冲突的制度化，并进而划定工人阶级意识消逝的必由之路是经不住仔细推敲的。但是，在对社会流动性进行探讨的过程中，不难发现在20世纪中期以后至70年代末期，这一时期社会的流动是相对活跃的，虽然它的流动范围如密利本德所言十分有限，但这种现象本身会影响到工人阶级对现存制度及未来社会发展趋势的判断，在一定程度上还会使工人对自身阶级归属群体的定位以及对变革现有制度的历史使命产生怀疑，进而导致阶级意识趋向淡化。那么暂时的社会流动性以及社会流动空间的扩展究竟可以维

①　[英]安东尼·吉登斯：《社会学：批判的导论》，郭忠华译，上海译文出版社2013年版，第21页。

②　同上书，第24—25页。

持到怎样的程度，这也可以说是对资本主义"张力"的一种考验。今天资本主义社会日渐表现出流动性下降的趋势以及工人阶级意识局部复苏的现状已经证明这种"张力"正在临近它可以发挥作用的边缘。可见，工人阶级意识的复苏与"阶级冲突制度化"之间的关系是负相关的，工人阶级意识越是出现复苏的迹象，所谓的冲突制度化就越发站不住脚。

　　资本主义制度的完善和发展的确为化解危机提供了积极的手段，然而资本主义制度本身难以克服的局限性以及工人阶级的日渐成熟，决定了世界社会主义的向前推进是大势所趋。的确，在资本主义自身发展的过程中也包含着无数社会主义的因素，为社会主义的实现不断创造条件、提供更多的可能。但是社会主义因素在资本主义生产关系中的存在并不意味着资本主义生产关系所包含的自身难以克服的危机和争端可以自行在制度内得到化解，阶级分化与两极分化也将在资本主义制度内持续存在。试图将阶级冲突的强度和范围控制在资本主义制度范畴内的观点，经不住实践的检验和理论的推敲。阶级冲突制度化意味着工人阶级与资产阶级之间的矛盾与冲突、工人阶级针对资产阶级的抵抗和排斥从工业社会初期的相对尖锐已经走向了缓和，认为资本主义已经具备了解决两大阶级之间矛盾的能力和实力。换句话说，工人阶级与资产阶级之间的矛盾已经得到了解决，这是对资本主义制度永恒性的变相辩护。正如前文所说，"阶级冲突制度化"多表现为以集体谈判协商形式改善经济收入状况，在法律许可范围内举行规模有限、强度可控的示威游行，政治上的民主参与权利，等等。但工人所赢得的"权利"的背后总是受控于资本的"权力"。随着工人阶级意识的形成，工人阶级在主观意识以及客观行动方面都会超越这种"制度化"的限制，在资本主义制度范围外寻求解决问题的方式。因而工人阶级意识的成熟必将突破"阶级冲突制度化"的制约。

二　工人阶级意识觉醒促使世界社会主义向前推进

　　工人阶级意识与世界社会主义之间有着密切的联系，概括地讲，工人阶级意识将在世界社会主义不断向前推进的过程中逐渐生成乃至走向成熟，工人阶级意识的形成离不开广泛的世界背景；同样地，世界社会主义的实现也离不开真正的工人阶级意识的树立。毕竟，实现社会主义的主体是工人阶级，这是由工人阶级的历史使命所决定的。但是承载着这样的历史使命并最终实现这一使命的工人阶级，绝不仅仅是客观上存在的阶级，而是在主观上充分觉醒、具备阶级意识的，摆脱了自在状态的自为的工人阶级。

（一）工人阶级意识对世界社会主义运动的重要性

世界社会主义运动的向前推进离不开具有阶级意识的工人阶级，当然，工人阶级意识的发展和成熟也需要通过世界社会主义运动的实践才能得以实现。在这部分内容中，我们主要探讨一下工人阶级意识在世界社会主义向前推进的过程中所扮演的重要角色。

"无产阶级革命的胜利并非是客观必然性自身在脱离无产阶级的阶级意识之外而自发实现的"，同样地，无产阶级革命的胜利也并非是"经济决定论所认定的客观经济进化的自然结果"，在这一革命过程中，阶级意识将起到至关重要的作用，将成为"决定无产阶级革命取得胜利的基本前提甚至是关键性因素"①。世界社会主义的实现在本质上是实现工人阶级的真正解放，然而实现这一伟大历史使命的主体是工人阶级，是具有阶级意识的自为的工人阶级。"为了把有产阶级赶下台，我们首先需要使工人群众的意识来一个转变，而这种转变尽管比较缓慢，但现在无疑正在进行。"②

世界社会主义运动的复杂性和艰巨性要求工人阶级具有较强的阶级意识，认识到当前两种社会制度并存并将长期并存的现状。资本主义的发展在全球化的推动下寻找到新的活力和支撑点，而社会主义国家，自东欧剧变、苏联解体以来，始终处于低潮。唱衰社会主义制度的声音从未停止，相应地，为资本主义制度永续存在进行辩护的论调比比皆是。一方面要认识到社会主义代替资本主义的历史必然性，另一方面对资本主义的经济科技文化等优秀成果予以科学对待，正确认识资本主义制度的客观进步性，但由于其自身存在难以克服的矛盾，因而必然受资本主义生产关系的制约，最终将由能够容纳更为广泛的生产力发展的社会主义生产关系取而代之。在这一过程中要避免以"超阶段"社会主义为突出表现形式的民粹主义和以全盘否定资本主义为特征的庸俗社会学观点在意识形态领域的消极影响。错误的、歪曲的意识只会对世界社会主义的发展产生无形障碍，

① 谢成宇、孙来斌：《革命主体与阶级意识：〈共产党宣言〉的有关思想及其当代意义》，《江汉论坛》2011 年第 2 期，第 64 页。

② 《马克思恩格斯全集》第 38 卷，人民出版社 1972 年版，第 58—59 页。

阻碍世界社会主义的实现。一球两制的现实带来的是两种意识形态的碰撞与竞争，由于资本主义的发展仍然存在其合理的空间，在与社会主义的竞争中处于优势地位，他们的意识形态更具吸引力和诱惑力，对工人阶级意识形成各种反向的、遮蔽功效。可以判断，工人阶级意识的形成是一个漫长而曲折的过程，这既在情理之中，也非在意料之外，但无论如何，工人阶级意识日益形成并走向成熟的趋势是不会改变的。

可见，西方国家工人阶级的阶级意识状况对推动世界社会主义运动的重要意义是不言而喻的，概括地说，集中体现在这样几个方面。

首先，西方国家工人阶级意识的觉醒直接决定着资产阶级自身调节能力的范围和回旋空间。当资本主义的结构性调整使大批产业工人发生转型，制造业逐渐从欧美国家转出时，发达国家的资产阶级通过利用国际市场以及国际廉价的劳动力使本国工人也成为一定意义上的受益者，随之而来的必然是国家间不平等的形成。对于刚刚经历了产业调整的各国工人来讲，很难以一种国际化和整体化的视野审视各国工人阶级状况以及资源在各国不平等的流转，加之呈现在工人阶级眼前的现象与本质之间原本也存在着不容轻易跨越的差距，不过也正如马克思所言，"如果事物的表现形式和事物的本质会直接合而为一，一切科学就都成为多余的了"。① 资本主义生产关系下，资产阶级对工人阶级意识形态领域的高度影响，更使得那些具有"纯粹性的"彰显出的"事实"脱离历史性、整体性的考察，进而沦落为掩盖本质的假象。然而就新世纪资本主义世界发展的整体状况来讲，工人阶级与资产阶级之间的矛盾和冲突在日渐凸显，特别是经济危机的爆发，以及与之相伴的对资本主义价值理念、制度本身的质疑，更加凸显矛盾的升级。可见，英国剑桥大学教授 G. 瑟伯恩对阶级回归所作的概述不无道理，他认为 20 世纪国家间不平等正在向 21 世纪民族国家内部阶级回归。② 阶级问题在民族内部的凸显为工人阶级意识的发展创造了新的机遇，一方面有助于提升工人阶级的感性认知，使他们充分理解劳资冲突的现状；另一方面，西方发达资本主义国家工人阶级也越发意识到世界范围内工人阶级所秉持的一致性的特征，虽然他们在 20 世纪大多数时间

---

① 《马克思恩格斯文集》第 7 卷，人民出版社 2009 年版，第 925 页。

② 参见《阶级的回归："中产阶级"或"平民阶级"——英国剑桥大学教授 G. 瑟伯恩对 21 世纪全球阶级发展前景的评估》，《世界社会主义研究年鉴（2013）》，上海人民出版社 2014 年版，第 223—224 页。

里享有着资本对第三世界国家剥削所带来的部分收益，但是其所处的阶级地位并没有质的变迁。工人阶级越发从历史性、整体性的角度考察自身的阶级地位、进而考察资本主义制度，就越发提升自身与资本家阶级抗衡的理论基础，从而用以指导实践，增强工人阶级整体的力量。工人阶级对自身利益的维护必然要求资产阶级在一定程度上的退让，而在这一过程的实践中必然会带来社会主义元素的增加，为资本主义向社会主义的过渡积聚跬步。

再次，世界社会主义的推进是一个整体的过程，各国因国情不同，在发展道路的选择方面也会存在明显差异，相应地，这一现象反映在工人阶级意识层面也会有不同的表现。正如马克思所说："由于不同国家的工人阶级的各种队伍所处的发展条件极不相同，它们反映实际运动的理论观点也必然各不相同。"① 同样地，西方国家工人阶级意识的发展状况也并非同步进行，他们之间会因为不同的国情、不同的环境而形成显著的差异。此外伴随资本在世界范围内的流转，往往在资本相对集中，对工人剥削程度较为严重的地方，更容易促使阶级意识的生成。以汽车工人罢工斗争为例，20 世纪 30 年代，集中于美国的汽车产业工人成为罢工的焦点；但随着 20 世纪 60 年代汽车产业在西欧的不断增长，罢工的焦点又转向西欧；20 世纪 80—90 年代，韩国汽车产业工人又接过了罢工的接力棒。② 相应地，当工人阶级斗争相对激烈时，工会组织成员人数和工会面对资方的谈判能力也会显著提高，工人阶级意识也表现得较为鲜明与突出，特别是阶级归属感较为强烈，利益认同感相对明确。

由于影响工人阶级意识的因素繁复交错，因而工人阶级意识的差异性表现也在所难免。同一个国家的工人的各种队伍和不同国家的工人阶级的发展水平必然是极不相同的，所以，实际运动的开展以及工人阶级的觉悟和阶级意识状况，也必然以十分不同的程度和方式反映出来。世界上尚且不存在两片相同的树叶，又怎么可以以一种单一的标准要求各国工人阶级意识的发展呢？西方国家工人阶级意识的发展状况更像是一组交响乐，而非大合唱。如同马克思在 19 世纪 70 年代所阐述的，"工人阶级的共同愿

① 《马克思恩格斯全集》第 33 卷，人民出版社 1973 年版，第 266 页。
② 参见［美］贝弗里·J. 西尔弗《劳工的力量——1970 年以来的工人运动与全球化》，张璐译，张路、刘建洲校，社会科学文献出版社 2012 年版，第 57—81 页。

望和意向是从它所处的现实条件中产生的。正因为如此，这种愿望和意向为整个阶级所共有，尽管在工人的意识中运动以极其多样的形式反映出来，有的幻想性较多，有的幻想性较少，有的较多符合于这些现实条件，有的较少符合于这些现实条件"①。

最后，如果从横向的角度进行考察，可以看到在同一时期不同地区、不同环境的工人阶级所彰显出的阶级意识有明显的差异，有助于我们客观认识工人阶级意识发展之地区不平衡，正如第二点内容所着重阐释的，那么当我们把视角转向历史发展的长河时则可以从纵向的角度来审视工人阶级意识、工人运动及其对世界社会主义的影响。在经济全球化、新自由主义盛行的今天，在新世纪初爆发的严重经济危机之余波依然未曾平息的今天，面对工人阶级及左翼组织在资本主义危机背景下的表现并不如人所愿的现实，我们或许在做微观分析的同时，即对此次资本主义危机的实质、给工人阶级带来的灾难、给资产阶级带来的冲击等方面进行分析外，还应该从宏观的角度进行审视，或许将这场严重的危机及其所带来的影响置于历史长河中才能看得更为清晰。单纯的局限于对事件本身的分析将难以认清事物发展的脉络。如同一汪水只有汇入江河方能判断它的流向，对资本主义的判断、对社会主义的判断、对二者关系的判断亦是如此。许多左翼学者都深刻地认识到从宏观的、历史的角度来分析、预测当前危机及其影响和未来走势的重要意义。尽管西方国家为摆脱经济危机采取了一系列应对策略，特别是为了救市，不惜背离其一贯倡导的"自由市场"原则，以所谓有些企业已经"大到不能倒闭"为借口，从而斥巨资进行挽救。结果，企业 CEO 的收入与工人收入之比从 1965 年的 24∶1 跃升为 2010 年的 325∶1。② 为此，有学者认为面对 20 世纪 30 年代以来最为严重的危机，真正利益受损的是工人阶级，资产阶级反而通过各种举措成功将"危"转嫁给了工人，而将"机会"留给了自己。我们不得不承认，在资本主义危机发生之后，虽然在全球范围内引起了大规模的工人罢工浪潮，但是有严格组织、有成熟斗争策略的工人运动并不多见，左翼政党也并没有因危机的爆发而获得崭新且理想的发展空间，似乎眼前可观察到的内容并不

---

① 《马克思恩格斯全集》第 32 卷，人民出版社 1974 年版，第 658—659 页。

② Berch Berberoglu, ed., *The Global Capitalist Crisis and Its Aftermath*, Ashgate Publishing Limited, 2014, p. 93.

足以使人确信危机对资本主义的冲击之沉重和深刻，对工人阶级的影响之积极而深远。但是如若将其置于历史长河之中，置于世界社会主义发展的历史进程之中就会看到一张不一样的画卷。加拿大著名学者利奥·帕尼奇（Leo Panitch）认为，回顾历史可以看出，"伴随 1873 年至 1896 年的长期危机，出现了大规模的工人阶级政党和工会组织；伴随 20 世纪 30 年代出现的经济大衰退，工联主义在北美以及斯堪的纳维亚国家盛行；20 世纪 70 年代至 80 年代的危机，促进了新社会运动的发展"①。可见对工人阶级意识的观察既需要有微观的细致，又需要有宏观的把握和梳理，唯有此才能在工人阶级意识处于低潮时不至于对工人阶级意识之必要与必然、工人阶级的主体性给予否定，而在工人阶级意识有着较为突出表现的地区奢望社会主义运动能够在短期内得以实现，忽视资本主义的内在生命力以及社会主义实践的复杂和艰辛。

（二）工人阶级意识与世界社会主义运动在同步提升中孕育多样性

工人阶级意识的形成及走向成熟将伴随世界社会主义运动的全过程。因为工人阶级意识的具体内容必然随着工人阶级的斗争，随着世界社会主义运动的推进不断丰富和饱满。前文已经提及世界社会主义运动的推进与工人阶级意识的形成乃至走向成熟都有一个相对漫长的过程。在总趋势一定的情况下，工人阶级意识在不同时期会经历不同的发展阶段。相应地，在不同阶段、不同客观环境下形成的阶级意识其所指引的具体行动策略也会有明显不同。但促使工人阶级从自在转向自为则是客观的、必然的选择。同样地，当我们将阶级意识提升到某一程度范围的战略高度来看时，如何唤醒工人阶级的阶级意识，在不同国家、不同地区由于经济发展状况、政治因素、文化因素等一系列原因必然会形成不同的策略。可见，在实现和促进工人阶级从自在走向自为的过程中，不同国家和地区的工人组织，包括工会、工人阶级政党等都应当根据具体的情况作出客观的选择。

作为变革社会的主体在改变资本主义制度方面需要发挥一种积极的作用，但在全球化条件下成熟工人阶级意识的形成会受到多种因素的影响。以生产过程为例，生产分散化一方面改变了集体化大生产工人联合力量形成的有利客观条件，另一方面使工人的创造潜力与意识以及从本质上变革现存制度的

---

① Leo Panitch, *Renewing Socialism*: *Transforming Democracy*, *Strategy and Imagination*, Aakar Books for South Asia, 2010, p. 7.

渴望受到限制。当学者安德烈·高兹对工人阶级作出激进判断，认为马克思主义语境中的工人阶级已经消失了，现在是告别工人阶级的时候了，其中一个很重要的依据就是工人阶级不再是积极主动地变革力量，转而通过调整自身以适应资本主义现状，认可资本主义制度并寻求制度内的变革。

　　全球性的工人阶级意识的形成与世界社会主义的实现同样是一个漫长而艰辛的过程。在这个过程中会受到形形色色的阻挠，但是历史的发展趋势不会改变，社会主义对资本主义的代替不会改变。不过也应该看到，资本主义的发展仍有其合理空间，经过百余年的发展，资本主义国家也积累了丰富的经验和教训，通过不同经济策略的选择，时而选择凯恩斯主义的发展路径，时而选择新自由主义的发展路径，时而选择走二者之间的第三条道路。资本主义发展的现实，特别是在应对各种经济危机方面所表现出的调节能力说明，它依然存在发展的空间，无论主观层面上对唱衰资本主义的愿望多么强烈，资本主义的生产关系在它所能容纳的生产力全部发挥出来之前是不会消亡的。无论工人阶级的阶级意识在主观上的成熟程度达到如何，客观上的经济发展状况终将对其起到决定作用。无论如何，工人阶级意识形成的长期性和必然性都是不可避免的，是规律使然。

　　既然我们说不同国家和地区工人阶级意识的发展程度是有差别的，那么就需要对几个层次的工人阶级意识作一个相对明显的定位。世界社会主义的发展需要对工人阶级的阶级意识状况有准确的判断，全球化背景下工人阶级的阶级意识尚未形成，这是对当前阶级意识所作的总体判断，自然这种高度概括的判断会对现状的分析起到积极的作用，但是对具体操作层面的内容并不会提供直接的帮助。因此需要对工人阶级意识的状况进行细化分析。例如，在全球化不断深入发展的背景下，今天的工人阶级究竟是没有看到社会的矛盾和冲突，还是看到了冲突却看不到变革社会的希望与可能。对这一问题的不同回答会产生对工人阶级意识现状不同的分析，对于具体采取的唤醒工人阶级应采取的措施也会有所差异。相应地，对工人阶级政党以及工会组织所提出的要求也会有所不同。

　　（三）工人阶级意识在世界社会主义运动中不断推向前进

　　恩格斯曾说，"共产主义不是学说，而是运动。它不是从原则出发，而是从事实出发"[①]。相应地，工人阶级意识的形成也离不开世界社会主义运动这

---

　　① 《马克思恩格斯全集》第4卷，人民出版社1965年版，第311页。

一宏观背景。正是在世界社会主义运动不断向前推进的过程中，工人阶级不断积累各方面的经验、吸取教训，从而提升自身的认识，并逐渐形成真正的阶级意识。从当前的客观"事实出发"，2008 年以来由西方资本主义国家引起的经济危机席卷全球，世界各国都受到了普遍的冲击和影响，西方工人阶级更是成为危机的直接受害者，不同程度负担着经济危机带来的损失。占领华尔街、伦敦大罢工、希腊工人罢工等风云迭起，不少工人喊出不要资本主义、变革资本主义的口号。工人阶级意识在危机背景下，在抗议运动中出现了一定程度的复苏。不过这里也需要再次强调，对工人阶级意识复苏的程度和范围应有一个相对客观而准确的判断，避免因盲目乐观或消极悲观而产生不利因素。正如瑞奇（Reich）在《什么是阶级意识》一文中所提到的，虽然工人有时会积极参与到某种抗议组织甚至革命组织中来，但是他们在心理上并没有产生一种作为阶级意识所必需的依附感或归属感。促使他们最初选择参与到某一组织或者某一集体行动的动力既不是物质方面的原因，也不是模糊的社会主义信仰，而是一种变革的情感和愿望。但是这种情感和愿望如果缺少相应组织及其领导者的主观推动就很难使其为着某一具体目标而进行长期、艰苦的奋斗。渐渐地，部分工人阶级成员会选择离开革命组织，退出集体行动。① 资本主义经济危机的发生，工人积极参与到各种抗议行动中来，为工人阶级意识的复苏提供了可能，但这种可能如何转化为现实，还需要经历长期的努力与实践，需要经历一个复杂的过程。

但无论如何，世界社会主义运动的向前推进与工人阶级意识之间有着密切的联系。毕竟，无产阶级本身只有在世界历史意义上才能真正体现它的价值，发挥它应有的作用。同样地，世界社会主义运动的向前推进也离不开工人阶级意识复苏的助力。正如前文中所提及，资产阶级的联合已然呈现为一种积极主动的自觉的联合，无产阶级为了在与资产阶级的矛盾关系中取得主动，推动世界社会主义运动的实现就不仅需要在客观上形成世界无产阶级，还必须在主观上认识到联合的重要意义，认识到分散的或者彼此竞争的阶级内部分裂只能使工人阶级的力量不断削弱，增添资本对劳工控制的胜算，而只有克服客观上的分化，从自在的阶级走向自为的阶级才能将世界社会主义不断向前推进。

① Maurice Brinton, "What is Class Consciousness?", http：//www.marxists.org/archive/brinton/1972/06/reich1.htm.

结　　论

　　21 世纪初西方资本主义危机的发生，使得诸多研究者重新关注西方资本主义国家的阶级结构、阶级关系和阶级冲突，阶级话语、阶级分析重新被重视起来并有逐渐回归到经济社会研究领域的明显趋势。其中，对新的社会条件下工人阶级新变化的研究在国内外也都成为重要的课题了。本书作者以博士学位论文为基础，以西方工人阶级意识作为专门研究对象，力求系统、全面地分析阐述西方工人阶级意识的历史演变、现实境况、未来趋势，可以说是为越来越重要的阶级关系和阶级冲突研究以及工人阶级研究，提供一部经过自己多年努力探索钻研而形成的著作。本书研究的意义价值、基本内容、主要问题等，已在前面各章节中呈现给了读者。

　　在撰写书稿的过程中，笔者感到在该领域研究有所收获、有所进步、有所推动的同时，也深深体悟到，工人阶级意识和西方工人阶级意识的研究，是一块难啃的"硬骨头"，但也是值得殚精竭虑去啃的"骨头"。笔者这里借用马克思在《路易·波拿巴的雾月十八日》中总结 1848 年革命时的一句话："掘的好，老田鼠！"之所以这样说，是因为随着研究过程的不断深入，首先，笔者越来越体会到工人阶级意识研究的重要。工人阶级意识的形成，是工人阶级从"自在阶级"走向"自为阶级"的重要环节和标志。有的研究者认为，没有工人阶级意识的形成，实际上也没有真正意义上的工人阶级。笔者对这个判断深为赞同。工人阶级是社会主义运动的主体，没有工人阶级意识的形成，就不会有工人阶级的自觉斗争，也就没有真正意义上的社会主义运动。其次，在研究过程中笔者也更为清晰地懂得，工人阶级作为历史上最先进、最应具有彻底革命性的阶级，其阶级意识不是个体意识，也不是一般意义上的集体意识，甚至并不拘囿于认识到本阶级的共同利益，采取共同的行动，而是如卢卡奇所讲的，工人阶级意识与历史发展的客观性是完全一致的。卢卡奇认为无产阶级（工人阶级）是社会发展过程的同一的主体—客体，无产阶级（工人阶级）意识同社会的历史的状况之间是深刻的、辩证的关系。从这样历史的高度理解工人阶级意识，其研究的重要与艰巨自不待言了，因而笔者期待着自己及其他研究同仁像马克思说的革命的"老田鼠"一样，不停地"掘"下去。再有，对于西方工人阶级意识而言，笔者觉得两种并行但相逆的趋势同时存在：一是当前资本主义危机及生活状况的恶化，导致工人阶级抗争的激进化，阶级意识呈现逐渐复苏的上升趋势；二是资本主义全球化和国际垄断资本家阶级的全球统治，使得西方工人阶级分散和彼此竞争恶化，由此造成工人阶级意识的碎片化和无组织化的下行趋势。由于两种趋势并行交织，从而决定了西方工人阶级意识复苏的艰巨性和复杂性，因而也决定了该领域研究的复杂性、现实性和动态性。

关于西方国家工人阶级意识问题的研究，需要我们始终坚持历史的、发展的立场和观点对其进行长期不懈的探索。无论工人阶级意识是处于低潮时期，还是处于局部的复苏与觉醒时期，都应该以严格的客观现实为依据，认真考察工人阶级意识的发展、变化，揭示一般规律性的东西，再回到实际生活中指导实践。正如葛兰西所说，理论家的任务是揭开现实生活中的谜团，将生动的历史"翻译"成理论的语言，而非以固有的理论去生套鲜活的现实。关于西方国家工人阶级意识的相关理论会随着资本主义的变迁，随着工人阶级的发展而不断得到丰富和深化。所以，工人阶级意识问题的研究是一个动态的、长期的、历史的过程，有着广泛的发展和研究空间。由于本人水平以及能力所限，加之时间相对紧张，所以文章只着重从工人阶级意识的内容、特征、发展变化、影响工人阶级意识的因素、研究工人阶级意识需要及时处理好的几组关系以及工人阶级意识当前表现出的新特点等方面进行了力所能及的分析阐述。事实上，所有这些内容都可以单独成题，都可以形成一篇大的文章。还有很多关涉工人阶级意识的问题也有待继续深入研究。从这个角度讲，本书的研究仅仅触及了工人阶级意识这座冰山的一角，笔者期待着也准备着在以后一段时期，继续满怀热情和耐心地深入"掘下去"，希望取得更多的理论收获，也希望为改造世界的现实运动服务。

参考文献

一 经典著作

《马克思恩格斯文集》第 1 卷，人民出版社 2009 年版。

《马克思恩格斯文集》第 2 卷，人民出版社 2009 年版。

《马克思恩格斯文集》第 3 卷，人民出版社 2009 年版。

《马克思恩格斯文集》第 4 卷，人民出版社 2009 年版。

《马克思恩格斯文集》第 5 卷，人民出版社 2009 年版。

《马克思恩格斯文集》第 7 卷，人民出版社 2009 年版。

《马克思恩格斯文集》第 10 卷，人民出版社 2009 年版。

《马克思恩格斯全集》第 2 卷，人民出版社 1957 年版。

《马克思恩格斯全集》第 4 卷，人民出版社 1965 年版。

《马克思恩格斯全集》第 18 卷，人民出版社 1965 年版。

《马克思恩格斯全集》第 22 卷，人民出版社 1965 年版。

《马克思恩格斯全集》第 26 卷第 1 册，人民出版社 1972 年版。

《马克思恩格斯全集》第 30 卷，人民出版社 1975 年版。

《马克思恩格斯全集》第 32 卷，人民出版社 1975 年版。

《马克思恩格斯全集》第 38 卷，人民出版社 1972 年版。

《列宁专题文集·论无产阶级政党》，人民出版社 2009 年版。

《列宁选集》第 1 卷，人民出版社 1995 年版。

《列宁全集》第 2 卷，人民出版社 1984 年版。

《列宁全集》第 3 卷，人民出版社 1984 年版。

《列宁全集》第 8 卷，人民出版社 1986 年版。

《列宁全集》第 20 卷，人民出版社 1989 年版。

《列宁全集》第 25 卷，人民出版社 1988 年版。

《列宁全集》第 35 卷，人民出版社 1985 年版。

《列宁全集》第 39 卷，人民出版社 1985 年版。

《斯大林全集》第 1 卷，人民出版社 1953 年版。

二　其他著作

［奥］卡尔·考茨基：《考茨基文选》，王学东编，人民出版社 2008 年版。

［奥］路德维希·冯·米瑟斯：《自由与繁荣的国度》，韩光明等译，中国
社会科学出版社 1995 年版。

［比利时］欧内斯特·曼德尔：《革命的马克思主义与 20 世纪社会现实》，
颜岩译，中国人民大学出版社 2013 年版。

［德］W．桑巴特：《为什么美国没有社会主义》，赖海榕译，社会科学文
献出版社 2003 年版。

［德］马克斯·韦伯：《新教伦理与资本主义精神》，康乐、简惠美译，广
西师范大学出版社 2010 年版。

［德］瓦尔特：《德国社会民主党：从无产阶级到新中间》，张文红译，重
庆出版社 2008 年版。

［德］尤尔根·哈贝马斯：《作为“意识形态”的技术与科学》，李黎、
郭官义译，学林出版社 1999 年版。

［俄］谢·卡拉—穆扎尔：《论意识操纵》，徐昌翰、宋嗣喜、王晶等译，
社会科学文献出版社 2004 年版。

［法］埃米尔·涂尔干：《社会分工论》，渠东译，生活·读书·新知三联
书店 2013 年版。

［法］雷蒙·阿隆：《阶级斗争——工业社会新讲》，周以光译，译林出版
社 2003 年版。

［法］莫里斯·迪韦尔热：《政治社会学—政治学要素》，华夏出版社
1987 年版。

［法］让·卢日金内、皮埃尔·库尔—萨利米歇尔·瓦卡卢利斯主编：
《新阶级斗争》，陆象淦译，社会科学文献出版社 2009 年版。

［加］艾伦·伍德：《新社会主义》，尚庆飞译，江苏人民出版社 2005
年版。

［美］H. 马尔库塞等：《工业社会和新左派》，任立编译，商务印书馆
1982 年版。

［美］埃里克·欧林·赖特：《后工业社会中的阶级》，陈心想、皮小林、

杨玉明等译，裴晓梅审校，辽宁教育出版社 2004 年版。

［美］埃里克·欧林·赖特：《阶级》，刘磊、吕梁山译，高等教育出版社
　　2006 年版。

［美］埃里克·欧林·赖特主编：《阶级分析方法》，马磊、吴非等译，复
　　旦大学出版社 2011 年版。

［美］埃伦·梅克辛斯·伍德、约翰·贝拉米·福斯特主编：《保卫历史：
　　马克思主义与后现代主义》，郝名玮译，社会科学文献出版社 2009
　　年版。

［美］安东尼·奥罗姆：《政治社会学导论》，张华青、何俊志，孙嘉明等
　　译，上海世纪出版集团 2014 年版。

［美］安娜·玛丽·史密斯：《拉克劳与墨菲——激进民主想象》，付琼
　　译，凤凰出版传媒集团·江苏人民出版社 2011 年版。

［美］贝弗里·J. 西尔弗：《劳工的力量——1870 年以来的工人运动与全
　　球化》，张璐译，张璐、刘建洲校，社会科学文献出版社 2012 年版。

［美］丹尼尔·贝尔：《后工业社会的来临——对社会预测的一种探索》，
　　高铦、王宏周、魏章玲译，商务印书馆 1986 年版。

［美］丹尼尔·贝尔：《意识形态的终结——五十年代政治观念衰微之考
　　察》，张国清译，江苏人民出版社 2001 年版。

［美］丹尼斯·吉尔伯特、约瑟夫·A. 卡尔：《美国阶级结构》，中国社
　　会科学出版社 1992 年版。

［美］弗朗西斯·福山：《历史的终结及最后之人》，黄胜强、许铭原译，
　　中国社会科学出版社 2003 年版。

［美］哈里·布雷弗曼：《劳动与垄断资本——二十世纪中劳动的退化》，
　　方生、朱基俊、吴忆萱等译，张伯健校，商务印书馆 1979 年版。

［美］赫伯特·马尔库塞：《单向度的人——发达工业社会意识形态研
　　究》，刘继译，世纪出版集团上海译文出版社 2011 年版。

［美］莱特·米尔斯：《白领：美国的中产阶级》，周晓虹译，南京大学出
　　版社 2006 年版。

［美］罗伯特·A. 达尔：《论民主》，李风华译，中国人民大学出版社
　　2012 年版。

［美］罗伯特·麦克切斯尼、约翰·尼古拉斯：《政治广告的牛市》，郭莲
　　译，《国外理论动态》2014 年第 6 期。

［美］迈克尔·布诺威：《制造同意——垄断资本主义劳动过程的变迁》，李荣荣译，商务印书馆 2008 年版。

［美］斯科特·拉什、约翰·厄里：《组织化资本主义的终结》，征庚圣、袁志田等译，江苏人民出版社 2001 年版。

［美］索尔斯坦·凡勃伦：《有闲阶级论》，赵伯英译，来鲁宁审校，陕西出版集团·陕西人民出版社 2011 年版。

［美］威廉·I. 罗宾逊：《全球资本主义论——跨国世界中的生产、阶级与国家》，高明秀译，社会科学文献出版社 2009 年版。

［美］威廉·福斯特：《三个国际的历史——一八四八年至一九五五年的国际社会主义和共产主义运动》，李潞等译，生活·读书·新知三联书店 1961 年版。

［美］西摩·马丁·李普塞特：《共识与冲突》，张华清等译，上海世纪出版集团 2011 年版。

［美］西摩·马丁·李普塞特：《政治人》，张绍宗译，沈澄如、张华青校，上海世纪出版集团 2011 年版。

［美］亚当·普热沃尔斯基：《资本主义与社会民主》，丁韶彬译，吴勇校，中国人民大学出版社 2012 版。

［美］约翰·贝拉米·福斯特、罗伯特·麦克切斯尼：《垄断资本的文化机构》，宋阳旨译，《国外理论动态》2014 年第 6 期。

［匈］卢卡奇：《历史与阶级意识》，杜章智、任立燕、宏远译，商务印书馆 2009 年版。

［意］安东尼·葛兰西：《狱中札记》，葆煦译，人民出版社 1993 年版。

［意］安东尼·葛兰西：《狱中札记》，曹雷雨，姜丽，张跣译，中国社会科学出版社 2000 年版。

［英］E. P. 汤普森：《英国工人阶级的形成》（上、下），钱乘旦译，译林出版社 2001 年版。

［英］G. 瑟伯恩：《阶级的回归："中产阶级"或"平民阶级"——英国剑桥大学教授 G. 瑟伯恩对 21 世纪全球阶级发展前景的评估》，《世界社会主义研究年鉴（2013）》，上海人民出版社 2014 年版。

［英］G. D. H. 柯尔：《社会主义思想史》第 2 卷，何瑞丰译，俞大畏校，商务印书馆 1978 年版。

［英］艾瑞克·霍布斯鲍姆：《革命的年代》，王章辉等译，钱进校，江苏

人民出版社 1999 年版。

［英］安东尼·吉登斯：《超越左与右：激进政治的未来》，李慧斌、杨雪冬译，2009 年版。

［英］安东尼·吉登斯：《社会学：批判的导论》，郭忠华译，上海译文出版社 2013 年版。

［英］安东尼·吉登斯：《现代性的后果》，田禾译、黄平校，译林出版社 2000 年版。

［英］安东尼·吉登斯：《资本主义与现代社会理论》，郭忠华、潘华凌译，上海译文出版社 2013 年版。

［英］保罗·威利斯：《学做工：工人阶级子弟为何继承父业》，秘舒、凌旻华译，译林出版社 2013 年版。

［英］大卫·哈维：《新帝国主义》，初立忠、沈晓雷译，社会科学文献出版社 2009 年版。

［英］戴维·李、布赖恩·特纳主编：《关于阶级的冲突——晚期工业主义不平等之辩论》，姜辉译，重庆出版社 2005 年版。

［英］戴维·麦克伦莱：《马克思以后的马克思主义》，中国社会科学出版社 1986 年版。

［英］斐欧娜·戴维恩：《美国和英国的社会阶级》，姜辉、于海青、肖木等译，重庆出版集团·重庆出版社 2010 年版。

［英］杰西·洛佩兹、约翰·斯科特：《社会结构》，允春喜译，吉林人民出版社 2007 年版。

［英］理查德·海曼：《劳资关系——一种马克思主义的分析框架》，黑启明主译，于桂兰校译，中国劳动社会保障出版社 2008 年版。

［英］理查德·斯凯思：《阶级》，雷玉琼译，吉林人民出版社 2005 年版。

［英］罗丝玛丽·克朗普顿：《阶级与分层》，陈光金译，复旦大学出版社 2011 年版。

［英］唐纳德·萨松：《欧洲社会主义百年史》，姜辉、于海青、庞晓明译，社会科学文献出版社 2008 年版。

［英］维克托·迈尔—舍恩伯格、肯尼思·库克耶：《大数据时代：生活、工作与思维的大变革》，盛杨燕、周涛译，浙江人民出版社 2013 年版。

Л. И. 祖波克主编：《第二国际史》（第 1、2 卷），人民出版社 1984 年版。

蔡声宁、王玫编：《当代发达资本主义国家阶级问题》，河北人民出版社
　1987年版。

陈昕：《救赎与消费》，江苏人民出版社2004年版。

崔树义：《当代英国阶级状况》，浙江大学出版社2006年版。

高放、黄达强主编：《社会主义思想史》，中国人民大学出版社1987
　年版。

高宣扬：《福柯的生态美学》，中国人民大学出版社2005年版。

何秉孟、姜辉：《阶级结构与第三条道路——与英国学者对话实录》，社
　会科学文献出版社2005年版。

黄素庵：《西欧"福利国家"面面观》，世界知识出版社1985年版。

黄宗良、林勋健主编：《冷战后的世界社会主义运动》，北京大学出版社
　2003年版。

李培林、张翼、赵延东、梁栋：《社会冲突与阶级意识——当代中国社会
　矛盾问题研究》，社会科学文献出版社2005年版。

李强：《社会分层十讲》（第2版），社会科学文献出版社2011年版。

李慎明主编：《2011—2012世界社会主义黄皮书》，社会科学文献出版社
　2012年版。

刘成、何涛等：《对抗与合作——二十世纪的英国工会与国家》，南京大
　学出版社2011年版。

刘骥：《阶级分化与代际分裂：欧洲福利国家养老金政治的比较分析》，
　北京大学出版社2008年版。

倪力亚：《论当代资本主义社会的阶级结构》，中国人民大学出版社1989
　年版。

孙寿涛：《发达国家工人阶级的演变》，经济管理出版社2007年版。

王晓升等：《西方马克思主义意识形态理论》，社会科学文献出版社2009
　年版。

吴波：《现阶段中国社会阶级阶层分析》，清华大学出版社2004年版。

吴恩远：《苏联史论》，人民出版社2007年版。

徐觉哉：《社会主义流派史》，上海人民出版社2007年版。

徐重温：《当代资本主义新变化》，重庆出版社2004年版。

徐重温：《西方马克思主义》，天津人民出版社1982年版。

于文霞主编：《国际工人运动史》，辽宁人民出版社1987年版。

俞可平、李慎明、王伟光主编：《阶级和革命的基本观点》，中央编译出版社 2008 年版。

张良：《阶级、文化与民族传统》，凤凰出版传媒集团·江苏人民出版社 2008 年版。

张亮：《阶级、文化与民族传统：爱德华·P. 汤普森的历史唯物主义思想研究》，凤凰出版传媒集团·江苏人民出版社 2008 年版。

张世鹏：《当代西欧工人阶级》，北京大学出版社 2001 年版。

中共中央马克思、恩格斯、列宁、斯大林著作编译局、国际共运史研究室编：《卢森堡文选》，人民出版社 1984 年版。

中国社会科学院马克思主义研究院：《马克思恩格斯列宁论意识形态》，人民出版社 2009 年版。

周琪：《当代西方社会结构》，中国社会科学出版社 1995 年版。

周穗明、王玫等：《西方左翼论当代西方社会结构的演变》，凤凰出版传媒集团·江苏人民出版社 2008 年版。

朱光等编：《国际共产主义运动史》，黑龙江人民出版社 1986 年版。

三　期刊文章

［美］弗里德里克·詹姆逊：《论现实存在的马克思主义》，王则译，《马克思主义与现实》1997 年第 1 期。

［美］洛伦·戈尔德纳：《当代资本主义国家工会的危机》，郭懋安译，《国外理论动态》2012 年第 3 期。

［美］瑞克·范塔西亚：《从阶级意识到文化、行动与社会组织》，刘建洲译，《国外理论动态》2012 年第 3 期。

［美］萨伦·史密斯：《资本主义危机再次打开工人运动的大门》，《马克思主义研究》2011 年第 12 期。

［美］索尔特斯：《关于阶级意识的问题》，《现代外国哲学社会科学文摘》1989 年第 8 期。

［美］詹姆斯·彼得拉斯：《欧洲和美国工人阶级：右派、左派和中间派》，《国外理论动态》2012 年第 3 期。

［英］菲尔·赫斯：《"自在"还是"自为"：工人阶级的阶级意识瓦解了吗?》，《马克思主义研究》2009 年第 10 期。

［英］费尔·赫斯：《全球化与工人阶级主体危机》，徐孝千译，《国外理

论动态》2011 年第 5 期。

陈聪编写：《美国近 50 年来工人阶级状况的变化》，《国外理论动态》
　　2001 年第 8 期。

程又中：《世界社会主义面临的挑战——21 世纪初年的思考》，《社会主
　　义研究》2003 年第 6 期。

崔学东：《金融危机是美国劳资关系的转折点吗?》，《教学与研究》2011
　　年第 10 期。

代恒猛：《全球化与欧洲"福利国家"：一个理论研究视角》，《教学与研
　　究》2010 年第 4 期。

顾青之：《美国钢铁工人大罢工》，《国际问题研究》1959 年第 4 期。

侯惠勤：《试论马克思主义理论的"内在紧张"》，《中国社会科学》2007
　　年第 3 期。

黄岭峻、徐浩然：《关于工人阶级政治意识的若干研究范式论述》，《社会
　　主义研究》2006 年第 2 期。

黄颂：《战后西方社会关于阶级和阶级意识的若干观点》，《阜阳师范学院
　　学报》（社会科学版）2002 年第 4 期。

黄璇：《从自我意识到阶级意识——论马克思主义阶级理论中的意识转
　　化》，《学海》2010 年 1 月。

姜辉：《论当代资本主义的阶级问题》，《中国社会科学》2011 年 4 月。

孔德永：《当代资本主义国家中的工人阶级与社会主义的社会基础》，《石
　　油大学学报》（社会科学版）2004 年 6 月。

李丹：《冷战后发达国家工人阶级及阶级斗争现状分析》，《广东工业大学
　　学报》（社会科学版）2005 年 6 月。

李丹：《冷战后国际工人运动并未沉寂》，《上海工运研究》2006 年第
　　3 期。

李青宜：《当代资本主义的新变化与马克思的"两个必然"思想》，《当代
　　世界与社会主义》（双月刊）2006 年第 2 期。

李巍：《二战后加拿大工人运动的新动向》，《当代世界社会主义问题》
　　2000 年第 1 期。

李炜：《中国与韩国社会阶级意识的比较研究》，《社会学研究》2004 年
　　第 5 期。

林茂：《当今资本主义国家工人阶级状况分析》，《理论学习》2001 年第

10 期。

刘保国：《发达国家阶级斗争沉寂的现状及原因分析》，《广东工业大学学报》（社会科学版）2004 年 3 月。

刘长军、赵新燕：《卢森堡的阶级意思探析》，《重庆工学院学报》（社会科学版）2009 年 1 月第 1 期。

刘昀献：《当代西方国家阶级结构新变动对社会发展的重大影响》，《河南大学学报》2009 年 5 月第 49 卷第 3 期。

罗文东：《论当代资本主义内部的"新社会因素"》，《理论前沿》2004 年第 14 期。

罗文东、李龙强：《从希腊大罢工分析当代国际工人运动的新特性》，《吉林师范大学学报》（人文社会科学版）2009 年 7 月。

孟艳、王疆婷：《正确认识当代西欧工人阶级意识淡化的问题》，《湖北行政学院学报》2008 年第 6 期。

聂运麟：《西方国家共产党的变革与转型》，《当代世界与社会主义》2006 年第 3 期。

聂运麟、刘卫卫、杨成果：《第十一次共产党和工人党国际会议述评》，《当代世界与社会主义》2010 年第 3 期。

尚庆飞、韩步江：《阶级、阶级意识与阶级斗争——论毛泽东实现马克思主义中国化的基本逻辑环节》，《哲学研究》2007 年第 6 期。

沈汉：《论英国宪章运动中工人阶级的政治独立性问题》，《世界历史》1986 年第 3 期。

沈坚：《战后法国的工人阶级与社会冲突》，《世界历史》2003 年第 6 期。

沈莉华：《试析十月革命对美国工人运动的影响》，《西伯利亚研究》2005 年 12 月第 32 卷第 6 期。

沈瑞英：《"自在"或"自为"：中产阶级与阶级意识》，《上海大学学报》（社会科学版）2010 年 1 月第 17 卷第 1 期。

盛媛：《"占领华尔街"之火烧向全球》，《第一财经日报》2011 年 10 月 17 日第 A04 版。

孙寿涛：《20 世纪 70 年代以来发达国家工人阶级的"白领化"特征》，《教学与研究》2011 年第 2 期。

孙寿涛：《20 世纪发达资本主义国家劳工力量演变趋势》，《中国劳动关系学院学报》2007 年 10 月。

陶火生、郭健彪：《时代主题视域下的阶级意识：马克思与后马克思思潮》，《当代世界与社会主义》（双月刊）2011 年第 3 期。

陶文昭：《西方发达国家阶级结构的新变化》，《思想理论教育导刊》2005 年第 9 期。

万军：《美国无产阶级阶级意识缺失分析》，《理论与改革》2001 年第 5 期。

王继停：《"后危机"时代全球工会面临的挑战与策略抉择》，《当代世界与社会主义》（双月刊）2010 年第 5 期。

王金强：《继承与超越——评佩里·安德森的工人阶级观》，《北京科技大学学报》（社会科学版）2007 年第 6 期。

王立端：《阶级和阶级意识理论的重构》，《三明高等专科学校学报》2003 年 3 月第 20 卷第 1 期。

王立端：《论卢卡奇、葛兰西和汤普森的阶级意识理论》，《淮北煤师院学院》（哲学社会科学版）2001 年第 5 期。

王珍编写：《萨米尔·阿明对美国的意识形态的批判》，《国外理论动态》2004 年第 2 期。

吴波：《经济全球化与西方资本主义国家的工人运动》，《当代世界与社会主义》（双月刊）2007 年第 1 期。

吴宁：《工人阶级的终结——兼析高兹的〈告别工人阶级〉》，《当代世界与社会主义》（双月刊）2010 年第 4 期。

谢成宇、孙来斌：《革命主题与阶级意识：〈共产党宣言〉的有关思想及其当代意义》，《江汉论坛》2011 年第 2 期。

轩传树：《欧洲左翼政党现状分析——基于欧洲议会选举的研究》，《社会科学》2010 年第 1 期。

轩传树：《西方国家共产党对全球金融危机的解读》，《当代世界与社会主义》2009 年第 2 期。

杨成果：《战后澳大利亚工人阶级的新变化》，《世界社会主义研究》2012 年第 6 期。

杨筱刚：《无产阶级的"阶级意识"与社会主义的观念更新》，《探索》2003 年第 4 期。

叶宗奎、冯民安：《关于德国社会民主党、法国工人党、美国社会主义工人党的性质》，《历史教学》1982 年第 7 期。

应国良：《列宁阶级意识论初探》，《中山大学学报论丛》1991 年第 29 期。

于海青：《国际金融危机以来的西欧罢工运动及其对社会主义运动的影响》，《科学社会主义》2010 年第 5 期。

臧秀玲：《当代资本主义国家工人阶级的新变化及社会影响》，《科学社会主义》2004 年第 3 期。

张亮：《汤普森阶级意识学说的当代审视》，《社会科学辑刊》2008 年第 3 期。

张友伦：《20 世纪 60 年代的美国工人运动》，《国际共运史研究》1988 年第 1 期。

周宏、曹克：《试论普列汉诺夫关于无产阶级革命斗争和意识形态的思考》，《马克思主义研究》2007 年第 1 期。

周穗明：《后马克思主义关于当代西方阶级与社会结构变迁的理论述评》（上），《国外社会科学》2005 年第 1 期。

周穗明执笔：《20 世纪西方三大左翼关于社会结构演变的理论沿革》，《当代世界社会主义问题》2008 年第 1 期。

四　英文主要文献

Andre Gorz, *Farewell to the Working Class: An Essay on Post – Industrial Socialism*, London: Pluto Press, 1982.

Andreas Bieler, Ingemar Lindberg and Devan Pillay, "The Future of the Global Working Class: An Introduction", in Andreas Bieler, Ingemar Lindberg and Devan Pillay, eds., *Labour and the Challenges of Globalization*, London: Pluto Press, 2008.

Andrew W. Jones, "Caring Labor and Class Consciousness: The Class Dynamic of Gendered Work", *Sociological Forum*, Vol. 16, No. 2, 2001.

Annette Lareau and Dalton Conley Editors, "*Social Class: How Does It Work?*", Russel Sage Foundation, Reprint edition, 2010.

Anton L. Allahar, "False Consciousness, Class Consciousness and Nationalism", *Social and Economic Studies*, Vol. 53, No. 1, 2004.

Andreas Bieler and Ingemar Lindberg, eds., *Global Restructuring, Labour and the Challenges for Transnational Solidarity*, First published 2011 by Routledge.

Berch Berberoglu, ed., *"The Global Capitalist Crisis and Its Aftermath"*, Ashgate Publishing Limited, 2014.

Bertell Ollman, "How to Study Class Consciousness, And Why We Should", *Crit Sociol*, Jan. 1, 1987.

Bill Dunn, *Global Restructuring and the Power of Labour*, New York: Palgrave Macmillan Press, 2004.

Charles E. Hurst, " Race, Class, and Consciousness", *American Sociological Review*, Vol. 37, No. 2, 1972.

Charles E. Scott, "Consciousness and the Conditions of Consciousness", *The Review of Metaphysics*, Vol. 25, No. 4, 1972.

Cricket Keating, "Coalitional Consciousness", *NWSA Journal*, Vol. 17, No. 2, 2005.

Daniel Oesch, "Explaining Workers' Support for Right – Wing Populist Parties in Western Europe: Evidence from Austria, Belgium, France, Norway, and Switzerland", *International Political Science Review / Revue internationale de science politique*, Vol. 29, No. 3, 2008.

David Lockwood, *The lackcoated Worker: A Study in Class Consciousness*, George Allen & Unwin Ltd., 1966.

David Weakliem, "Class Consciousness and Political Change: Voting and Political Attitudes in the British Working Class, 1964 to 1970", *American Sociological Review*, Vol. 58, No. 3, 1993.

Erik Olin Wright, "The Comparative Project on Class Structure and Class Consciousness: An Overview", *Acta Sociologica*, Vol. 32, No. 1, 1989.

Fred Magdoff and John Bellamy Foster, "The Plight of the U. S. Working Class", *Monthly Review*, http: //monthlyreview. org/2014/01/01/the – plight – of – the – u – s – working – class.

Frederick H. Buttel and William L. Flinn, "Source of Working Class Consciousness", *Sociological Focus*, Vol. 12, No. 1, 1979.

Frank Parkin, *Marxism and Class Theory: A Bourgeois Critique*, New York: Columbia University Press, 1979.

Geoff Eley and Keith Nield, "Farewell to the Working Class?", *International Labor and Working – Class History*, No. 57, Spring, 2000.

Giddens Anthony, *The Class Structure of the Advanced Societies*, New York: Haper & Row Publishers, 1975.

H. Braverman, *Labour and Monopoly Capital: The Degradation of Work in the Twentieth Century*, New York: Monthly Review, 1974.

Hyunhee Kim, *Working Class Stratification And The Demand For Unions In The United States*, New York & London, Garland Publishing, Inc. , 1997.

J. Elster, *Making Sense of Marx*, Cambridge University Press, 1985.

Janeen Baxter, "Is Husband's Class Enough? Class Location and Class Identity in the United States, Sweden, Norway, and Australia", *American Sociological Review*, Vol. 59, No. 2, 1994.

Jeff Torlina, *Walking Class – Challenging Myths About Blue – Collar*, Colorado: Lynne Rienner Press, 2011.

Jerry Mander, "Pricatization of Consciousness", *Monthly Review*, http://monthlyreview. org/2012/10/01/privatization – of – consciousness.

John C. Leggett, "Economic Insecurity and Working – Class Consciousness", *American Sociological Review*, Vol. 29, No. 2, 1964.

Jonathan Kelley and M. D. R. Evans, "Class and Class Conflict in Six Western Nations", *American Sociological Review*, Vol. 60, No. 2, 1995.

Joseph Gerteis and Mike Savage, "The Salience of Class in Britain and America: A Comparative Analysis", *The British Journal of Sciology*, Vol. 49, No. 2, 1998.

Joseph Harris, "Meet the New Boss, Same as the Old Boss: Class Consciousness in Composition", *College Composition and Communication*, Vol. 52, No. 1, 2000.

Judith Smart, "Cultivating Class Consciousness in a New Generation: The Labor Guide of Youth in Melbourne 1926 – 28", *Labour History*, No. 82, 2002.

Karlyn Kohrs Campbell, "Consciousness – Raising: Linking Theory, Criticism, and Practice", *Rhetoric Society Quarterly*, Vol. 32, No. 1, 2002.

Kenneth Prandy, "Class, the Stratification Order and Party Identification", *British Journal of Political Science*, Vol. 30, No. 2, 2000.

Leo Panitch, "Renewing Socialism: Transforming Democracy, Strategy and Imagination", *Aakar Books for South Asia*, 2010.

David Lockwood, *The Blackcoated Worker: A Study in Class Consciousness*, Oxford: Oxford University Press, 1989.

M. S. Hickox, "The English Middle - Class Debate", *The British Journal of Sociology*, Vol. 46, No. 2, 1995.

Martin Glaberman, "Marxism and Class Consciousness", *Labour / Le Travail*, Vol. 37, Spring, 1996.

Michael D. Yates, "Who Will Lead the U. S. Working Class?", *Monthly Review*, http: //monthlyreview. org/2013/05/01/who - will - lead - the - u - s - working - class.

Michael Zweig, *The Working Class Majority: American's Best Kept Secret*, Cornell University Press, 2000.

Margareta Bäck - Wiklund Tanja van der Lippe Laura den Dulk Anneke Doorne-Huiskes, ed. , *Quality of Life and Work in Europe Theory, Practice and Policy*, First published 2011 by Palgrave MacMillan.

M. Weber, "Status Groups and Classws", *Social Stratification*, edited by David B. Grusky, Boulder: Westview Press, 1994b.

Oscar Glantz, " Class Consciousness and Political Solidarity", *American Sociological Review*, Vol. 23, No. 4, 1958.

P. Paul, "Is the Emperor Naked?" in D. J. Lee, B. S. Turner, eds. , *Conflict about Class*.

Pravin J. Patel, "Trade Union Participation and Development of Class - Consciousness", *Economic and Political Weekly*, Vol. 29, No. 36, 1994.

Robin Cohen and Shirin M. Rai, eds. , *Global Social Mmvements*, First published in 2000 by The Athlone Press.

Ralf Dahrendorf, *Class and Class Conflict in Industrial Society*, Stanford University Press, 1959.

Richard Centers, *The Psychology of Social Classes: A Study of Class Consciousness*, Princeton, New Jersey: Princeton University Press, 1949.

Rosemary Hennessy, "The Challenge: From Anti - Capitalism to Class Consciousness", *Socialism Review*, 2001, 28, 3/4.

R. Vanneman, and L. W. Cannon, *The American Perception of Class*, Philadephia: Temple University Press, 1987.

Scott Lash, John Urry, *The End of Organized Capitalism*, Wisconsin: The University of Wisconsin Press, 1987.

Stephen Kotkin, "Class, the Working Class, and the Politburo", *International Labor and Working - Class History*, No. 57, 2000.

Surendra Munshi, "Alienation and Working Class Consciousness", *Economic and Political Weekly*, Vol. 14, No. 34, 1979.

Terrence Mcdonough, Michael Reich and David M. Kotz, eds. , *Contemporary Capitalism and Its Crises: Social Structure of Accumulation Theory for the 21 st Century*, New York: Cambridge University Press, 2010.

Thomas Dunk, "Remaking the Working Class: Experience, Class Consciousness, and the Industrial Adjustment Process", *American Ethnologist*, Vol. 29, No. 4, 2002.

Tom Langford, "Strikes and Class Consciousness", *Labour / Le Travail*, Vol. 34, Fall, 1994.

Thomas J. Edward Walker, ed. , *The Blurring of Working - Class Consciousness in Modern Western Culture*, Lexington Books, 2002.

Walter Korpi, "Working Class Communism in Western Europe: Rational or Nonrational", *American Sociological Review*, Vol. 36, No. 6, 1971.

Wendy Graham, "A Narrative History of Class Consciousness", *Boundary* 2, Vol. 15, No. 1/2, Autumn, 1986 - Winter, 1987.

Werner S. Landecker: "Class Crystallization and Class Consciousness", *American Sociological Review*, Vol. 28, No. 2, Apr. , 1963.

William K. Tabb, "Neoliberalism and Anticorprate Globalization as Class Struggle", in Michael Zweig, ed. , *What's Class to Do With It? American Society in the Century*, Cornell University Press, 2004.

Winnie Lem, "Articulating Class in Post - Fordist France", *American Ethnologist*, Vol. 29, No. 2, 2002.

Wolfgang Streeck, "Citizens as Customers", *New Left Review*, 76, July-Aug 2012.

Wolfgang Streeck, "The Crisis of Democracy Capitalism", *New Left Review* 71, September - October, 2011.

五   网络资源

U. S. young people show their discontent with capitalism, By Lisa Bergmann http://www. cpusa. org/u – s – young – people – show – their – discontent – with – capitalism.

http://www. occupywallst. org.

Maurice Brinton, "What is Class Consciousness?", http://www. marxists. org/archive/brinton/1972/06/reich1. htm.

Terry Cook, "Australia union ramps up nationalist campaign against guest workers", http://www. wses. org/en/articles/2013/02/04/aust – f04. html.

http://www. isj. org. uk（世界社会主义网站）。

http://www. communist – party. org. uk（英国共产党网站）。

http://inter. kke. gr（希腊共产党网站）。

后　记

本书是在博士学位论文基础上进一步充实、丰富而完成的。《西方国家工人阶级意识问题研究》得以成书，要真诚地感谢我在中国社会科学院研究生院攻读博士学位期间各位老师所给予的帮助和指导。首先要感谢吴恩远老师，在我撰写博士论文的过程中，吴老师对文章的写作框架给予了严格把关，并在具体写作方法上提出了许多好的建议。其次要特别感谢姜辉老师。姜老师为人谦和，对待学生真诚而富有耐心。在我撰写博士论文过程中老师提供了诸多宝贵的材料，三年中引领我参与了多项课题，使我对自己的专业产生了浓厚的兴趣，也培养了我读书的爱好。这些对我来讲都将终身受益。再次，还要感谢所有曾经关心我、帮助我、给予我细心指导的每一位老师。还记得因论文选题尚未确定而感到茫然困惑的时候，我曾多次请教李崇富老师、侯惠勤老师、冯颜利老师、余斌老师，老师们或者通过邮件的方式，或者给予面对面的辅导，都提出了很多好的建议。感谢刘建军老师、辛向阳老师、蒲国良老师、周春明老师、柴尚金老师、张贺福老师以及陈跃老师在论文评阅及答辩过程中提出许多宝贵的修改建议！本书得以顺利出版，要感谢中国社会科学出版社社长兼总编辑赵剑英同志，副总编辑郭沂纹同志的大力支持，也要感谢责任编辑刘志兵同志细致耐心的工作！

感谢我身边可爱的同窗，是你们的陪伴给我的求学生活增添了许多快乐和欣喜，那幸福的时光我会永远珍藏在心里。

感谢我的家人，作为女儿、作为儿媳我都有很多做得不周的地方，是你们的呵护、谅解、支持与关怀让我可以在而立之年仍然享受着读书的单纯与静雅。感谢我的爱人，一直鼓励着我去追求自己的梦想！

理论研究没有止境，理论的突破与成果的取得同样是路途漫漫，但无论如何，上下求索的精神会牵动我内心的渴望一直坚守。因为我深深热爱着我所学习的专业，热爱着我所从事的研究领域。伴随着这份爱，我会继续前行。

在阅读本书过程中，相信读者也会觉得部分内容显得有些晦涩，这真的是思想深刻所致吗？我想我的能力还远没达到那样的程度，但若全然否定，也有不合实际之嫌，因为在撰写本书的过程中我的确付出了很多的心血！之所以晦涩，于我而言绝非故作深沉，恰恰是稚嫩的表现，因为还不曾学会用更为生动和通俗的语言将相对深刻的思想清晰阐释出来。一切还在学习之中，希望以后的作品能克服这样的问题。由于作者研究能力有限，书中的一些观点和表述仍有值得商榷甚至错误之处，恳请各位读者批评指正，也感谢各位读者的理解和包容。

童 晋

2016 年 5 月 24 日